Tineke Hendriks • Jan mit dem gelben Stern

D1920803

OMNIBUS

DIE AUTORIN

Tineke Hendriks, geboren 1949 in Den Haag, hat viele Jahre als Sozialarbeiterin, Altenpflegerin und in einer Vermittlungsagentur für Adoptivkinder gearbeitet. Hauptthema ihrer Bücher ist die soziale Realität und die Menschen, die in ihr leben.

Tineke Hendriks

Jan mit dem gelben Stern

Aus dem Niederländischen
von Marianne Holberg

Mit einem Nachwort
von Jaap Grave

OMNIBUS

OMNIBUS

Band 20339

Der Taschenbuchverlag
für Kinder und Jugendliche
von C. Bertelsmann,
München

Umwelthinweis:
Dieses Buch wurde auf chlorfrei gebleichtem
Papier gedruckt.

Genehmigte Taschenbuchausgabe Juni 1998
Gesetzt nach den Regeln der Rechtschreibreform
© 1995 für die deutschsprachige Ausgabe
Verlag Urachhaus GmbH, Stuttgart
© 1998 für das Nachwort
C. Bertelsmann Jugendbuch Verlag, München
Die niederländische Originalausgabe erschien 1994
unter dem Titel »Blijf zitten waar je zit«
bei Sjaloom en Wildeboer, Amsterdam
© 1994 Tineke Hendriks und
CVSjaloom en Wildeboer, Amsterdam
Alle Rechte dieser Ausgabe vorbehalten durch
C. Bertelsmann Jugendbuch Verlag GmbH, München
Umschlagbild: Peter Klaucke
Umschlagkonzeption: Klaus Renner
kk · Herstellung: Stefan Hansen
Satz: Uhl + Massopust, Aalen
Druck: Presse-Druck Augsburg
ISBN 3-570-20339-5
Printed in Germany

10 9 8 7 6 5 4 3 2 1

1

Es war ein trüber, feuchtkalter Dienstagmorgen. Emma schlug den alten Mantel ihres Vaters enger um sich, als sie zur Hintertür hinausging, um Wasser zu holen. Ein rauer Wind blies ihr durch den Ärmel, während sie mühsam den eisernen Pumpenschwengel auf- und niederbewegte.

Unter dem Rand ihrer Mütze hervor beobachtete sie den Wasserstrahl, der glitzernd in den Zinkeimer floss. Das können uns die Moffen jedenfalls nicht nehmen, dachte sie grimmig. Regenwasser wird es immer noch geben.

Noch ein letzter forscher Schwung und der Eimer war voll. Puh, sie schnappte nach Luft; doch gleich bückte sie sich wieder und hob den Eimer hoch. Und gerade, als sie sich umdrehte, um hineinzugehen, nahm sie aus den Augenwinkeln eine blitzartige Bewegung wahr. Ein Schatten, ein schwarzer Schatten sprang hinter den Kohlenverschlag. Sie fuhr derartig zusammen, dass der Eimer in ihrer Hand in Bewegung geriet. Ein Wasserschwall schwappte über den Rand direkt in ihren Holzschuh. Das Stroh darin war im Nu durchweicht und die nassen Halme stachen ihr ganz gemein in den Fuß. Ein Schauder durchzog sie von den Zehenspitzen bis zum Scheitel.

War es ein Tier oder ein Mensch, den sie in dieser einen Sekunde vom Obstbaumgarten zum Kohlenverschlag hatte huschen sehen?

Sie horchte angespannt, hörte aber nur den Wind ums Haus heulen. Schwarz wie Tinte umgab sie die Dunkelheit. Mit der linken Hand spürte sie den rauen Stein der Hauswand. Rechts sah sie die schwarzen Umrisse des kahlen Obstgartens. Vor ihr lag der Schuppen, daran angebaut der Kohlenverschlag. Schuppen und Haus waren durch eine hölzerne Pforte voneinander getrennt. Wenn sie durch die hindurchging, war sie in wenigen Schritten drinnen, sicher in den Wänden des alten Hauses.

Sie schob ihre Hand an der Mauer entlang, bis sie den Pfosten der offen stehenden Pforte fand. Ihre Knie knickten ein. Da war etwas, da war jemand, da, hinter dem Kohlenverschlag. Zitternd holte sie Atem.

Plötzlich zerriss ein Hüsteln die Stille, dann noch eins. Das zweite Mal klang es gedämpfter, als ob es unterdrückt würde.

Ihr Gehirn arbeitete rasend schnell. Es war ein Mensch, jemand, der nicht entdeckt werden wollte. Kein Deutscher: Die Moffen verstecken sich nicht. Ein Einbrecher, der dachte, dass es in diesem abgelegenen Bauernhof ewas zu holen gäbe? Etwa Essen? Hart presste sie die Lippen aufeinander. Sie hatten selbst kaum genug. Nur Kartoffeln und Wintergemüse, ein paar Beutel braune Bohnen und gelegentlich etwas Weizen. Damit mussten sie durch den Winter kommen. Sie, ihr Vater und ihre beiden kleinen Brüder.

Sie stand noch immer wie erstarrt. Ihre Hand umklammerte die Klinke. Wieder das unterdrückte Hüsteln. Sie holte tief Luft und entspannte sich. Es klang nicht gefährlich, im Gegenteil. Es klang, als ob dort einer in Todesangst den Atem anhielte.

»Wer ist da?« Ihre Stimme klang rau, als ob sie lange nicht benutzt worden wäre. Keine Antwort.

»Wer ist da?«, fragte sie noch einmal, jetzt etwas lauter. Ein Zweig knackte, dann wieder tiefe Stille.

»Antworte! Wer bist du? Was willst du hier?«

Noch immer tiefe Stille. Sie musste es wissen. Sie würde keine Ruhe haben, ehe sie nicht wusste, wer da um ihr Haus herumstrich. Und sie musste allein dahinter kommen. Ihr Vater war krank und Mart und Tim waren zu klein. Sie tastete hinter sich. Der Besen stand an seinem Platz neben der Pumpe. Sie hielt den Stiel mit beiden Händen fest, atmete tief durch und war mit ein paar schnellen Schritten hinter dem Kohlenverschlag.

Hinten in der Ecke, an die Schuppenwand gedrückt, stand eine schmale, schwarze Gestalt. Emma konnte mehr fühlen als sehen, dass sie wie Espenlaub zitterte. Sie war klein, kleiner als sie. Es war ein Junge. Emma ließ den Besen sinken.

»Wer bist du? Was tust du hier?«

»Ich bin … ich suche … einen Platz, um mich zu verstecken.«

»Warum?«

Der Junge hielt seine Augen starr auf sie gerichtet. Seine Hand machte eine hilflose Gebärde. Er sagte nichts.

»Warum versteckst du dich?«, fragte sie noch einmal.

Der Junge kroch in sich zusammen und gab noch immer keine Antwort. »Nun?«

…

»Ich tu dir nichts, du, wirklich!«

Der Junge schluckte. »Ich bin ein Jude.«

Emma erschrak. Damit wollte sie nichts zu tun haben. Sie hatte nichts gegen Juden, aber sie wollte ihnen auch nicht helfen. Sie hatte genug an ihren eigenen Sorgen. Er musste weg von hier, sofort. Wenn die Moffen ihn hier fänden, würde auch sie festgenommen werden.

»Sind sie hinter dir her?«

»Nein … niemand vermisst mich.«

Flüsternd berichtete der Junge. Seine Geschichte kam stockend und stammelnd, aber doch wie in einem Atemzuge. Als ob er sie lange zurückgehalten hätte.

»Ich war bei einem alten Mann auf dem Dachboden versteckt, schon sehr lange … schon fast zwei Jahre … Er sorgte für mich … brachte mir Essen … nicht viel, es reichte gerade, doch die letzten Tage kam er nicht mehr … Es war so still im Haus, ich hörte nichts mehr … Endlich habe ich nachgesehen … Er lag tot auf dem Fußboden … Ich hatte solche Angst … Angst, dass sie ihn finden würden … Angst, dass sie mich finden würden … Ich bin weggelaufen … gestern, glaube ich, oder vorgestern … Ich weiß es nicht mehr … Ich saß in einer Scheune, eine ganze Na …«

Der Junge schwieg abrupt, als hinter ihnen eine Tür aufging und eine laute Stimme schrie:

»He, Emma! Pa fragt, ob du an der Pumpe festgefroren bist!«

Ihre Antwort kam mechanisch: »Ich bin beinahe fertig!«

Die Tür wurde zugeschlagen. Die Augen des Jungen blickten sie noch immer unverwandt an. Sie senkte den Kopf, um sie nicht zu sehen. Sie wollte, er hätte diese Geschichte nicht erzählt. »Ich hatte solche Angst«, klang es ihr wieder in den Ohren. Sie blickte auf. Irgendetwas in seinen Augen brachte ihr Inneres in Bewegung. Beinahe gegen ihren Willen packte sie ihn am Ärmel und zog ihn mit zum Schuppen.

»Hier kannst du erst mal bleiben. Nachher komme ich zu dir. Mein Vater wartet drinnen auf mich.«

Sie schob den Riegel von der Tür und stieß den Jungen hinein.

»Da hinten liegt ein Strohhaufen. Meine kleinen Brüder dürfen dich nicht sehen. Sie können ihren Mund nicht halten.«

Ohne ein Wort, mit hängenden Schultern, ging der Junge hinein.

Emmas Hände zitterten, als sie den eisernen Riegel wieder an seinen Platz schob. Was hatte sie getan? Ein jüdischer Junge bei ihnen im Schuppen! Dafür schicken sie einen ins Lager!

Sie zitterte am ganzen Leib, während sie den Wassereimer hineintrug und ihren Mantel an den Garderobenhaken hängte.

Im Zimmer linste ihr kleiner Bruder durch einen Spalt im Verdunkelungsvorhang: »Ich hab ein Flugzeug gehört!«

Emma dankte dem Himmel, dass dieses Fenster nicht zum Schuppen oder zum Kohlenverschlag hin lag. Sie atmete tief durch, um ruhig zu werden, rückte den Vorhang zurecht und gab ihrem Bruder einen Puff.

»Zieh dich an, in einer halben Stunde musst du in der Schule sein.«

»Huh, Schule!« Mart schüttelte sich. »Eiskeller meinst du wohl. Es ist so kalt in der Schule, dass der Lehrer nicht einmal mehr unterrichten kann. Gestern konnte er sein Stück Kreide gar nicht festhalten. Wir haben die restliche Zeit über Gymnastik gemacht, um warm zu bleiben.«

»Und doch musst du hin«, sagte Emma. »Zu Hause kannst du auch nicht herumhängen.«

»Die sagen alle, dass die Schulen geschlossen werden, wenn es anfängt zu frieren.«

»Sie sagen so viel, Mart. Du musst nicht alles glauben.«

Sie wurde auf einmal böse. Das fehlte gerade noch! Ihre Stimme klang scharf. »Zieh dich an und ein bisschen schnell! Und sag Tim, er soll herunterkommen. Er ist dran mit Kohlenschippen.«

In der Küche ging sie wie eine Schlafwandlerin an ihre morgendlichen Pflichten. Sie füllte einen Kessel mit Wasser, setzte ihn auf den Herd und nahm die Kohlenschütte. Vorsichtig ließ sie ein paar Kohlen in die Herdklappe gleiten, gerade genug, um das Wasser zum Kochen zu bringen. Sie musste sparsam mit den Kohlen umgehen, allzu viele waren es nicht mehr. Sie legte ein paar dünne Holzscheite auf die Kohlen und wollte sie anzünden. Erst das dritte Streichholz fing Feuer.

Nur zögernd breitete sich etwas Wärme aus; Emma hielt

ihre kalten Hände darüber und sah, dass sie noch immer zitterten. Ihre Gedanken drehten sich im Kreis. Ein jüdischer Junge im Schuppen. Das würde ihrem Vater niemals recht sein. Sie musste ihn wegschicken. Jetzt sofort? Heute Abend? Stell dir vor, dass die Schulen wirklich geschlossen würden. Die ganze Zeit Mart und Tim um sie herum. Sie wusste jetzt schon nicht, wie sie Mart beschäftigen sollte, wenn er zu Hause war. Er war zu unruhig, um drinnen zu bleiben, und wenn er draußen war, wusste sie nicht, was er anstellte. Tim, das ging noch. Wenn der nur ein Buch hatte, gab es ihn überhaupt nicht mehr. Die Kinder den ganzen Tag im Haus – dann musste der Junge im Schuppen auf jeden Fall verschwinden. Aber wohin sollte er? Wenn die Moffen ihn in die Finger bekamen, war er dran. Sie transportierten sie offenbar weiter in Arbeitslager nach Deutschland und Polen. Konnte sie ihm das antun? Aber warum sollte sie ihr Leben wagen, um einen wildfremden Jungen vor dem Zugriff der Deutschen zu retten? Als ob sie es nicht schon schwer genug hätte. Ohne Mutter, ein kranker Vater und zwei kleine Brüder, von denen der eine je älter, desto schwieriger wurde.

Als das Wasser im Kessel zu singen anfing, streute sie etwas Minze in die Teekanne. Eine eigene Erfindung. Sie hatte das Kraut im Sommer getrocknet und die knisternden Blättchen in ein Weckglas getan. Der Tee, den man daraus bereitete, schmeckte besser als das, was in diesen Tagen als Teeersatz verkauft wurde. Ihr Minztee erinnerte wenigstens an Tee, an echten Vorkriegstee.

Sie goss vier Becher voll und stellte sie auf den Herd, der schon wieder abkühlte, schnitt acht Scheiben klebriges graues Brot und legte auch die auf den Herd. Warmes Brot füllte den Magen besser als kaltes Brot. Verrückt war das.

Sie schätzte das übrig gebliebene Stück mit den Augen ab. Es war nur ein kleines Brot und sie musste etwas übrig behalten für heute Abend. Brüsk griff sie nach dem Messer und schnitt noch zwei Scheiben ab. Sie konnte dem Jungen doch wohl noch etwas geben, bevor sie ihn wegschickte?

Sie ließ die Brotscheiben in die Schürzentasche gleiten, als sie Tim in die Küche kommen hörte. Mit dem Rücken zu ihm sagte sie: »Holst du mal bitte Kohlen, Tim?«

Ohne etwas zu sagen, nahm ihr kleiner Bruder die Kohlenschütte und griff nach seinem Mantel. Sie lief ihm nach und tat ihm einen Schal um den Hals. »Mach den Mantel zu, es ist kalt.«

Mit einem Knall schlug sie die Tür hinter ihm zu. Das würde den Jungen im Schuppen warnen. Wahrscheinlich würde er es nicht wagen, auch nur ein Glied zu rühren, aber das musste jetzt sein. Nachher, wenn die Jungen in der Schule waren, würde sie zu ihm gehen. Sie würde ihm das Brot und einen Becher Tee geben und ihn dann wegschicken.

Warum hatte sie ihn eigentlich hereingeholt? Warum hatte sie nicht sofort gesagt, dass er sich wegscheren sollte? Es war ein Impuls gewesen. Man ließ einen zu Tode verängstigten, zitternden Jungen, der nicht viel älter als Mart sein konnte, doch nicht hilflos allein?

»Emma, wo bleibst du?«

Mit einem Schock kam sie zu sich. Sie war überhaupt noch nicht bei ihrem Vater gewesen! Wie mochte es ihm heute Morgen gehen? Gestern hatte er beinahe nichts essen wollen, und an den unheimlich glühenden Flecken auf seinen Wangen hatte sie gesehen, dass er hohes Fieber hatte.

Hastig nahm sie seinen Becher und sein Brot. Als sie in sein Zimmer kam, setzte er sich auf. Es schien ihr, dass mehr Spannkraft in seinen Bewegungen war als gestern. Auch seine Augen sahen etwas heller aus. Während er schweigend, aber rasch den Tee trank, sagte sie: »Du siehst heute besser aus. Du hast sicher gut geschlafen!«

Der Vater nickte. »Hab ich auch. Das tut einem gut.« Er wies mit dem Kinn nach dem leeren Becher. »Und das auch. Es schmeckt mir wieder.«

»Wie gut!« Emma war erleichtert. Nicht, dass sie sich wirklich Sorgen um ihren Vater gemacht hätte, aber trotzdem ... Er war so selten krank, dass sie der Sache doch nicht so ganz getraut hatte.

»Bleib lieber noch einen Tag im Bett. Wenn du zu früh aufstehst, erwischt es dich gleich wieder!«

Sie gab ihm die Brotschnitten und ging aus dem Zimmer.

»Mal eben sehen, ob die Jungs fertig sind.« Sie war sich nicht sicher. Tim würde doch nichts gemerkt haben?

In der Küche hatten die Jungen ihren Stuhl zum Herd gezogen, die Füße auf den Quersprossen, die Hände um ihre Becher. Mart wischte sich mit dem Ärmel über den Mund: »Zwei Butterbrote, was ist das schon? Ich könnte zehn davon vertragen!«

Tim sagte nichts. Er wusste, mehr ging einfach nicht. Merkwürdig, überlegte Emma, dass er mit seinen neun Jahren mehr davon verstand als Mart mit seinen zwölf. Sie strich Tim leicht übers Haar, als er an ihr vorbeikam. Scheu zog er seinen Kopf zurück. Er fühlte sich zu groß für Liebkosungen. Die Jungen zogen ihre Mäntel an und verschwanden. Durch das Fenster schaute sie ihnen nach. Nebeneinander liefen sie den Weg hinunter, ganz ruhig. Früher hätten sie getobt. Niemand hatte in dieser Zeit viel Energie übrig. Sie selbst hatte das Gefühl, als trüge sie die ganze Welt auf ihren Schultern. Nun wieder der jüdische Junge in der Scheune. War sie denn verrückt? Sie würde ihm sofort sagen, dass er nicht bleiben konnte.

Als sie in dem grauen Morgenlicht die Schuppentür öffnete und durch einen Spalt hineinschlüpfte, schoss der Junge hoch. Wild blickte er um sich.

»Nur ruhig«, sagte Emma. »Ich bin's.«

Sie hockte sich zu ihm herunter und reichte ihm einen Becher Tee.

Erschöpft lehnte sich der Junge an die hölzerne Wand hinter dem Stroh und trank in langen Zügen den Becher leer. Er hielt ihn sich über den Kopf, um auch noch den letzten Tropfen herauszuholen. Ohne etwas zu sagen, holte sie das Brot aus ihrer Schürzentasche. Ausgehungert griff er danach. Im Handumdrehen war es verschwunden. Dann erst sah er Emma an.

»Entschuldige. Ich habe zwei Tage nichts gegessen, nur eine halb verfaulte, rohe Kartoffel. In der Scheune. Gestern.« Er verzog den Mund, als ob er zu lachen versuchte: »Sie schmeckte nicht einmal schlecht.«

Eine halb verfaulte, rohe Kartoffel, dachte Emma, und er lacht auch noch.

»Aber das hier war besser«, fuhr der Junge fort. »Danke schön!«

Seine Augen waren tief dunkelbraun. Eine schwarze Locke fiel ihm in die Stirn. Emma unterdrückte das Bedürfnis, sie wegzustreichen.

»Wie alt bist du?«

»Hundert«, sagte der Junge und schloss die Augen.

Emma zog die Augenbrauen hoch und fragte sich, ob das nun der jüdische Humor war. Ihre Augen glitten über sein Gesicht, über die hervorstehenden Knochen, die tiefen Schatten unter den Augen, die steile Falte auf der Stirn, über die grau-weiße Haut. Als ob er jahrelang nicht draußen gewesen wäre, dachte sie. Mit einem Schock wurde ihr klar, dass dies wahrscheinlich auch der Fall war. Was hatte er doch gleich gesagt? Zwei Jahre hatte er irgendwo auf einem Dachboden gesessen. Sollte er wirklich all die Zeit nicht draußen gewesen sein? Hatte er zwei Jahre lang keine Sonne auf seiner Haut gefühlt, keinen Wind in seinen Haaren, keine frische

Luft in den Lungen? Sie schauderte. Das Bedürfnis, die schwarze Locke wegzustreichen, wurde stärker.

Der Junge machte die Augen auf: »Wie alt bist du und wie heißt du eigentlich?«

»Emma. Ich bin sechzehn – fast.«

»Jan, Jan Diek, sechzehn … gerade geworden. Ich würde dir auch gern die Hand geben«, seine Stimme klang leicht spottend, »aber das lass ich lieber, sie blutet nämlich noch immer.«

Jetzt erst fiel es Emma auf, dass er die ganze Zeit seine rechte Hand unter der linken Achsel festgeklemmt hielt. Sie vergeudete keine Worte. »Ich hole dir etwas.«

In der Küche fühlte sie mit der Hand am Kessel. Er war noch nicht ganz abgekühlt. Sie goss etwas lauwarmes Wasser in ein Schälchen und holte dann die Reste eines alten Lakens aus der Schublade. Dankbar dachte sie an ihre Großmutter, die ihrer Tochter zwölf weiße Betttücher mit in die Ehe gegeben hatte. »Und jedes einzeln mit der Hand gesäumt!« Ihr war, als hörte sie die Stimme ihrer Mutter. Einen Augenblick lang war es, als ob eine große Hand etwas in ihr zusammenpresste. Gewaltsam drängte sie die Erinnerung an ihre Mutter zurück. Sie wollte nicht, dass der Kummer sie jetzt überfiel. Meistens geschah das abends, wenn sie nicht einschlafen konnte und daran dachte, wie es früher gewesen war. Sie gab sich einen Ruck und horchte kurz an der Tür ihres Vaters. Sie hörte ihn schnarchen.

Leise zog sie die Haustür hinter sich zu.

Sie kniete neben dem Jungen, riss ein Stück von dem Laken ab und tauchte es ins lauwarme Wasser. Schweigend streckte der Junge die Hand aus. Emma erschrak, als sie die Wunde sah. Sie schien tief zu sein und die Ränder waren rau und verkrustet. Vorsichtig tupfte sie die Wunde mit dem Leinenläppchen ab. Sofort färbte es sich hellrot. Der Junge biss die Zähne zusammen.

»Wie ist das passiert?«

»Ein Nagel. Ich bin daran hängen geblieben.«

Sie riss einen neuen Streifen ab und tupfte noch einmal. Es sah jetzt etwas sauberer aus. Das Bluten ließ auch nach. Sie faltete ein Stückchen Laken zum Viereck und legte es auf die Wunde.

»Halt mal fest!«

Der Junge drückte das Viereck ganz fest drauf und sah schweigend zu, wie sie noch mehr Streifen abriss und sie sorgfältig um seine Hand und das Handgelenk wickelte.

»Das hast du schon öfter getan!«, sagte er dann mit einem zufriedenen Klang in der Stimme.

»Ich habe zwei kleine Brüder«, sagte sie, als ob das alles erklärte.

Sie gab ihm einen Klaps auf die verpackte Hand und holte tief Atem. »Hör mal zu … du kannst …«

Der Junge unterbrach sie: »Ich kann hier nicht bleiben. Ich muss weiter. Ich hatte … ich habe eine Tante in Leiden. Ich will zu ihr. Ich weiß nicht, ob sie da noch wohnt, aber ich will es probieren. Wenn ich nachts gehe, schaffe ich es vielleicht.«

»Aber die Sperrzeit? Niemand darf nach acht Uhr noch nach draußen.«

»Ich darf auch am Tage nicht nach draußen, weißt du das nicht? Juden dürfen nichts mehr, nicht auf die Straße, nicht zur Schule, nicht ruhig schlafen, nicht in den Zug. Das Einzige, was sie dürfen, ist aufgegriffen und in ein Lager geschickt werden.« Er setzte sich auf und schaute sie mit brennenden Augen an.

»Und das will ich nicht, du! Ich will nicht in ein Lager und ich will schon gar nicht nach Deutschland!«

Emma nickte. Vorsichtig drückte sie ihn zurück.

»Schlaf jetzt erst einmal. Du siehst müde aus. Heute …

heute kannst du hier schon noch bleiben. Mein Vater liegt krank im Bett und meine Brüder werde ich im Haus halten.«

Der Junge nickte und ließ sich ins Stroh zurückfallen. Er zitterte.

»Frierst du?«

Mit geschlossenen Augen schüttelte er den Kopf.

Emma sah, dass er nur eine dünne Jacke trug. Sie richtete sich auf. »Natürlich frierst du.«

»Im Gegenteil, mir ist warm!«

Sie legte die Hand an seine Stirn. Sie war glühend heiß. Er zitterte wieder. »Du hast Fieber!«

»Vermutlich.«

Emma dachte an Mart; wenn der eine Erklärung hatte, jammerte und stöhnte er den ganzen Tag. Sie stand auf.

»Ich bin gleich wieder da.«

Sie ging in ihre Schlafkammer unter dem schrägen Dach und nahm die dicke Steppdecke von ihrem Bett. Sie war so breit, dass sie auf beiden Seiten des Bettes herabhing. Im Treppenhaus vor dem Schrank zögerte sie einen Augenblick. Dann schob sie ihn kurz entschlossen auf und nahm das Kissen ihrer Mutter heraus. Die hätte es richtig gefunden, dachte sie. Schon zu Beginn des Krieges hatte sie gesagt: »Es ist sehr schlimm, was sie den Juden antun, sehr schlimm!« Später hatten sie kaum noch darüber gesprochen. Und dann gab es so viele andere Dinge, über die man sich Sorgen machen musste. Die immer häufiger auftretenden Atembeschwerden der Mutter zum Beispiel. Oder ihre Lippen, die oft so blau aussahen. Emma richtete sich auf und legte die Decke zusammen, damit sie nicht über den Boden schleifte. Leise ging sie die Treppe herunter und ließ vorsichtig die Stufe aus, die immer so knarrte.

2

Sie nahm einen frischen Kissenbezug aus dem Bügelkorb. Ganz leicht drückte sie ihn an die Wange und sog mit geschlossenen Augen den Duft ein.

Langsam strich sie ihn glatt. Sie fühlte die gestickten Buchstaben unter ihren Händen. A. B. C. Annie Blokland-Cornelissen. Ihre Mutter war immer stolz auf ihre Initialen gewesen.

Sie warf den Bezug in den Korb zurück und suchte den blau-weiß karierten Kissenbezug heraus, den sie immer für das Kopfkissen eines der Jungen benutzte. Während sie ihn um das Kissen zog und die Knöpfe zumachte, zwang sie sich, an etwas anderes zu denken. Diesen Bezug hatte sie selbst gemacht, in der Nähstunde bei Fräulein Dijkstra. Lange war das her, noch vor dem Krieg. Sie war gerade elf Jahre alt gewesen, aber ihre Mutter fand, dass es Zeit für Nähstunden war.

»Du bist geschickt genug«, hatte sie gesagt, und: »Du kannst es besser bei einer Fremden lernen als bei mir.«

Lange hatten diese Nähstunden nicht gedauert. In den ersten Kriegstagen war Fräulein Dijkstra durch eine verirrte Bombe umgekommen. Emma wusste noch, dass sie damals erst begriffen hatte, wie wirklich der Krieg war.

Das Kissen an sich gedrückt, starrte sie nach draußen und dachte an die ersten Tage im Mai 1940.

Anfangs fand sie es spannend. Die heulenden Sirenen, die entfernten Explosionen und die heruntersegelnden Fallschirme. Endlich erlebte sie etwas.

Sie standen alle zusammen im Garten und schauten auf

die schwarzen Flugzeuge, aus denen kleine weiße Flecken vom blauen Himmel langsam herabschwebten. Ihr Vater sagte, sie landeten in der Umgebung des Flugplatzes, ein paar Kilometer weiter.

Mart tat, als drückte er den Abzug eines Gewehres, und rief: »Wenn der hier runterkommt, schieß ich ihn tot!«

Emma musste lachen: »Pass lieber auf, dass er dich nicht totschießt!« Aber als sie das verbissene Gesicht ihres Vaters sah und die schaudernde Gebärde, mit der ihre Mutter Tim an sich drückte, hörte sie auf. Vielleicht war Krieg doch nicht so spannend, wie sie dachte.

Fünf Tage dauerte der Krieg. Fünf Tage, in denen ihre Eltern kaum etwas anderes taten, als Radio zu hören, die Luft abzusuchen und mit den Nachbarn zu reden.

»Was hältst du davon, Blokland?«, fragte Nachbar De Graaf am Nachmittag des fünften Tages zum soundsovielten Mal.

Emma stand mit ihrem Springseil in der Nähe der Gruppe. Sie tat, als ob sie hüpfte, versuchte aber währenddessen, jedes Wort aufzufangen.

Ihr Vater schüttelte den Kopf. »Niemals können sie die Stellung halten.«

»Im Radio sagten sie aber: ›Unsere Männer halten tapfer stand …‹«, warf ihre Mutter zweifelnd dazwischen.

»Ach Frau, das sagt gar nichts. Auf die Dauer verlieren wir doch. Die Deutschen sind viel stärker. Sie haben mehr Flugzeuge und mehr Panzer. Sie sind auf den Krieg vorbereitet. Wir nicht.«

»Die Königin hat nicht umsonst die Beine in die Hand genommen«, sagte Nachbarin De Graaf hart. Sie gestikulierte wütend nach oben in die Luft. »Sie lässt uns mit dieser Schweinerei sitzen.«

Das Grüppchen nickte schweigend.

Emma sah zu ihren kleinen Brüdern hin, die mit selbst geschnitzten Gewehren hintereinander herliefen, und dachte: Was ist, wenn wir den Krieg verlieren?

Am Ende des Nachmittags blickten sie nach Süden, wo der Himmel sich rot und schwarz zugleich färbte. Rot von den Flammen und schwarz vom Rauch.

»Feuer«, sagte ihr Vater. »Richtung Rotterdam.«

Abends wurde im Radio durchgegeben, dass der Kampf eingestellt worden war. »Es lebe das Vaterland!«, waren die Schlussworte des Berichtes. Als die letzten Töne des »Wilhelmus« erstarben, wischte sich die Mutter über die Augen. »Gott sei Dank!«, seufzte sie. »Alles besser als Krieg.«

Es dauerte eine ganze Zeit, ehe Emma dahinter kam, was der verlorene Krieg für sie alle bedeutete. Das Land wurde von den Deutschen besetzt, aber zu Anfang war nicht viel davon zu merken. Auf dem Weg zur Schule kam es schon mal vor, dass sie einen Trupp Soldaten in ihren grauen Uniformen, runden Helmen und in den hohen schwarzen Stiefeln marschieren sah, mit denen sie gehörig stampften.

Als sie an ihr vorübergezogen waren, holte sie tief Luft und rannte den Rest des Weges bis zur Schule. Dort war alles wie immer. Sie war in der obersten Klasse bei Schwester Engelina, und wenn die sagte: »Mädchen, wir wollen rechnen, holt eure Bücher und Hefte heraus«, schien es, als hätte es nie Krieg gegeben und als liefen überhaupt keine Deutschen in der Gegend herum, die nun die Herren waren.

Zu Hause war auch alles wie immer. Ihr Vater arbeitete mit den Knechten auf dem Acker und ihre Mutter im Haus. Und abends saßen sie genau wie sonst um den großen Tisch im Wohnzimmer. Emma durfte immer noch aufbleiben, wenn Mart und Tim schon im Bett lagen.

Sie strickte einen Pullunder oder einen Pullover für einen

der Jungen und schaute ab und zu ihre Mutter an, die Socken stopfte, oder ihren Vater, der die Zeitung las und gelegentlich etwas vor sich hin murmelte. »Wir bekommen weniger Petroleum« oder »Käse gibt es jetzt auch auf Marken.«

Eines Abends murmelte er: »Wir sollen alle Gegenstände aus Kupfer und Blei abliefern.«

»Warum?«, fragte ihre Mutter.

»Brauchen sie in Deutschland.«

»Machen wir das?«

»Ich will mal sehen. Ich hab noch eine alte Leitung aus Blei herumliegen. Die können sie meinetwegen kriegen.«

»Und meine kupfernen Kerzenständer?!« Die Stimme ihrer Mutter klang entsetzt. Emma schaute ihren Vater an. Diese Leuchter standen auf dem Kaminsims, seit sie denken konnte.

»Nein, die nicht, die verstecken wir solange. Notfalls vergrabe ich sie irgendwo. Lange wird dies Ganze doch nicht mehr dauern.«

»So?«, zweifelte die Mutter.

»Nein, Frau, nicht ›so?‹, sondern Oho! Oranien, Hoch, Oranien!«

Emma blickte ihren Vater an. Das klang merkwürdig aus seinem Mund. Meist sprach er nicht so geschwollen.

»Was soll das nun schon wieder, wie kommst du darauf?«, fragte ihre Mutter.

»OHO: Oranien, Hoch, Oranien!«, sagte ihr Vater noch einmal nachdrücklich. »Eine neue Abkürzung. Ich hörte sie heute auf der Versteigerung.«

Die Mutter lachte und Emma war beruhigt. Siehst du. Ihr Vater sagte, dass man den Mut nicht verlieren dürfe.

Aber als die Besatzung beinahe zwei Jahre dauerte, sagte er solche Dinge nicht mehr. Er wurde immer schweigsamer. Er war nie ein Mensch gewesen, der viele Worte machte, aber jetzt sagte er fast gar nichts mehr. Wenn sie abends zusammensaßen, war es nicht mehr so gemütlich wie sonst. Ihre Mutter ging meist früh ins Bett, weil sie sich immer so müde fühlte. Und wenn Emma sah, wie besorgt ihr der Vater dann nachblickte, schlug ihr das Herz bis zum Hals.

Ihr Vater versteckte sich hinter der Zeitung und erzählte ihr nie mehr, was darin stand. Manchmal knüllte er sie plötzlich wütend zusammen und warf sie auf den Boden. »Nichts als Moffengerede!«, murmelte er dann. Meistens ging auch er dann zu Bett.

Wenn er weg war, hob Emma die Zeitung auf und strich sie glatt. Sie musste doch wissen, was sie am nächsten Tag kaufen konnte. In der Zeitung stand genau, welche Marken abgegeben werden konnten und was es dafür zu kaufen gab. Anfangs hatte ihre Mutter sich um die Marken gekümmert. Jeden Abend holte sie die Mappe hervor und breitete alles auf dem Tisch aus: die Zuteilungsstammkarte, die Einlegeblätter und die Zuteilungskarten. Es gab Karten für Fleisch, für Brot, für Butter, für Textilien, für Kohlen und für noch viel mehr Dinge. Sie legte die Markenliste der Zeitung daneben und fing an zu vergleichen. Manchmal murmelte sie beifällig und riss vorsichtig einige Abschnitte der Markenkarten ab, aber immer häufiger schob sie seufzend den ganzen Haufen beiseite und holte Emma hinzu: »Hilfst du mir mal, Emma? Ich werd verrückt davon!«

Zu Anfang schwindelte es Emma, aber so allmählich hatte sie das System durchschaut, und nachdem es ihr einmal passiert war, dass sie eine Fleischmarke hatte verfallen lassen, war sie sehr präzise geworden. Sie wusste jetzt haargenau, welche Marken an der Reihe waren und was sie dafür bekommen konnte, sofern es überhaupt zu bekommen war. Und das merkte sie erst dann, wenn sie zum Einkaufen ging, denn auch das hatte sie nach und nach von ihrer Mutter übernommen.

»Ich werde so müde von dem Geschleppe«, hatte ihre Mutter einmal gesagt und Emma hatte besorgt ihr weißes Gesicht angeblickt. Als ihre Mutter eine Woche später fast weinend nach Hause kam, fasste Emma einen Entschluss. »Von jetzt an mache ich die Einkäufe«, sagte sie und ihre Mutter hatte nicht einmal protestiert.

So tat sie allmählich immer mehr für ihre Mutter. Erst die Marken und die Einkäufe, dann die Wäsche und danach das Kochen. Die Wäsche fand sie am schwersten. Sie bekam Rückenschmerzen vom Schleppen der Wannen, Eimer und Körbe, aber nie klagte sie. Wusste sie doch, dass ihre Mutter es viel lieber selbst täte.

Ihre kräftige, fröhliche Mutter, die jeden Tag singend am Waschbrett stand, hatte sich in eine bleiche, magere Frau verwandelt, die manchmal so starke Atembeschwerden hatte, dass sie auf der Treppe nach oben wohl dreimal stehen blieb, um pfeifend Atem zu holen.

Bei seinem wöchentlichen Besuch schüttelte Doktor Pieck besorgt den Kopf und sprach im Flur manchmal flüsternd mit ihrem Vater. Emma wollte nicht hören, was er zu sagen hatte. Wenn er sehr lange flüsterte, bemühte sie sich noch mehr, ihrer Mutter zu helfen.

Zur Schule ging sie nicht mehr. Nach zwei Jahren Mittelschule sagte ihr Vater, dass sie lieber zu Hause bleiben sollte, und Emma brauchte nicht zu fragen, warum. In der Zeit lag ihre Mutter manchmal schon ganze Tage im Bett.

Im Sommer 1943 war ihre Mutter gestorben und niemand war dabei gewesen. Als Emma die Wäsche fertig hatte und ihr eine Tasse Kaffeeersatz bringen wollte, war keine Mutter mehr da. Nur ein stiller Körper lag da mit halb geöffnetem Mund, der niemals mehr ihren Namen nennen würde.

Die Tage danach waren wie im Taumel vorübergegangen. Erst als sie mit ihrem Vater und den beiden Brüdern vom

Friedhof zurückkam und sich im leeren Haus umsah, drang es zu ihr durch, dass ihre Mutter für immer fort war.

Tanten waren da gewesen, die ihren Arm um sie legten und »Armes Kind!« zu ihr sagten, aber sie hatte sie von sich gestoßen und war weggerannt, den Wassergraben entlang, unter den Obstbäumen hindurch, bis ganz hinten in den Garten. Dort ließ sie sich der Länge nach ins Gras fallen und weinte, bis sie keine Tränen mehr hatte.

Dort fand Tim sie. Er legte sich daneben und schlug seinen Arm um sie, ohne etwas zu sagen. Als sie endlich ihren Kopf hob und ihn ansah, erstaunte es sie, dass seine Augen trocken waren. Er sah auch nicht traurig aus, sondern nur besorgt. Erst später wurde ihr klar, dass er seine Mutter schon viel eher verloren hatte. Als ihre Mutter immer häufiger im Bett blieb und sie immer mehr ihre Aufgaben übernahm, war sie die Mutter von Tim geworden, ganz allmählich und ohne dass sie es merkte. Sie wusch seine Kleider, strich ihm das Brot, bewunderte seine Zeichnungen und stopfte abends die Decke um ihn herum ganz fest zwischen Matratze und Bettrahmen. Nach dem Tod ihrer Mutter tat sie das weiter und darum änderte sich für Tim nicht so viel. Auch für Mart veränderte sich nicht viel. Der fand, dass er mit seinen elf Jahren schon ein ganzer Kerl war; er hatte es nicht mehr nötig, dass die Decke um ihn herum eingestopft wurde, weder von seiner Mutter noch von Emma. Es schien ihm gleich zu sein, zu wem er abends »Na, tschüss dann!« sagte und bei wem er mit seiner schrillen Jungenstimme groß angab mit den Fußballtoren, die er geschossen hatte.

Es schien, als ob der Tod der Mutter für Emma am schwierigsten zu ertragen war. Die tägliche Hausarbeit blieb dieselbe, aber niemand war mehr da, der sah, was sie alles tat, und ihr dafür dankbar war. Niemand, der flüsterte: »Wenn ich dich nicht hätte!« Niemand auch, dem sie erzählen konnte:

»Tim hat heute Morgen so was Verrücktes gesagt!«, oder »Sieh mal, was für eine große Scholle der Fischmann heute hatte!«

Niemand, absolut niemand.

Manchmal versuchte sie ihrem Vater solche Dinge zu sagen, aber es war, als blieben ihr die Worte im Halse stecken. Er schaute kaum hoch, murmelte etwas Unverständliches und sagte ein paar Minuten später: »Es sieht nach Regen aus« oder »Die Tage werden schon wieder kürzer.«

Emma nahm es ihm nicht übel. Ihr Vater hatte nie viel geredet und sie sah, wie hart er arbeitete und wie er es noch immer fertig brachte, ihnen genug zu essen zu geben. Zu den Kartoffeln und dem Gemüse aus ihren Gewächshäusern kaufte er bei ihrem alten Schlachter Speck hinzu oder er tauschte Milch und Weizen bei einem Bauern draußen in der Polder.

Emma wusste, dass für viele Menschen das Leben immer schwieriger wurde. Sie hörte es, wenn sie beim Bäcker in der Schlange stand oder wenn sie bei der Zuteilungsstelle neue Karten abholte. Viele Menschen hatten nichts anderes zu essen als das, was sie auf ihre Marken bekommen konnten, und Emma wusste, wie wenig das war.

Und so gab es selbst nach dem Tod ihrer Mutter manchmal Augenblicke, in denen sie wusste: Nein, sie durfte sich nicht beklagen.

Sehr, sehr langsam gewöhnte sie sich an die Leere im Haus. Und als sie im Laufe des Jahres 1944 immer mehr Einfallsreichtum und Durchsetzungsvermögen für das einfachste Essen und ihre Kleidung aufbringen musste, vergaß sie darüber manchmal sogar, dass es je ein anderes Leben gegeben hatte. Da war keine Zeit zu trauern oder viel an ihre Mutter zu denken. Sie musste einkaufen, kochen, waschen, flicken, sauber machen, Betten machen, Wasser pumpen, Kohlen schleppen, das Feuer im Herd anmachen. Jeden Tag wieder neu.

Hart klatschte ein Regenschauer gegen die Scheiben; Emma schrak auf. Was stand sie hier und grübelte über die Vergangenheit nach und darüber, wie schwer sie es jetzt hatte?

Sie schüttelte das Kissen auf und warf einen Blick nach draußen. Niemand war zu sehen. Nicht auf dem Weg, der vom Haus zur Straße führte, und auch nicht auf dem Stückchen Garten neben dem Weg. Sie überlegte kurz. Klaas, Vaters Knecht, war vermutlich auf dem Land hinter dem Haus oder sonst in einer der großen Scheunen hinten auf dem Acker. Er würde sie nicht sehen können, wenn sie zum Schuppen ging.

Der Junge schlief. Er wurde nicht einmal wach, als sie vorsichtig die Decke über ihn breitete. Sie wagte nicht, seinen Kopf anzuheben, darum legte sie das Kissen daneben. Durch das staubige Fensterchen des Schuppens fiel ein Streifen Licht genau auf sein Gesicht. Es sah weiß aus, Schweißtropfen standen ihm auf der Stirn. Sein Atem ging schnell, die Ringe unter seinen Augen waren fast schwarz.

Stöhnend drehte er sich auf die Seite. Emma stopfte ihm die Decke in den Rücken und sah, wie mager sein Hals aus der dünnen Jacke herausstak. Er hat nicht genug zu essen gehabt, dachte sie. Ich will sehen, dass heute etwas übrig bleibt. Dann hat er zumindest unterwegs keinen Hunger.

Ihre Augen wanderten zum Schuppenfenster. Wer da durchguckte, würde ihn hier liegen sehen. Sie suchte einen Jutesack und hakte ihn an ein paar Nägeln über dem Fenster fest. Sie hoffte, dass dies seine Wirkung tun würde, wagte aber nicht, es von draußen zu kontrollieren. Klaas konnte jeden Augenblick zum Kaffeetrinken kommen.

Während sie sich noch einmal nach dem Jungen umsah, ging sie aus dem Schuppen. Gerade rechtzeitig. Sie hörte den

Kies knirschen und im nächsten Augenblick bog Klaas um die Hausecke mit einer Kiste Gemüse unter dem linken Arm.

Klaas arbeitete bei ihnen, solange sie sich erinnern konnte. Er war ein großer, grobschlächtiger Mann mit krummem Rücken und Händen wie Kohlenschaufeln. Als Kind hatte sie ein bisschen Angst vor ihm gehabt und eigentlich fühlte sie sich in seiner Gegenwart immer noch nicht wohl. Er war genauso schweigsam wie ihr Vater, aber bei Klaas hatte sie immer das Gefühl, dass sich hinter seiner Schweigsamkeit eine Art Wut verbarg, die jeden Augenblick hervorbrechen konnte.

Er brummte etwas, das sich wie ein Gruß anhörte, und streifte seine Holzschuhe vor der Küchentür ab. Er ging vor ihr hinein und stellte die Kiste in die Wirtschaftskammer, ihren kleinen Vorraum vor der Küche. Rosenkohl, sah Emma, und gar nicht einmal so wenig.

Sie füllte sofort einen Kessel mit Wasser und warf ein Holzscheit in den Herd. Mit dem Feuerhaken schürte sie die Glut. Während sie nach der Kaffeebüchse griff, fragte sie sich, ob er ihr etwas anmerkte.

Sie sah über die Schulter zu ihm hin. Klaas stand am Fenster und tastete mit seinen großen, schwieligen Händen seine Taschen ab. Schien es nur so oder schaute er wirklich besonders aufmerksam in die Richtung des Schuppens?

Um ihn abzulenken, fragte sie: »Kaffee, Klaas?«

»Ja, wenn du diese Brühe Kaffee nennen willst.«

Emma atmete auf. Das sagte er jeden Morgen. Er konnte sich einfach nicht an den Geschmack des Ersatzkaffees gewöhnen, den sie nun schon ein paar Jahre lang tranken.

Nach wenigen Minuten setzte sie die dampfende Tasse vor ihn hin. Lange und ausgiebig blies er hinein.

»Der Chef wieder wohlauf?«

Auch das fragte er in letzter Zeit jeden Morgen; Emma

wusste, was er meinte. Sonst hätte sie ihn wegen der Pfeife zwischen seinen Zähnen nicht verstanden.

Sie nickte. »Ja, ich denke, dass er das Schlimmste hinter sich hat. Noch einen Tag oder so und er wird wieder ganz der Alte sein.«

Klaas blies eine Rauchwolke aus und streckte seine Füße mit den schwarzen Strümpfen von sich. Emma sah ein großes Loch an den Zehen.

Ihr widerstrebte das Kaffeetrinken mit ihm. Wenn ihr Vater dabei war, bildete es einen angenehmen Ruhepunkt in dem arbeitsreichen Tag, aber so allein mit ihm wusste sie nicht recht, was sie sagen sollte.

»Du hast eine ganze Menge Rosenkohl gepflückt«, sagte sie, um die Stille zu durchbrechen.

Er nickte und nahm einen Schluck Kaffee, die Pfeife immer noch in den Mundwinkel geklemmt. Brauner Saft tropfte ihm aufs Kinn. Er wischte ihn mit dem Ärmel ab.

»Da war jemand dran. Hab ich mal lieber alles runtergeholt.«

Emma seufzte. Mit der Zeit wurde immer mehr gestohlen. Nun war auch der Rosenkohl nicht mehr sicher. Noch ein Problem mehr. Wie sollte sie den Rosenkohl frisch halten? Sie hätte lieber ab und zu eine kleinere Mahlzeit gehabt und nicht eine ganze Kiste auf einmal. Mart mochte keinen Rosenkohl. Wenn sie den Anteil für Klaas davon abzog, war es immer noch ausreichend, um zwei Wochen lang jeden Abend Rosenkohl zu essen. Aber sie hatte auch noch eine Kiste Rotkohl stehen, den ihr Vater letzte Woche geschnitten hatte. Sie goss noch einmal zwei Tassen Kaffee ein und dachte nach. Also abwechselnd Kartoffeln mit Rotkohl, Kartoffeln mit Rosenkohl. Könnte man eine Suppe aus Rotkohl, Kartoffeln und Rosenkohl machen? Vielleicht könnte sie ein paar Bohnen dazutun.

Sie stand auf, um auch ihrem Vater eine Tasse Kaffee zu bringen. Er war wach.

»Sag Klaas, dass er die Fenster in Ordnung bringen kann.«

Sie richtete es aus. Klaas murmelte: »Schon angefangen.«

Emma atmete erleichtert auf. Es war ein gutes Zeichen, dass ihr Vater sich wieder um die Arbeit kümmerte; und dass Klaas nicht mehr direkt beim Haus arbeitete, war noch besser. Der Tischlerschuppen und alle anderen Schuppen und Scheunen waren ganz hinten im Garten, am Ende des Weges.

3

Emma war in den Schlafzimmern, wischte Staub und machte die Betten, aber ihre Gedanken blieben bei dem Jungen im Schuppen. Was sollte sie tun, wenn er wirklich krank wurde? Hatte er sich von der Wunde etwa eine Infektion zugezogen? Wenn sie wenigstens Soda hätte! Dann könnte er die Hand in Sodawasser legen, damit der Schmutz herausgezogen würde. Ihr Vater und die Jungen hatten nichts zu tun im Schuppen. Sie erledigte da die Wäsche, und die Mangel stand dort. So für einen Tag konnte der Junge da ruhig liegen bleiben. Vielleicht fühlte er sich besser, wenn er einen Tag richtig ausruhen konnte. Sie würde ihm nachher einen Teller Kartoffeln und Rosenkohl vorsetzen, na, das würde ihm schon mal gut tun. Er sah aus, als wenn er seit Wochen nichts Ordentliches mehr gegessen hätte.

Sie öffnete ihr Schlafzimmerfenster ein wenig und warf einen Blick nach draußen. Der Nieselregen hatte aufgehört und es schien etwas heller geworden zu sein. Ganz hinten am Weg erschien ein mit einer Zeltplane überdachter Lastwagen.

Ein Moffenauto.

Ihr Herz setzte aus und ihr Mund war plötzlich trocken.

Das Auto hielt an und zwei behelmte Soldaten stiegen aus. Sie schauten sich suchend um, zeigten in Richtung des Hauses und stiegen wieder ein.

Emmas Knie wurden weich. Ihre Finger umklammerten die Fensterbank. Langsam kam das Auto den Weg entlang und hielt vor dem Haus. Wieder stiegen die Soldaten aus.

Emma versuchte sich zu bewegen, doch es war, als wäre sie festgenagelt.

Sie musste unbedingt nach unten. Die Treppe schien unter ihren Füßen zu schwanken. Ihre Hände zitterten so stark, dass sie zweimal den Riegel der Haustür verfehlte.

Bei dem Lastwagen stand Klaas.

»Umdraaihen, niecht hier. Daar!«

Mit dem Pfeifenrohr wies er auf den Weg und zweimal nach links.

Die Soldaten nickten zum Zeichen, dass sie es verstanden hatten, kletterten wieder in den Lastwagen und fuhren rückwärts den Weg hinab.

Erst als das Auto ganz verschwunden war, ließ Emma die Haustür los. Sie lief zu Klaas, der auch dem Auto nachblickte.

»Was wollten die?«

»Was wohl? Falsch gefahren natürlich!«

Kopfschüttelnd steckte er die Pfeife wieder in den Mund.

»Trottel! Kein Wunder, dass sie den Krieg verlieren!«

Ihre Hände zitterten noch immer, als sie jetzt die Kartoffeln schälte. Es kam ja häufiger vor, dass die Deutschen nach dem Weg fragten. Hinter ihrem Garten lag das Gelände der Stadtreinigung, das die Moffen jetzt als eine Art Magazin benutzten. Offenbar wurden dauernd Leute dahin geschickt, die noch nie dort gewesen waren.

Zu Anfang hatten sie die auch schon mal in die falsche Richtung geschickt, aber seitdem einer von den Moffen wütend zurückgekommen war und mit seinem Gewehr gedroht hatte, hatte ihr Vater es jedem verboten, das noch einmal zu tun.

»Ich will das nicht haben. Verstanden?! Wenn ihr euch unauffällig benehmt, habt ihr am meisten Aussicht darauf, das Ende des Krieges zu erleben.«

Jetzt, wo die Gefahr vorüber war, begriff Emma nicht,

warum sie nicht sofort kapiert hatte, dass sie nur nach dem Weg fragen wollten. Das kam alles nur durch diesen Jungen im Schuppen. Auf einen Schlag hatte sie verstanden, was sie tat: Sie versteckte jemanden, der von den Moffen gesucht wurde! Einen jüdischen Jungen. Wenn er in ihrem Schuppen gefunden wurde, würden sie alle verhaftet werden. Menschen, die Juden versteckten, wurden auch ins Lager geschickt.

Er musste weg. So schnell wie möglich. Es war schlimm, was die Moffen den Juden antaten, aber es war nicht ihr Problem. Es konnte nicht ihr Problem sein. Sie würde erst wieder Ruhe haben, wenn er weg war.

Weg! Weg!

Sie schaute auf die Küchenuhr. Wie war es nur möglich: erst elf Uhr? Ihr war, als hätte sie schon einen ganzen Tag hinter sich gebracht. Sie machte mit den Kartoffeln weiter, aber sie konnte kaum noch still sitzen. Eigentlich wollte sie nur noch eins: den Jungen wachrütteln, ihn vor die Tür setzen und alle Spuren seines Aufenthaltes im Schuppen beseitigen. Die Decke wieder nach oben, das Kissen wieder in den Schrank, den Bezug in die Wäsche.

Mit einem Ruck stand Emma auf, tat ein paar Schritte – und setzte sich dann wieder. Wo sollte der Junge hin? Wenn sie ihn einfach vor die Tür setzte, war er immer noch bei ihnen im Garten. Wohin konnte er überhaupt gehen? Wenn er sich wieder hinter dem Kohlenverschlag versteckte, war die Gefahr, dass er entdeckt würde, viel größer. Klaas kam überallhin und in einer Stunde waren die Jungen schon wieder aus der Schule zurück. Der Obstbaumgarten etwa? Der bot keinen Schutz. Im Winter konnte man quer hindurchsehen. Genau wie durch die Gewächshäuser.

Konnte sie sagen: Weg aus unserem Garten? Und wenn er dann angehalten würde, wie er gerade ihren Weg herunterkam oder irgendwo über den Zaun kletterte? Wenn ihn ein Deutscher nach seinem Personalausweis fragte, war er geliefert. In seinem Personalausweis würde stehen, dass er jüdisch sei. Aber auf der andern Seite: Wie oft kam es schon vor, dass man angehalten wurde? Sie hatte es innerhalb von vier Jahren erst zweimal erlebt. Aber dieser Junge sah jüdisch aus. Diese schwarzen Locken würden jedem Moffen auffallen.

Sie wusste nicht ein noch aus. Ihre Gedanken schwirrten von einer Seite zur andern und schienen überall gegen eine Mauer zu stoßen. Er konnte nicht bleiben. Er konnte auch nicht weg. Nicht jetzt wenigstens, nicht am helllichten Tag.

Als Mart und Tim nachmittags wieder in der Schule waren und Klaas in sicherer Entfernung hinten im Tischlerschuppen arbeitete, schaute sie noch einmal nach dem Jungen.

Beinahe widerstrebend hatte sie einen Teller Kartoffeln mit Rosenkohl für ihn aufbewahrt. Nicht etwa, dass sie den nicht entbehren konnte, aber sie wurde böse auf ihn, und zwar je länger, desto mehr. Seinetwegen hätte sie sich fast zu Tode erschrocken, als der Lastwagen anhielt. Seinetwegen wagte sie nicht mehr, ihrem Vater gerade in die Augen zu blicken. Seinetwegen fühlte sie sich so unruhig.

Der Junge lag mit seinem Kopf ganz unter der Decke. Sie sah nur einen Büschel schwarzer Haare auf dem weißen Kissen. Offenbar war er zwischendurch wach gewesen und hatte das Kissen gefunden. Sie hockte sich zu ihm. Schlief er oder tat er nur so? Es war ihr gleich. Jetzt hatte sie Essen für ihn. Später würde sie es noch einmal aufwärmen müssen.

»Jan?«

Tief aufseufzend drehte er sich um, wurde aber nicht wach. Sie blickte auf seine geschlossenen Augen herab, die unruhig flatternden Wimpern. Sie flüsterte etwas lauter.

»Jan!«

Langsam öffnete er die Augen. Emma sah, dass er einige Sekunden lang nicht wusste, wo er war.

»Ich hab geträumt«, sagte er dann. Seine Stimme klang leicht verwundert, als glaubte er es selbst nicht.

»Was hast du denn geträumt?«

Sie fragte es fast unwillig. Was ging es sie an, was dieser fremde Junge träumte?

»Von zu Hause ... Von früher, auf einmal war alles wieder wie immer. Mein Vater, meine Mutter, Hanneke ... Wir waren alle noch zusammen.« Er schloss seine Augen noch einmal, öffnete sie aber nach einem Augenblick schon wieder.

»Träume sind Betrug.« Seine Stimme klang jetzt wieder gleichgültig. Er kam hoch, als er den Teller in ihrer Hand entdeckte. Seine Augen leuchteten auf.

»Ist das für mich?«

Emma nickte und stellte den Teller vor ihn hin. Schweigend nahm er die Gabel. Emma drehte den Kopf weg, als sie sah, wie er über den Teller herfiel und den Eintopf fast ohne Kauen hinunterschlang. Im Nu war er leer. Mit einem Seufzer ließ er sich zurückfallen.

»Vielleicht sind Träume doch kein Betrug.«

»Hast du denn auch davon geträumt?«

»Von Essen. Ja. Von gefilltem Fisch und von ...«

»Was ist das?«

»Gefillte Fisch? Das ist Fisch, gefüllt mit Brot und Kräutern. Meine Mutter machte das häufig. Sie konnte sehr gut kochen.«

»Konnte ...?«

Emma wusste nicht, ob er sie verstand, aber sie musste es wissen. Hatte dieser Junge auch keine Mutter mehr?

»Sie ist voriges Jahr ... abgeholt worden. Das Letzte, was wir gehört haben, ist, dass sie nach Westerbork gebracht worden ist.«

Er schluckte ein paar Mal.

»Sie war sehr stark. Früher war sie in Den Haag Meisterin im Turnen gewesen. So ein Lager scheint für alte und kranke Menschen sehr schwer zu sein. Sie wird es schon schaffen.«

Er schluckte noch einmal. »Sie schon!«

Und dein Vater?, wollte Emma fragen. Und deine kleine Schwester?

Aber sie traute sich nicht. Der Junge hatte sich von ihr abgewendet und die Decke wieder ganz über sich gezogen. Sie blieb noch ein paar Minuten sitzen. Der Junge bewegte sich nicht. Sie stand auf, nahm den leeren Teller und ließ ihn allein.

In der Küche wärmte ihr Vater seine Hände über dem Ofen. Er trug ein Oberhemd ohne Kragen und eine lange weiße Unterhose. Seine bloßen Füße steckten in ausgefransten Pantoffeln. Ohne aufzusehen, fragte er: »Warst du draußen?«

Hinter seinem Rücken stellte Emma den Teller auf den Tisch. Sie ging zur Anrichte und hob die Zinkwanne vom Nagel.

»Im Schuppen. Nur eben die Wäsche eingeweicht.«

Sie wunderte sich darüber, wie schnell sie eine Antwort bereit hatte. Gewöhnte man sich so schnell ans Lügen?

Sie leerte den Wasserkessel, der auf dem Herd schon anfing zu singen, in die Abwaschwanne und ließ auch die schmutzigen Teller ins Wasser gleiten. Man sah beinahe gar nicht, dass davon gegessen worden war, aber sie konnte sie auch nicht so in den Schrank zurückstellen. Erst nachdem sie auch Jans Teller im Wasser hatte verschwinden lassen, fragte sie: »Fühlst du dich besser?«

Ihr Vater nickte. »Ist Klaas schon zurück?«

Klaas aß über Mittag immer zu Hause.

»Ja, ich sah ihn auf seinem Rad zum Tischlerschuppen fahren.«

»Schön, ich werd mal bei ihm vorbeischauen.«

Emma erschrak: »Gehst du schon wieder raus?«

»Was dachtest du denn? Ich habe lange genug im Bett gelegen.«

Er gähnte und stand auf.

Während ihr Vater sich anzog, überlegte Emma schnell. Seine Holzschuhe standen in der Wirtschaftskammer und sein Mantel und seine Mütze waren auch da. Nein, er brauchte nichts aus dem Schuppen.

Er kam noch einmal in die Küche, um seine Pfeife zu stopfen und sie mit etwas Feuer aus dem Herd anzustecken. Mit Streichhölzern mussten sie sehr sparsam umgehen.

Was stinkt dieser Tabak aus eigenem Anbau doch, dachte Emma und versuchte durch den Mund zu atmen.

»Haben wir noch Stroh im Schuppen?«

Ihr Herz stockte.

»Willst du … brauchst du was?«

»Für meine Holzschuhe.«

»Ich hol's dir eben!«

Der Junge war wach. Er saß kerzengerade, die Hände hinter sich, bereit, sofort aufzuspringen. Als sie die Tür offen ließ und schnell auf ihn zulief, wurden seine Augen groß vor Angst.

Emma legte den Finger auf die Lippen und griff eine Hand voll Stroh. Ohne etwas zu sagen, lief sie zurück. Als sie den quietschenden Riegel wieder an seinen Platz schob, konnte sie die Erleichterung des Jungen beinahe durch die Tür hindurch fühlen.

4

Jan sackte ins Stroh zurück, als die Schuppentür geschlossen wurde. Keine Gefahr. Emma war nur gekommen, um etwas zu holen. Sie hatte den Riegel wieder vorgeschoben. Langsam kam sein klopfendes Herz zur Ruhe.

Mit einem tiefen Seufzer drehte er sich wieder auf die Seite und zog sich die Decke über den Kopf. Es war gut. Bei Emma konnte ihm nichts passieren. Merkwürdig, dass er dieses Gefühl bei jemandem hatte, den er erst ein paar Stunden kannte. Er verstand es selbst nicht so recht, aber vom allerersten Augenblick an hatte er ihr vertraut. Ihre helle, sichere Stimme hatte ihn sofort ruhiger gemacht.

Emma war gut. In ihren Augen lag etwas Entschlossenes, doch ihr Mund wirkte sanft. Sie hatte seine Hand energisch und doch auch vorsichtig verbunden.

Er hätte sich bei ihr verkriechen mögen, so wie früher bei Mutter, und er hatte die Zähne zusammenbeißen müssen, um das zu verbergen. Er hoffte nur, dass sie es nicht gesehen hatte. Er versuchte wieder einzuschlafen, aber es gelang ihm nicht. Die Ereignisse der vergangenen Tage wirbelten ihm durch den Kopf. Die reglose Gestalt auf dem Bett, die zuklappende Tür, der strömende Regen, die deutschen Soldaten, der Kontrollposten, der Moff im Lastwagen, die Männer beim Baum, sein wildes Rennen durch einen Acker und schließlich die ruhige Stimme von Emma: »Ich tu dir nichts!«

Und nun lag er in einem wildfremden Schuppen, völlig allein, auf einem Haufen Stroh. Auf der Flucht vor den Moffen. Wer hätte das vor vier Jahren voraussehen können?

An dem Tag, als die Deutschen ins Land einfielen, war Jan am meisten über die Angst seiner Mutter erschrocken.

Als es an jenem Morgen im Mai in aller Frühe klingelte, waren seine Eltern, sein Schwesterchen Hanneke und er selbst noch nicht einmal wach gewesen.

Laut schrillte die Klingel durchs Haus.

Sein Vater war zuerst an der Treppe. Er zog an der Schnur, um von oben her die Haustür zu öffnen, und beugte sich weit vor.

»Wer ist da?... Sam? Was machst du hier so früh am Morgen? Ist etwas passiert?«

Der Bruder seiner Mutter, Onkel Samuel, kam schnaufend nach oben. Die ersten Augenblicke konnte er nichts herausbringen.

Jans Mutter lief zu ihm. Ihre Augen waren groß und sie sah auf einmal ganz bleich aus. Sie schüttelte den Arm ihres Bruders.

»Sam, was ist los?«

Onkel Samuel sagte nichts.

»Sam, nun sag doch etwas!«

»Krieg!« Seine Stimme war heiser.

Mit einem Schrei schlug sich Jans Mutter beide Hände vor den Mund. Nun war sie es, die kein Wort herausbringen konnte.

Onkel Samuel schaute sie alle an. »Aber wisst ihr denn noch nichts? Die Deutschen haben uns heute Nacht überfallen! Es sind Fallschirmjäger gelandet! Es wird gekämpft!«

Jans Vater fluchte. »Die Schufte!«

Hanneke griff mit beiden Händen nach Mutters Arm. Jan rannte zum Fenster. Draußen war nicht viel zu sehen. Es war ein wunderbar sonniger Tag. Hier und da standen Menschen in kleinen Gruppen zusammen. Eine Tram schob sich bimmelnd um die Kurve, ein Mann auf einem Bäckerfahrrad fuhr schnell durch die Straße. In der Ferne hörte Jan das Gebrumm von Flugzeugen. Plötzlich schrillte eine Sirene. Er bekam eine Gänsehaut.

Hinter sich hörte er die Stimme seiner Mutter. So hatte er sie noch nie gehört. So tonlos, wie abgestorben: »Dann ist es mit uns vorbei.«

Ein paar Augenblicke war es still. Dann sank seine Mutter auf einen Stuhl und schluchzte laut auf. Hanneke weinte mit. Jan bebte. Sein Vater fluchte wieder.

Onkel Samuel legte seinen Arm um die Schwester.

»Ruth … nun komm, Ruth … unsere Armee hält sie auf. Sie kommen nicht bis hierher.«

Seine Mutter sah auf, die Augen voller Ingrimm.

»Niemand kann sie aufhalten. Nicht in Polen, nicht in Norwegen und auch nicht in Dänemark. Denkst du etwa, dass wir es können?! Niemand hält sie auf. Niemand! Sie kommen und uns wollen sie haben, uns Juden. Mich!« Sie schaute ihren Bruder an. »Und dich!«

Mit ausgestrecktem Finger zeigte sie auf ihren Mann und auf Jan und auf Hanneke. »Und dich! Und dich! Und dich!«

Sie ließ ihren Kopf auf den Tisch fallen und heulte und schrie.

»Ruth! Beherrsch dich!«

Mit einem Satz stand sein Vater neben der Mutter und zog sie hoch. Schluchzend fiel sie ihm entgegen. Über ihren Kopf hinweg gab der Vater Jan einen Wink.

»Hol ein Glas Wasser!«

Am ganzen Leibe zitternd stand Jan in der Küche. Er stieß mit dem Glas gegen den Wasserhahn und die Scherben fielen in den Ausguss. Bebend sammelte er sie zusammen. Was meinte seine Mutter? »Dann wollen sie uns haben, die Juden.«

Die Deutschen waren gegen die Juden, das wusste er wohl. Jan hatte zugehört, wenn seine Eltern darüber sprachen, was in der Zeitung stand. In Deutschland hatten sie die Fensterscheiben jüdischer Geschäfte eingeworfen und Synagogen in Brand gesteckt. Aber davor brauchte seine Mutter doch keine Angst zu haben? Sie besaßen keinen Laden und in die Synagoge gingen sie höchstens einmal im Jahr. Eigentlich nur zu Jom Kippur.

»Die Schul ist für die frommen Juden«, sagte sein Vater immer. Und damit meinte er die Amsterdamer Onkel, die Brüder von Jans Mutter. Die saßen jeden Sabbat in der Synagoge. Einige von denen, wie Onkel Aaron und Onkel Menachem, gingen sogar jeden Tag hin.

Vielleicht sollten sie ihnen sagen, dass sie lieber nicht mehr in die Synagoge gehen sollten. Sie konnten zu Hause doch auch beten?

Als Jan wieder ins Zimmer kam, hatte die Mutter sich beruhigt. Sie saß auf einem Stuhl und der Vater stand hinter ihr. Er hatte die Hände auf ihre Schultern gelegt.

»Hast du dich erschrocken, Jan? Ich hab mich komisch aufgeführt, was? Es war vor allem der Schreck. Man hört nicht jeden Tag, dass Krieg ist.«

Ihre Zähne schlugen gegen das Glas und ihre Finger zitterten. Sie versuchte zu lächeln, und obwohl Jan sah, dass es kein echtes Lächeln war, wurde er doch ruhiger dadurch. Wenn sie nur nicht wieder solche unheimlichen Dinge sagte.

Den übrigen Tag war seine Mutter sehr still. Sie horchte aufs Radio und auf seinen Vater und seinen Onkel, die kamen und gingen und immer wieder andere Berichte mitbrachten. Und doch schien es, als ob nichts wirklich zu ihr durchdrang.

Zu Jan aber drang es sehr wohl durch: Es war Krieg, es wurde geschossen, es waren Flugzeuge in der Luft, es gab Fallschirmjäger, die als Nonnen verkleidet heruntergekommen waren. Soldaten, die Gewehre im Anschlag, schlichen durch die Straßen, und in einer Straße da hinten waren zwei

NSBer von der Polizei aus ihrem Haus geholt und abgeführt worden.

»Hörst du das, Mutter?«, fragte Jan aufgeregt. »Sie haben zwei Verräter geschnappt.«

Das hatte er an dem einen Tag bereits gelernt. NSBer waren Mitglieder der nationalsozialistischen Bewegung und die unterstützten Deutschland. Feinde also. Er zog seine Mutter an der Schürze. »Hast du das gehört?«

Seine Mutter nickte, aber gab keine Antwort. Mit bleichem, starrem Gesicht schälte sie eine Kartoffel und ließ sie seufzend in einen Topf Wasser fallen, als ob sie zu müde wäre, sie festzuhalten.

Aber als sein Vater hereinkam, um zu erzählen, dass er ein deutsches Flugzeug rauchend hatte heruntertrudeln sehen, reagierte sie doch.

»Recht so«, sagte sie hart. »Wieder einer weniger!«

»Sie kriegen uns nicht, du, Vater?«, fragte Jan. »Wir schmeißen sie raus!«

Sein Vater nickte und drückte ihn kurz an sich.

»Ja, mein Junge. Wir schmeißen sie raus!«

Aber so war es nicht gekommen. Nach fünf Tagen hatten die Deutschen den Krieg gewonnen und ihre Truppen waren in die Stadt eingezogen.

Jan stand mit Hanneke vorm Haus und schaute auf die Kolonne, die durch ihre Straße marschierte. Ein Jeep fuhr langsam hinterher.

Seine Mutter kam zur Tür und rief: »Ihr kommt rein! Sofort!«

»Aber sie tun gar nichts, Mutter!«, rief Jan. Er blieb noch einen Augenblick stehen und sah den Soldaten direkt ins Gesicht. Ein Soldat im Jeep lachte ihm zu. Seine Mutter zog ihn hinein.

»Aber sie tun gar nichts«, sagte er noch einmal. »Du brauchst wirklich keine Angst zu haben. Sie tun uns nichts!«

Nein, damals hatten sie ihnen noch nichts getan. Damals noch nicht. Das kam erst später.

Im Herbst des ersten Kriegsjahres hatte es angefangen.

Er war dabei gewesen, als sein Vater den Brief öffnete. Der Brief hatte auf dem Kaminsims gestanden, als sie nach Hause kamen. Es war ein großer weißer Briefumschlag. Einschreiben, stand mit schwarzen Buchstaben draufgestempelt. Sein Vater runzelte die Stirn, als er den Brief von allen Seiten ansah.

»Ruth?«

Seine Mutter kam aus der Küche und trocknete sich die Hände an ihrer Schürze ab.

»Wann ist der Brief gekommen?«

»Heute Morgen. Ihr wart gerade aus der Tür.« Ihre Stimme zitterte.

Sein Vater nahm den silbernen Brieföffner. Es war totenstill im Zimmer, als er den Brief auseinander faltete und zu lesen begann. Er sagte nichts. Jan spürte, dass es ein wichtiger Brief war, und versuchte in seinem Gesicht zu lesen. Seine Mutter trocknete noch immer ihre Hände ab. Sein Vater faltete den Brief zusammen und blickte aus dem Fenster. Jan hielt den Atem an. Plötzlich zerknüllte sein Vater den Brief. »Verdammt noch mal!«

Ängstlich fragte die Mutter: »Leo, was ist los? Was steht denn drin?«

Sein Vater antwortete nicht. Er warf den zerknüllten Brief auf den Tisch und lief auf den Flur. Sie hörten, wie er die Treppe herunterjagte.

Jans Mutter lief ihm nach. »Leo, was hast du vor?«

Aber sie war zu spät. Mit einem Knall schlug die Haustür

zu. Jan sah durchs Fenster, wie sein Vater mit langen Schritten die Straße herunterlief, ohne Mantel, ohne Hut. Es war November, in heftigen Böen fegte ein rauer Wind Blätter über die Straße. Jan schauderte zusammen.

Hastig kam seine Mutter wieder ins Zimmer. Sie griff nach dem Brief und strich ihn glatt. Sie wurde weiß, als sie ihn las.

»Oh, mein Gott!«

Jan lief zu ihr. »Was steht in dem Brief, Mutter? Ist es schlimm?«

»Dein Vater ist entlassen!«

»Entlassen?«

»Ja, von morgen an soll er keinen Unterricht mehr geben.«

Jan seufzte erleichtert auf. So schlimm war das doch gar nicht. Er würde es nicht schlimm finden, wenn er gar nicht mehr zur Schule brauchte.

»Verdient er dann auch kein Geld mehr?«

»Doch, das schon. Sein Gehalt geht normal weiter.«

Die Stimme seiner Mutter klang abwesend, geradeso, als dächte sie an ganz andere Dinge, während sie seine Fragen beantwortete. Es erinnerte Jan an die Tage im Mai. Da war sie auch so gewesen; nach ihrem ersten Ausbruch schien ihr alles gleichgültig zu sein. Er bekam es mit der Angst. War es denn so schlimm, dass sein Vater keine Arbeit mehr hatte?

»Und wohin ist Vater denn auf einmal gegangen?«

Seine Mutter gab keine Antwort. Sie ging zum Fenster und blickte auf die Straße. Ihr Atem ging schnell und sie rang die Hände.

»Mutter! Wo ist Vater hingegangen?«

»Ich weiß es nicht!« Ihre Stimme klang scharf.

Jan stellte sich neben sie, weil er nicht wusste, was er sonst tun sollte. Seine Mutter blickte noch immer die Straße herauf und herunter. Plötzlich schrak sie auf und schaute auf die Uhr. »Hanneke muss geholt werden! Sie ist bei Loesje.«

»Ich geh schon«, sagte Jan, froh, einmal nach draußen zu können.

Als er mit Hanneke zurückkam, war sein Vater auch wieder da. Er saß am Tisch, den Kopf in die Hände gestützt. Das Licht der Lampe fiel auf sein Haar. Jan sah zum ersten Mal graue Haare im Schwarz.

Seine Mutter sagte: »Spielt ihr noch einen Augenblick? Wir essen bald.« Ihre Stimme klang wieder normal.

Hanneke nahm ihre Puppe und fing an, sie in der Zimmerecke auszuziehen. Jan nahm sein Buch aus der Leihbücherei und legte sich auf den Fußboden. Er versuchte zu lesen, aber durch die Stimmen seiner Eltern war das unmöglich, auch wenn sie noch so leise sprachen.

»Also, Meyer hat auch so einen Brief bekommen?«, fragte seine Mutter.

»Ja, und Kleerenkoper auch. Und De Jong hier aus der Straße auch.«

»Aber der ist doch gar nicht Lehrer?«

»Nein, der arbeitet im Rathaus. Anscheinend geht es um die Juden im Staatsdienst. Die werden alle rausgeworfen.«

»Aber es ist keine Entlassung. Im Brief steht ›des Amtes enthoben‹.«

Sein Vater seufzte und strich sich durchs Haar. »Was macht das schon aus? Entlassen, des Amtes enthoben? Sie wollen uns nicht mehr haben, Ruth. Darum geht es. Sie wollen die Juden los sein.«

Jan schaute von seinem Buch auf. »Warum wollen sie die Juden los sein, Vater? Sind wir weniger wert als andere Menschen?«

»Jan, komm mal her und hör gut zu!«

Die Stimme seines Vaters klang ernst. Er schaute Jan gerade in die Augen und legte ihm seine Hände auf die Schultern.

»Wir sind nicht weniger wert, Junge. Vielleicht aber sind wir anders.«

Sein Vater seufzte und ließ die Hände sinken. Jan blieb vor ihm stehen.

»Wenigstens … nach Ansicht vieler Menschen. Die frommen Juden vor allem leben doch sehr anders. Sie haben am Samstag ihren Ruhetag und dürfen dann nicht Rad fahren und nicht arbeiten. Sie dürfen dann nicht einmal bei sich zu Hause das Licht anmachen. Darum bitten sie dann zum Beispiel einen Nachbarjungen. Viele Juden nehmen sich auch an jüdischen Festtagen frei. Viele Nichtjuden empfinden das als lästig und auch als merkwürdig. Sie finden es auch verrückt, dass Juden sich an die Speisegesetze halten. Das koschere Essen, du weißt: kein Schweinefleisch, und Milch und Fleisch streng getrennt, sogar getrenntes Geschirr, Besteck und Tischtücher.«

»Aber wir sind doch keine frommen Juden?«

»Nein, wir nicht. Wir leben so wie die meisten Menschen. Wir halten uns nicht an alle komplizierten Vorschriften der Thora. Aber das bedeutet nicht, dass wir nicht jüdisch sind.«

Sein Vater ergriff ihn beim Kinn, sodass er ihn gerade anschaute. Jan hatte jetzt einen Klumpen im Hals.

»Wir sind jüdisch, weil unsere Vorfahren jüdisch sind, und wir werden immer jüdisch bleiben. Und das ist etwas, worauf wir stolz sein können, mein Sohn.«

»Aber warum darfst du dann nicht mehr unterrichten?«

»Weil die Deutschen behaupten, die Juden hätten an allem Schuld, vor allem an der Armut und an der Arbeitslosigkeit. Und weil sie finden, dass das germanische Volk eine bessere Sorte Mensch ist als das jüdische Volk. Und jetzt, wo die Deutschen hier sind, muss der Direktor der höheren Schule tun, was sie sagen. Wenn die Deutschen sagen: Raus mit den Juden, dann müssen die Juden raus.«

Sein Vater schwieg und ließ die Hände in den Schoß fallen. Noch nie hatte Jan seinen Vater so mutlos gesehen.

Und so war sein Vater von nun an zu Hause. Wenn Jan zur Schule ging, saß sein Vater am Fenster, und wenn er nach Hause kam, saß er da immer noch. Es schien, als hätte er den ganzen Tag seinen Platz nicht verlassen. Und vielleicht war das sogar der Fall.

»Tu doch mal was!«, hörte Jan seine Mutter einmal sagen. Das war 1941 und der Krieg dauerte schon über ein Jahr. »Ich werd verrückt von deinem Stillsitzen!«

Sein Vater brauste auf: »Was tun? Was soll ich denn tun? Vielleicht ins Kino gehen? In ein Café? Hast du die Schilder nicht gesehen?«

Jan wusste, welche Schilder sein Vater meinte. Scheißschilder. »Voor Joden verboden« stand darauf. Immer mehr davon sah man in den Straßen. Erst an den Kinos, später an den Cafés.

Als er zum ersten Mal ein solches Schild gesehen hatte, war er auf die andere Straßenseite gegangen. Er hatte Angst, dass es auch verboten wäre, an einem solchen Kino oder Café auch nur vorbeizugehen. Aber es wurde immer schwieriger, die Schilder zu vermeiden. Sie hingen nun auch an Hotels, Restaurants, vor dem Hallenbad und auch vor dem Lesesaal. Das Letzte fand er am schlimmsten, denn jetzt konnte er sich keine Bücher mehr ausleihen. Manchmal langweilte er sich zu Tode. Seine eigenen Bücher hatte er alle noch einmal gelesen und dann mit Hannekes Büchern angefangen. Aber die waren natürlich zu kindlich für ihn, außerdem richtige Mädchenbücher.

Die Jungen aus der Nachbarschaft bat er vorsichtshalber nicht um Bücher. Die meisten wussten nicht, dass er nicht mehr in den Lesesaal durfte.

In der Schule konnte man sich auch Bücher ausleihen, aber man durfte nur eins in der Woche mitnehmen, und obwohl er sich immer ein dickes Buch aussuchte, hatte er es meist im Nu ausgelesen. So auch an einem Mittwochnachmittag. Was sollte er bloß mit seiner Zeit anfangen? Der Vater saß mit dem Rücken zu ihm und las. Seine Mutter war in der Küche. Vielleicht weinte sie dort wieder heimlich, wie sie es öfter tat. Sie dachte wohl, dass niemand es merkte, aber Jan wusste es genau. Und so ging es nun schon ganz lange, eigentlich schon, seitdem sein Vater keine Arbeit mehr hatte. Es wurde immer ungemütlicher zu Hause. Sein Vater war meist still, nur ganz plötzlich konnte er wütend werden. Neulich hatte er Jan eine Ohrfeige gegeben, weil er seine Füße nicht abgetreten hatte. Seine Mutter war auch still, aber auf eine völlig andere Art. Sie hatte oft ganz rote Augen und sie lachte fast nie mehr. Dennoch versuchte sie manchmal, es gemütlich zu machen. Vor ein paar Wochen hatte sie Spielkarten hervorgeholt und Hanneke und Jan »Piesacken« beigebracht. Dazu gab's einen Becher Schokoladenmilch und plötzlich war es genau wie früher. Obwohl – nicht ganz. Sein Vater machte nicht mit. Der drehte ihnen den Rücken zu und starrte nach draußen, bis er auf einmal zu ihnen an den Tisch kam, um zu sehen, was sie taten, und dann sagte: »Piesacken, wie bist du ausgerechnet darauf verfallen, Ruth? Werden die Juden noch nicht genug gepiesackt?«

Weinend lief die Mutter aus dem Zimmer. Hanneke ging ihr nach und Jan schob die Karten zusammen. Sein Vater hatte Recht. Es war ein dummes Spiel.

Danach hatten sie keine Spiele mehr gemacht.

Jan seufzte und stellte sich ans Fenster, die Hände in den Hosentaschen. Hanneke spielte mit ein paar Mädchen Murmeln auf dem Gehweg. Da kam ein kleiner Trupp Jungen an, von denen er ein paar kannte: Jan und Theo, mit denen er in der Grundschule zusammen war, Frank, der Sohn vom Gemüsemann, und Chris wohnte ein paar Häuser weiter. Sie blieben stehen und fragten Hanneke etwas, die daraufhin nach oben zeigte. Die Jungen schauten hinauf und sahen Jan am Fenster stehen. Sie winkten ihm zu und Chris zeigte einen Fußball.

Jan nickte. Ein Fußballspiel war genau das, was er brauchte. Er rannte die Treppe herunter, schlug die Tür zu und sauste vor allen andern her zum Fußballplatz. Mit einem Ruck blieb er am Eingang stehen. Dort hing ein Schild, das letztes Mal noch nicht dort gehangen hatte. Es hing einfach nur da, an einen Baum genagelt. VOOR JODEN VERBODEN.

Die andern rannten an ihm vorbei.

»He, Visser, kommst du heute noch?«, rief Theo. »Wir fanden an, du!«

Sie kamen zurückgelaufen, als er immer noch mit offenem Mund das Schild anstarrte.

VOOR JODEN VERBODEN.

Theo sah das Schild an und gab ihm einen Puff.

»Komm, beeil dich, das gilt für Judenkinder. Nicht für uns!«

Jan schluckte und sagte: »Das gilt wohl für mich.«

Theo schaute ihn erstaunt an: »Bist du ein Judenkind?! Das hab ich überhaupt noch nicht gewusst. He Jungens, habt ihr das gehört? Jan ist ein Judenjunge.«

Sie standen alle im Kreis um ihn herum. Einer begann zu johlen: »Jan ist ein Judenjunge, ha, ha, ha!«

Zögernd machte Chris mit. Ein paar der Jungen, die Jan nicht kannte, fielen mit ein. Theo wurde rot, versetzte dem Ball einen harten Tritt und rief über die Schulter: »Los, kommt. Wir fangen an!«

Alle Jungen rannten aufs Feld. Nur einer drehte sich noch einmal um: »Dreckiger Scheißjude!«

5

Kein Fußball mehr, keine Bücher mehr aus dem Lesesaal, nicht mehr gemeinsam mit seinem Vater ins Badehaus. Jan versuchte sich darüber hinwegzusetzen. Es gab viel schlimmere Dinge.

Als Onkel Aaron und Tante Esther zu Besuch kamen, hörte er sie flüstern: Juden waren aufgegriffen und in ein Arbeitslager geschickt worden. Auch kleine Jungen waren dabei gewesen. – Doch als sie an dieser Stelle ihrer Geschichte angekommen waren, schloss sein Vater die Schiebetüren zwischen den beiden Räumen.

Jan malte mit Hanneke im Hinterzimmer und dachte über das nach, was er gehört hatte. Aufgegriffen. Das war erst wirklich schlimm. Einfach weg von Vater und Mutter und irgendwo in Deutschland für die Moffen arbeiten. Er schauderte.

Hanneke hatte auch etwas gehört. »Jan? Was ist eine Razzia?«

Jan zuckte mit den Schultern. »Du, das weiß ich nicht!«, knurrte er. »Lass mal sehen, was hast du gemalt?«

Hanneke zeigte ihm stolz ihre Zeichnung, und Jan wunderte sich darüber, dass sie so leicht abzulenken war. Sie verstand noch nichts von dem, was um sie herum geschah. Er sehr wohl. Er wusste genau, was eine Razzia war, wenigstens dachte er, dass er es wüsste. Es hatte etwas damit zu tun, dass Juden aufgegriffen wurden, viele Juden auf einmal. »Über vierhundert!«, hatte Tante Esther geflüstert. Es schauderte Jan wieder. Er zeichnete ein Flugzeug, versuchte aber währenddessen zu hören, was sie da im Vorderzimmer noch mehr redeten. Sie sprachen jetzt lauter und sein Vater sagte: »Ist das wirklich wahr? Sag mal, das ist ja phantastisch!«

Seine Stimme klang genau wie früher, und darum wagte Jan, als Onkel und Tante fort waren, seinen Vater zu fragen, was denn so »phantastisch« gewesen war. Sein Vater erzählte ihm von dem großen Streik in Amsterdam und den umliegenden Orten.

Vor ein paar Monaten, im Februar, hatten ganz viele Menschen ihre Arbeit niedergelegt, weil sie wütend auf die Moffen waren. Wütend deshalb, weil die so ohne weiteres Juden aufgriffen und nach Deutschland schickten. Tausende, vielleicht zehntausende von Menschen hatten gestreikt: das Personal von der Straßenbahn, von der Stadtreinigung, von Fabriken, von Läden und Büros. »Sie lassen uns Juden nicht im Stich, mein Junge«, sagte sein Vater. »Die Moffen werden was erleben, wenn sie das noch einmal versuchen!«

Jan wagte nicht zu fragen, ob dieser Streik geholfen hatte. Hatten die Moffen die Juden wieder zurückkommen lassen nach Amsterdam? Und doch war es ein feiner Gedanke, dass es Menschen gab, die Widerstand leisteten, die nicht einfach alles schluckten, was die Moffen taten. Er wollte, er wäre auch so. Dass er es zum Beispiel wagen würde, einfach in den Lesesaal hineinzugehen. Aber das wagte nicht einmal sein Vater. Wie sollte ein Junge von zwölf Jahren das dann wagen?

Im August 1941 dachten sich die Moffen wieder etwas Neues aus. Jüdische Kinder sollten in eine jüdische Schule gehen. Sie durften nicht mehr in einer normalen Schule zwischen nicht jüdischen Kindern sitzen. Zuerst hatte Jan es nicht glauben wollen.

»Wohin soll ich denn dann?«, rief er, als sein Vater ihm das sagte. »Wo gibt es hier eine jüdische höhere Schule?«

»Ich weiß es nicht, Junge, ich weiß es wirklich nicht«, seufzte sein Vater.

Seine Mutter weinte und Hanneke gleich mit. »Dann sitze ich nicht mehr neben Loesje in der Klasse!«, schluchzte sie. »Dann wird Loesje natürlich die Freundin von Sonja und dann hab ich keine mehr!«

Sie rieb sich die Augen und Jan dachte, dass Mädchen doch immer zuerst daran dachten, wer die Freundin von wem war.

Wenige Tage später erfuhren sie, dass ein jüdisches Lyzeum gegründet worden war. Jan konnte sofort dorthin. Hanneke ging auf eine jüdische Grundschule.

Nach ein paar Wochen hatte Jan sich eingewöhnt und fand es gar nicht mehr so schlimm. Hier wurde er zumindest nicht beschimpft. »Scheißjude, dreckiger Jude, Stinkjude.« All das hatte er auf seiner alten Schule zu hören bekommen, und obwohl es immer dieselben waren, die es sagten, und auch Jungen dabei waren, die nicht mitmachten und zu ihm sagten: »Ach Mann, solln sie dir doch den Buckel runterrutschen!«, war er immer weniger gern zur Schule gegangen.

Wie gut auch, dass sein Vater wieder Arbeit hatte. Am jüdischen Lyzeum durften nur jüdische Lehrer arbeiten und sein Vater war sofort eingestellt worden. Nun gingen sie jeden Tag zusammen zur Schule.

Unangenehm war allerdings, dass es so weit weg war. Sie mussten über eine halbe Stunde mit dem Fahrrad fahren, und als es Winter wurde, fiel ihnen das nicht immer leicht. Manchmal lag so viel Schnee, dass sie neben ihren Fahrrädern hergehen mussten, und an manchen Tagen nahmen sie ihre Fahrräder gar nicht erst mit. Manchmal konnten sie ein Stück mit der Straßenbahn fahren, aber wenn es sehr stark gefroren hatte oder wenn sehr viel Schnee lag, fuhr auch die nicht. Dann mussten sie fast zwei Stunden lang zu Fuß gehen. Zwei Stunden zu Fuß im Schneesturm oder in peitschendem Hagelschauer. Wenn Jan nach Hause kam, war er manchmal so durchgefroren, dass er mit Mantel und allem in sein Bett kroch; aber sogar dann dauerte es noch eine ganze Weile, bis er warm wurde.

Als es wieder Frühling wurde, ging alles etwas einfacher. Jeder schien besserer Stimmung zu sein. Sein Vater pfiff ab und zu wieder ein Liedchen, und jetzt, wo seine Mutter sich nicht mehr täglich den Kopf zerbrechen musste über die Frage, wo sie genug Kohlen hernehmen sollte, schien auch sie wieder etwas munterer zu sein. Etwas.

Jan radelte mit seinem Vater nach Hause und schaute um sich. Die blühenden japanischen Kirschbäume standen rosa und weiß vor dem hellblauen Himmel. In den Vorgärten blühten rote Tulpen und gelbe Narzissen. Er atmete tief durch. Es roch nach Frühling, nach Freiheit, nach Frieden.

»Wir fahren hier links ab«, sagte sein Vater. »Ich muss etwas in der Schule abholen. Du kannst solange warten.« Er lehnte sein Fahrrad an eine Fassade, in die hebräische Buchstaben eingemeißelt waren, und ging durch eine breite Eichentür nach drinnen. Jan starrte das Schild neben der Tür an. NUR FÜR JUDEN. Was wollte sein Vater in der Synagoge?

Einige Minuten später kam er wieder heraus. Auf dem Fußweg steckte er ein dünnes, in Papier eingeschlagenes Päckchen in die Tasche. Jan wagte nicht zu fragen. Das Gesicht seines Vaters war plötzlich verändert – verschlossen, fast grimmig.

Zu Hause warf der Vater das Paket auf den Tisch: »Also, da sind sie!«

Seine Mutter öffnete das Paket. Sterne aus gelbem Stoff waren darin. Sie hatten die Größe einer Handfläche. Mitten darauf stand in schwarzen Buchstaben: »Jude«.

»Wofür sind die?«, fragte Jan.

Hanneke betastete die Sterne. »Darf ich einen?«

»Ihr dürft alle ein paar haben. Wir sollen sie auf unsere Kleider nähen.« Die Mutter hielt einen an ihre Bluse, an die Stelle, wohin sie immer ihre goldene Brosche steckte, wenn sie sich hübsch machte. Das war schon lange her.

»Wie sieht es aus?«

Sein Vater zuckte die Schultern.

»Muss das sein?«, fragte Jan.

»Ja, es muss sein«, sagte sein Vater. »In der Zeitung steht, dass jeder Jude vom kommenden Sonntag an einen solchen Stern tragen muss. Gut sichtbar links auf der Brust. Wir dürfen ohne Stern nicht mehr nach draußen.«

»Und wenn wir das doch tun?«, fragte Jan.

»Sechs Monate Gefängnis und tausend Gulden Buße.«

»Leo! Das brauchst du den Kindern doch nicht zu erzählen!«

»Es ist besser, sie kapieren gleich, dass es ernst ist!«

»Ich will nicht ins Gefängnis!«, heulte Hanneke.

»Ist ja gut!«, tröstete die Mutter. »Du brauchst ja auch gar nicht ins Gefängnis. Wenn wir nur tun, was sie sagen, passiert uns nichts. Komm her. Ich fang mit deinem an. Hol mal dein Mäntelchen!« Sie erhob sich, um ihren Nähkasten zu holen.

»Ein blödsinniger Anblick, finde ich!«, sagte Jan. »Wenn ich mir das schon vorstelle!«

Seine Mutter drehte sich um. »Du brauchst dich nicht zu schämen. Es ist keine Schande, für unser Judentum geradezustehen!«

Sein Vater sagte nichts.

An diesem Nachmittag ging Jan nicht nach draußen, aber am nächsten Tag kam er nicht drum herum. Er wusste gar nicht, wohin er blicken sollte, als er sein Fahrrad heraustrug.

Sein Vater stieg auf, aber Jan prüfte erst noch, ob seine Reifen genug Luft hatten.

»Guten Morgen!«

Erstaunt schaute er auf. Ein Unbekannter lüftete den Hut und ging weiter. Sein Vater nickte. Dasselbe wiederholte sich unterwegs noch ein paar Mal und ein Blumenmann mit einer gelben Blume im Knopfloch streckte den Daumen in die Höhe. Jan wusste immer noch nicht, wohin er blicken sollte.

In der Schule trugen fast alle Jungen einen Stern. Sofort fühlte Jan sich wohler, und als David Kohn rief: »Das sieht hier aus wie die Milchstraße!«, konnte er darüber lachen.

Zwei Monate darauf gab es wieder neue Vorschriften. Juden durften nicht mehr Rad fahren und alle Juden mussten ihre Fahrräder abliefern.

»Aber wie sollen wir dann zur Schule?« Jan starrte seinen Vater entgeistert an.

»Mit der Straßenbahn«, sagte sein Vater kurz.

Aber eine Woche später durften sie auch nicht mehr Straßenbahn fahren.

Jans Vater schlug mit der Faust auf das Jüdische Wochenblatt, worin das stand. Dann legte er den Kopf auf den Tisch und stöhnte. Jan hatte seinen Vater noch nie weinen sehen, nicht am Tag des deutschen Überfalls, nicht, als er erfuhr, dass Opa tot war, und auch nicht, als er seine Arbeit verlor. Aber jetzt weinte er. Es schüttelte ihn richtig. Jan stand neben ihm und wusste nicht, was er tun sollte. Ungeschickt klopfte er seinem Vater auf den Rücken.

»Ach Vater; komm ... Dann laufen wir einfach ... Du sagst immer, Laufen ist gesund. Komm ... Wir haben doch jetzt Sommer, da macht das nichts. Und nachher, wenn wir Winter haben, ist der Krieg vielleicht vorbei. Es läuft doch bestens, du weißt doch auch, dass die Engländer Köln völlig zerbombt haben, und Churchill … Churchill hat gesagt, es kommt eine zweite Front.«

Das alles hatte Jan in der Schule flüstern hören.

Sein Vater nickte und schnäuzte sich die Nase. Als er aufsah, zweifelte Jan, ob er wirklich geweint hatte. Seine Augen waren trocken und seine Stimme klang wieder normal.

»Du hast Recht, Junge, Laufen ist gesund.«

Also liefen sie von jetzt an zur Schule. Um halb sieben gingen sie aus der Tür und um halb sechs waren sie wieder zu Hause. An den ersten Tagen ging es noch, nur bekam Jan furchtbaren Hunger davon.

Morgens und zu Mittag aßen sie drei dünne Schnitten Brot, die so klitschig waren, dass sie oben an der Decke kleben blieben, wenn man sie hochwarf. Das behaupteten die Jungen in der Schule jedenfalls. Jan selbst hatte es vorsichtshalber nicht ausprobiert. Abends aßen sie einen Teller Kartoffeln, etwas Gemüse und manchmal ein kleines Stückchen Fleisch oder Fisch. Jan und Hanneke bekamen noch einen Becher Magermilch dazu, wässrige Milch war das, die es noch ohne Marken gab. Und immer behielt Jan ein leeres Gefühl im Magen.

Auch für seine Mutter wurde es schwieriger. In nicht jüdischen Geschäften durfte sie nur zwischen drei und fünf Uhr einkaufen. Oft war dann alles ausverkauft. Fisch- oder Gemüseläden durfte sie gar nicht betreten. Manchmal bewahrte ihr der Gemüsemann etwas auf. Das durfte sie sich dann an der Hintertür abholen. In jüdische Geschäfte durfte sie natürlich, aber es gab nicht so viele in ihrer Wohngegend.

Sie alle hatten Löcher in ihren Schuhsohlen vom vielen Laufen, aber es gab kein Leder, um sie neu zu besohlen. So hatten sie jetzt Holzsohlen, die viel Lärm machten und von denen man Blasen bekam.

Sie magerten alle ab und morgens am Frühstückstisch

saßen sie sich todmüde gegenüber. Todmüde und voller Angst. Wie würde die nächste Vorschrift für die Juden aussehen?

Seine Eltern versuchten ihre Angst zu verbergen, aber das gelang fast nicht mehr. Jan sah, dass seine Mutter manchmal keinen Bissen herunterbekam, und sein Vater tastete dauernd nervös seine Taschen nach Zigaretten ab. Nach Zigaretten, die er schon seit langem nicht mehr hatte, denn Tabak gab's jetzt auch nur auf Marken.

In der Schule wurde geflüstert, manche Juden bekämen einen Aufruf, dass sie in Deutschland arbeiten sollten. Jan wurde es ganz elend in der Herzgegend: arbeiten in Deutschland. Aber dazu würden sie doch keine Jungens aussuchen? Was für Arbeit konnte er denn schon tun? Er war schon todmüde, wenn er zwei Stunden gelaufen war. Im Unterricht konnte er vor Müdigkeit manchmal nicht mehr gerade sitzen. Einmal hatte er die ganze Niederländischstunde lang mit dem Kopf auf seinen Armen gelegen. Meneer Van Praag hatte glücklicherweise nichts dazu gesagt.

Sein Vater hatte auch von den Aufrufen gehört. Jan sah es ihm an. Auf dem ganzen Weg nach Hause sprach er kein Wort, kein einziges.

Eines Abends hörte Jan zum ersten Mal das Wort »untertauchen«. Er konnte nicht einschlafen, weil er immer an die Aufrufe dachte. Als seine Eltern zu Bett gingen, hörte er sie miteinander sprechen.

»Manche sagen, man solle auf keinen Fall hingehen, wenn man so einen Aufruf bekommt.«

»Aber was soll man denn dann machen? Wenn man nicht hingeht, holen sie einen!«

»Manche verstecken sich. Untertauchen wird das genannt.«

Die Stimme der Mutter klang bitter: »Und was glaubst du,

was passiert, wenn sie einen finden? Dann kommt man sofort nach Deutschland! Und außerdem: Wo sollte man sich überhaupt verstecken? Und wovon soll man dann leben? Wer macht die Besorgungen? Wie kommt man an seine Lebensmittelmarken? Man muss doch auch essen!«

Nachdenklich meinte der Vater: »Man müsste jemanden finden, der das für einen tun würde. Einen Nichtjuden.«

Nun klang die Stimme der Mutter noch bitterer: »Und wo willst du so jemanden finden? Wer steckt seinen Kopf für einen Juden in die Schlinge? Die Menschen finden es schlimm, was mit uns geschieht, das schon. Noch heute sagte die Bäckersfrau: ›Menschenskind! Wie gehen sie mit euch um!‹, und dann brauchte ich für das Brot keinen Abschnitt abzugeben. Aber das ist auch was anderes, als gleich Juden zu verstecken.«

Sein Vater stieß einen Seufzer aus und drehte sich um. Das Bett knarrte. »Du hast Recht. Das ist schon etwas anderes. Aber dennoch ... Ich hatte eigentlich an Trees gedacht. Vielleicht können wir sie ...«

»Trees? O nein, das will ich nicht!«

»Und dabei ist sie deine beste Freundin!«

»Darum gerade. Ich möchte sie niemals in Gefahr bringen. Wir dürfen sie nicht einmal besuchen, verstehst du? Juden dürfen sich nicht in den Häusern von Nichtjuden aufhalten. Und außerdem, wie sollten wir nach Leiden kommen? Hast du vergessen, dass wir die Straßenbahn nicht mehr benutzen dürfen? Nein, Trees ist ausgeschlossen.«

Die Stimme seiner Mutter klang jetzt sehr bestimmt. Die Freude, die gerade eben in Jan aufgeflammt war, erlosch wieder. Tante Trees war die Jugendfreundin seiner Mutter, eine Frau, bei der man schon munter und vergnügt wurde, wenn man sie nur ansah. Groß und robust war sie, mit einem Lachen, das von den Wänden widerhallte.

Sie war Hebamme in einer Gegend mit einfachen, volkstümlichen Leuten, und wenn sie darüber Geschichten erzählte, fiel Jan vor Lachen vom Stuhl.

»Vielleicht hast du Recht.« Die Stimme seines Vaters klang matt. »Wir dürfen keine Menschen in Gefahr bringen … Und ach, vielleicht wird alles auch gar nicht so schlimm. Die Moffen können schließlich nicht alle Juden nach Deutschland schicken. Vielleicht nur die deutschen Juden, die vor dem Krieg hierher geflüchtet sind.«

Jan atmete erleichtert auf. Das könnte sein. Die Deutschen waren ja immer so systematisch. Deutsche zu Deutschen. Juden zu Juden. Nichtjuden zu Nichtjuden.

Er drehte sich um. Er wurde langsam müde.

Eine Woche später las Meneer van Praag die Anwesenheitsliste vor.

»Leo Brillenslijper?«

»Ja, Meneer.«

»Jaap van Cleef?«

»Ja, Meneer.«

»Bram de Jong?«

»Ja, Meneer.«

»David Kohn?«

…

»David Kohn?«

…

Meneer van Praag blickte auf. »Weiß jemand etwas von David? Ist er krank?«

Bram de Jong meldete sich. »Seine Eltern haben einen Aufruf bekommen, Meneer. Sie mussten sich am Bahnhof melden. Von da sollte es nach Westerbork gehen. David musste auch mit.«

»Woher weißt du das?«

»Meine Tante wohnt neben ihnen.«

Meneer van Praag wurde bleich und verließ den Klassenraum mit großen Schritten. Alles redete mit einem Male durcheinander.

»Ein Junge bei uns in der Straße hat auch einen Aufruf bekommen.«

»Sie müssen in Deutschland arbeiten.«

»Dann kriegen sie bestimmt gut zu essen.«

»Wo liegt Westerbork? In Deutschland?«

Jan sagte nichts. Gestern war er noch ein Stück mit David zusammen gegangen. Der hatte nichts gesagt. War Davids Vater ein deutscher Jude? Kohn klang so deutsch.

Meneer van Praag kam zurück und klopfte ans Pult. Er sah nicht mehr ganz so bleich aus.

»Es geht weiter ... Albert Koopman?«

»Ja, Meneer.«

Er las die ganze Liste vor. Sonst war jeder da.

Zwei Wochen später war Leo Brillenslijper nicht da. Jan wurde es übel vor Angst. Die Familie Brillenslijper kam nicht aus Deutschland. Das wusste er bestimmt.

Zur Sicherheit fragte er seinen Vater auf dem Weg nach Hause.

»Die Brillenslijpers, Vater ... Kamen ... kommen die aus Deutschland?«

»Nein.«

Jan wagte nicht weiter zu fragen.

An dem Abend blieb er wach, um zu hören, was seine Eltern besprachen. Ganz still lag er in seinem Bett, ein Stück Laken zwischen die Zähne geklemmt.

»Wir sind verrückt, wenn wir auf einen Aufruf warten, Ruth!«

Seine Mutter stöhnte nur.

»Oder willst du abgeholt werden, genau wie Sam?«

Jan erschrak so, dass er ganz kalt wurde. War Onkel Sam abgeholt worden?

»Aber was sollen wir denn tun?!«, weinte seine Mutter.

»Van Praag weiß vielleicht eine Adresse für uns.«

»Was für eine Adresse?«

»Eine Adresse zum Untertauchen. Ein Bekannter von ihm will es tun. Er wohnt allein mit seiner Frau und er hat einen Dachboden, wo wir wohnen könnten.«

»Und warum wollen die Menschen das tun?«

»Weil sie Mitleid mit den Juden haben.«

»Nur deshalb?«

»Nein … auch, weil sie daran verdienen.«

»Bekommen sie Geld dafür?«

»Dreihundert Gulden im Monat.«

»Dreihundert?! Das ist mehr als zwei Monatsgehälter!«

»Du weißt, dass wir etwas Geld von meinem Vater haben, und du hast …«

»Was habe ich?«

»Den Schmuck von deiner Mutter.«

Jan wusste, welchen Schmuck er meinte.

Als Oma Goldstein starb, hatte sie ihr Juwelenkästchen Jans Mutter, ihrer einzigen Tochter, vererbt. Seine Tanten, die Frauen seiner Onkel, waren wütend darüber gewesen, hatte Jan mal gehört. »Sie sind ein Vermögen wert!«, hatte Tante Esther damals gesagt.

»Und was sollen wir dann mit unserem Haus machen? Mit all den Sachen darin?«

»Wenn du nach Deutschland kommst, kannst du die auch nicht mitnehmen!«

Seine Mutter brach in Tränen aus.

Sein Vater tröstete sie. »Ach komm, Ruth … Es ist vielleicht nur für ein paar Monate. Jeder sagt, die Alliierten kommen noch in diesem Jahr.«

Als der Befehl kam, dass Juden zwischen acht Uhr abends und sechs Uhr morgens in ihren Häusern bleiben sollten, fand Jan das gar nicht so schlimm, bis er verstand, warum.

Und wieder drang das erst durch die Anwesenheitsliste ganz zu ihm durch.

»Izaak Levie?«

...

Loek Meyer meldete sich.

»Die Familie Levie ist abgeholt worden, Meneer. Gestern Abend kam die Polizei mit einem Lastwagen.« Seine Stimme zitterte merkwürdig. »Sie hatten keinen Aufruf, Meneer.«

Und wieder lief Van Praag aus der Klasse. Durchs Flurfenster konnten sie sehen, wie er heftig gestikulierend mit anderen Lehrern redete. Jans Vater stand auch in der Gruppe. Sein Mund zuckte nervös, wie Jan es noch nie bei ihm gesehen hatte.

Keiner aus der Klasse sagte etwas. Nur die Uhr tickte; langsam, drohend, Unheil verkündend.

Im Oktober 1942 tauchten sie unter, Vater, Mutter, Jan und Hanneke.

6

Eng aneinander gedrückt schauten die vier sich um. Dieser Dachraum war eigentlich nur ein Spitzboden. Schräge Wände, nackte Dielen, keine Fenster. Am höchsten Balken hing eine Glühbirne an einem Kabel.

Im schwachen Licht, das nicht bis in die dunklen Ecken reichte, erkannte Jan vier Matratzen. Die Decken, die darauf lagen, kamen ihm irgendwie bekannt vor. Auch einige Taschen standen da. Er erkannte die Aktentasche seines Vaters und die Einkaufstasche seiner Mutter. Meneer Jansen, der ihnen vorausgegangen war, zuckte mit den Schultern. »Na ja, ihr werdet schon zurechtkommen«, sagte er und ging rückwärts die Leiter hinunter. Sein Bauch quoll ihm zwischen den Hosenträgern aus der Hose. Er sieht aus, als ob er genug zu essen hätte, dachte Jan. Aber seine Stimme klingt eigentlich nicht unfreundlich. Wohl distanziert, als wolle er nicht zu viel mit uns zu tun haben.

Jans Vater ließ vorsichtig die Bodenluke zufallen. Nun konnten sie noch weniger sehen.

»Schuhe aus und ausziehen!«

Hastig tat Jan, was der Vater sagte, froh, aus seinen Kleidern zu kommen. Er trug zwei Hemden, zwei Unterhosen, eine Hose, einen Pullunder und einen Pullover. Darüber seinen Wintermantel, der ihm sowieso schon zu klein wurde. Er seufzte vor Erleichterung, als er alles ausgezogen hatte und in den Pyjama schlüpfte, den sein Vater aus der einen Tasche geholt hatte.

»Kriech mal gleich unter die Decke!«, sagte sein Vater und

machte eine Kopfbewegung in Richtung der Matratzen. Jan breitete eine der Decken aus und legte sich darunter. Es gab kein Laken und die raue Wolldecke kitzelte an Hals und Gesicht.

Hanneke lag auch schon auf einer Matratze.

»Gemütlich«, sagte sie, während sie sich in die Decke einrollte.

Jans Mutter stand noch genauso da, wie sie hereingekommen war, ganz still, die Arme ein wenig von sich gestreckt. Sein Vater machte die Knöpfe ihres Mantels auf und zog die Ärmel herab. Über ihrem Winterkleid trug sie einen Sommerpullover und eine dicke Wolljacke. Unter ihrem Kleid eine Bluse und einen Rock. Sein Vater zog sie aus, als wäre sie ein kleines Kind. Als er ihr auch die Schuhe ausgezogen hatte, schob er sie vorsichtig auf eine Matratze und breitete fürsorglich eine Decke über sie. Er zog sich selbst aus und legte sich neben sie. Nachdem er noch einmal hochgekommen war, um das Licht auszumachen, wurde es still.

Jan drehte sich auf den Rücken und starrte ins Dunkel. Langsam kam sein hämmerndes Herz zur Ruhe. Alles war genauso verlaufen, wie sie es verabredet hatten.

Als sie aus der Schule gekommen waren, hatte sein Vater es ihnen erzählt. Sie würden noch am selben Abend zum Dachboden des Ehepaars Jansen gehen. Sein Vater hatte in den vergangenen Tagen schon eine ganze Menge Sachen hingebracht. Sehr vorsichtig und immer nur in kleinen Mengen, sodass es niemandem auffallen würde. Sie sollten um sechs Uhr von zu Hause weggehen. Es war dann dunkel, aber noch vor Beginn der Sperrzeit, der Zeit, in der niemand mehr nach draußen durfte.

Sie mussten so viele Kleider wie möglich anziehen, aber sonst nichts mitnehmen. Niemand durfte auf die Idee kommen, dass sie untertauchen wollten. Es musste so aussehen, als ob sie irgendwo auf Besuch gingen. Eine Stunde etwa mussten sie laufen. Wenn sie beinahe angekommen waren, sollten sie den Stern von ihrem Mantel lösen und zu zweit bei Meneer Jansen anklingeln. Zuerst seine Mutter mit Hanneke, dann Jan mit seinem Vater.

Während der Vater ihnen erklärte, was sie tun würden, trennte seine Mutter die Sterne von den Mänteln. Mit ein paar losen Stichen an den Ecken heftete sie alle wieder an.

Als sein Vater leise, aber fest die Haustür hinter ihnen zuzog, war Jan ziemlich ruhig. Aber als er fast eine Stunde später auf einen Wink seines Vaters seinen Stern abzog, da schlug die Angst zu. Die Beine zitterten ihm, das Herz hämmerte und ihm wurde schwindelig. Jetzt taten sie etwas, das verboten war. Juden durften nie, nie ohne Stern auf die Straße!

Seine Mutter bog in die Straße von Meneer Jansen ein, den Kopf gesenkt. Hanneke hing ihr am Arm, fast hüpfte sie. Wenige Minuten später zog sein Vater ihn mit sich. Nun waren sie an der Reihe. Die Tür öffnete sich, bevor sie geklingelt hatten. Seine Mutter hatte mit Hanneke hinter der Tür auf ihre Schritte gehorcht.

Meneer Jansen erwartete sie oben an der Treppe. Seine Frau spähte durch einen Spalt der Wohnzimmertür.

Jans Vater stellte seine Familie vor: »Das ist unser Jan und dies ist Hanneke«, aber Meneer Jansen rührte ihre ausgestreckte Hand nicht an. Er murmelte etwas und ging ihnen voraus, erst auf einer Treppe, dann auf einer wackeligen Holzleiter.

Jan lauschte auf den Regen, der auf die Dachziegel fiel, und starrte in die Finsternis. Dies war es also. Hier würden sie sich eine Weile versteckt halten müssen. Wochen? Monate? Nein, so lange gewiss nicht. Jeder erwartete noch in diesem Jahr die

Invasion und danach würde es schnell vorbei sein mit den Moffen.

Jans Vater hatte ihnen gesagt, wie sie sich verhalten mussten. »Wir dürfen nicht vom Dachboden herunterkommen. Wir dürfen keinen Lärm machen, denn sie haben Nachbarn. Wir dürfen nicht aufs Klo, also nehmen wir einen Nachttopf mit. Wenn Jansens Besuch haben, dürfen wir überhaupt kein Geräusch machen. Meneer Jansen sorgt für alles. Wir brauchen uns nur still zu verhalten, weiter nichts. Er hat einen Bekannten in der Zuteilungsstelle. So kommt er an Extramarken. Er bringt uns Brot und mittags wird seine Frau für uns kochen.«

Jan zog die Decke dichter um sich. Neben sich hörte er den gleichmäßigen Atem von Hanneke, daneben ein vorsichtiges Hüsteln seines Vaters und einen tiefen Seufzer von seiner Mutter. Er horchte scharf. Weinte sie? Nein, doch nicht. Eigentlich war es recht gemütlich hier, so zu viert. Er fühlte sich ganz geborgen, als wenn ihm nichts passieren könnte. Die Moffen wussten nicht, dass sie hier waren. Nur Van Praag wusste es, aber der würde sie nicht verraten. Niemand würde sie hier suchen und die paar Wochen waren schnell genug vorüber. Er dachte an die zwei Bücher, die er unter seinen Kleidern versteckt hatte. Morgen würde er sofort anfangen zu lesen. Zur Schule brauchte er ja doch nicht mehr.

Am nächsten Morgen wurde Jan wach, als es ein paar Mal an die Bodenluke klopfte. Sein Vater schoss in die Höhe und zog die Luke auf. Er nahm etwas in Empfang und flüsterte: »Haben Sie vielen Dank!«, und ließ die Luke wieder zuklappen.

Jan rieb sich die Augen und sah, wie sein Vater einen Balken wegnahm, wodurch ein kleines Dachfenster sichtbar wurde. Ein schräger Lichtstreifen fiel herein. Nun konnten sie ihren Zufluchtsort zum ersten Mal genauer ansehen.

Es war ein recht geräumiger Spitzboden, doch die Wände waren sehr schräg. Sein Vater konnte nur in der Mitte aufrecht stehen. In den Ecken lag allerlei altes Gerümpel: ein paar Stühle, ein Schränkchen, Kartons und da, das große hölzerne Gestell mit den verschieden großen Öffnungen und auch die runden Scheiben dazu, tatsächlich, ein echter Sjoelbak! Jan setzte sich aufrecht hin. Das war schön! Zu Hause besaßen sie zwar auch einige Spiele, aber keinen Sjoelbak.

»Na, das hält auch nicht lange vor!«

Jan drehte sich zu seiner Mutter um; sie besah den Teller, den Meneer Jansen ihnen gebracht hatte. »Acht dünne Schnitten.«

»Ach komm«, sagte sein Vater. »Zu Hause hätten wir kaum mehr gehabt.«

»Zu Hause hätten wir jeder drei gehabt. Drei! Mit Marmelade!« Sie betonte jedes Wort.

Sein Vater kramte in der Einkaufstasche. »Sieh mal!« Er hielt ihre eigene Marmeladendose in die Höhe. »Ich hab an alles gedacht!«

»Auch an ein Messer?«

Sein Vater verzog das Gesicht. »Äh … nein, das nicht.«

Mit ihren Fingern strichen sie sich etwas Marmelade aufs Brot, aber das wurde eine klebrige Angelegenheit. Jan leckte sich die Finger ab, aber hätte sich doch gern die Hände gewaschen.

Als hätte er seine Gedanken erraten, sagte sein Vater: »Wir bekommen gleich eine Kanne Wasser. Das hab ich alles verabredet.«

Es dauerte lange, bis das Wasser kam, so lange, dass sein Vater aufstand und munter sagte: »Wir werden uns erst mal ein wenig einrichten.«

Er verteilte die Aufgaben: »Hanneke, faltest du die Decken zusammen, und du, Jan, hängst du bitte alle Kleider dort an die Nägel?« Er selbst suchte vorsichtig in den alten Sachen, die in der Ecke standen, und kam mit einer alten Gardine zurück. Er befestigte sie in einer Ecke und stellte den Nachttopf dahinter.

»Dürfen wir das?«, fragte Jan.

Sein Vater nickte; keuchend war er inzwischen schon dabei, dem Schränkchen einen anderen Platz zu geben und den Inhalt der Taschen dort hinein zu befördern: das Damespiel, einige Bücher, ein Kartenspiel und Hannekes Puppe. Außerdem Tassen und Teller, ein paar Kerzen und die kostbare Dynamotaschenlampe. Das Schmuckkästchen aus Mahagoni stellte er nach ganz hinten, hinter einen Stapel Handtücher. Als das Wasser endlich ankam, in einem Wasserkrug mit einer großen Waschschüssel dazu, machte sein Vater es vor, wie man sich damit waschen konnte. Jan dachte an ihren festen Waschtisch zu Hause und seine Mutter offenkundig auch: »Und was machen wir mit dem schmutzigen Wasser?«

Sein Vater zuckte die Achseln und brauste auf: »Wir müssen uns behelfen, Ruth, versuch du es doch auch! Es ist doch nur zu unserem Besten!«

Seine Mutter wurde bleich und sagte nichts mehr.

Als sie sich alle gewaschen hatten, saßen sie im Kreis zusammen. Seine Eltern auf Küchenstühlen, Hanneke und Jan auf den übereinander gestapelten Matratzen. Jan atmete tief durch. Bedrückend war es hier. Er wünschte, er könnte wenigstens ganz kurz frische Luft schnappen.

»Wie spät ist es, Vater?«

»Halb zehn.«

In der Schule werden sie die Anwesenheitsliste schon vorgelesen haben.

»Jan Diek Visser?«

…

»Weiß jemand etwas von Jan?«

Niemand würde etwas wissen. Sie würden denken, dass er abgeholt worden war. Abgeholt. So nannten sie es, wenn ein Lastwagen vorgefahren kam und die Polizei klingelte. Jan hatte es einmal gesehen. Letzte Woche, doch es schien viel länger her zu sein. Er hatte im Bett gelegen und auf die Geräusche draußen auf der Straße gehorcht. Bei jedem Auto, das er in die Straße hineinfahren hörte, setzte sein Herz aus. Als er hörte, wie ein Auto anhielt, sprang er aus dem Bett und schaute vorsichtig durch einen Riss in der Verdunkelungsgardine. Auf der Straße war es stockfinster. Er horchte scharf, hörte aber keine Klingel. Plötzlich sah er an der gegenüberliegenden Straßenseite Licht. Bei der Familie De Jong wurde geklingelt. Vier Moffen. Er erkannte die Tellermützen der deutschen »Grünen Polizei«, der »Grünen«, wie jeder sagte. Sie hatten Scheinwerfer bei sich. Ein Polizist stieß mit dem Fuß gegen die Tür. »Aufmachen! Sofort!«, hörte Jan ihn auf Deutsch befehlen.

Die Tür wurde aufgemacht und drei Polizisten gingen hinein. Der vierte blieb draußen und öffnete die Ladeklappe des Lastwagens. Ein paar Minuten später kam die Familie de Jong heraus. Voran Herr de Jong, dann Frau de Jong mit einem Bündel in den Armen: David, drei Monate alt. Dahinter Sara, die mit Hanneke zur Schule ging, Esther, die noch in der Vorschule war, und Bram. Mit ihm hatte Jan früher im Park Fußball gespielt. Sie mussten alle in den Lastwagen klettern, einer der »Grünen« bohrte ihnen dabei den Gewehrkolben in den Rücken. Und wieder auf Deutsch: »Schnell!« Frau de Jong stolperte und fiel der Länge nach hin. Fußtritte zwangen sie wieder hoch. David fing laut zu weinen an. Herr de Jong zog seine Frau in den Lastwagen. Einer der »Grünen« nahm Esther und warf sie wie einen Sack Kartoffeln in den Lastwagen. Sie schrie. Bram und Sara kletterten allein hinauf. Mit einem Knall wurde die Ladeklappe zugeschlagen und verriegelt. Die Moffen stiegen ein und fuhren weg. Noch lange, nachdem das Auto aus der Straße gefahren war, hörte Jan Esthers gellendes Schreien.

»Jan?«

Verwirrt schaute er auf. Er war so weit weg mit seinen Gedanken gewesen, dass er vergessen hatte, wo sie sich befanden: in Sicherheit auf dem Dachboden von Jansen.

»Wollen wir eine Runde Dame spielen?«

Es war lange her, dass sein Vater ihn das gefragt hatte. Die letzte Zeit hatte er nach der Schule immer nur düster auf einem Stuhl gesessen. Jetzt schien er munter und aktiv geworden zu sein.

Jan holte das Damebrett und die Steine und sein Vater bugsierte eine alte Kiste unter das Dachfenster. Zwei Stühle dazu und siehe da, das Spieltischchen war fertig.

Hanncke quengelte: »Ich will auch Dame spielen!«

»Nachher spiele ich eine Runde mit dir!«, versprach ihr Vater.

Jan gewann die erste Partie, sein Vater die zweite. Als sein Vater mit Hanneke spielte, blieb Jan dabei sitzen. Hanneke gewann und wollte dann mit ihrer Puppe spielen.

»Noch eine Runde, Jan?«

»Wie spät ist es?«

Sein Vater schob die Manschetten zurück. »Halb elf.«

Erst eine Stunde vorbei. Wie ging die Zeit doch langsam. Jan schüttelte den Kopf. »Ich werd mal lesen.«

»Ruth, du eine Runde?«

Seine Mutter saß reglos auf ihrem Stuhl, die Hände im Schoß. Sie hatte den ganzen Morgen fast nichts gesagt oder getan. Jan dachte darüber nach, dass seine Mutter auch verändert war. Während sein Vater munterer geworden war, erschien ihm seine Mutter jetzt trübsinniger.

»Soll ich mal fragen, ob sie etwas für dich zu tun haben, Ruth? Du musst dich beschäftigen.«

Seine Mutter tat, als hörte sie nichts. Sein Vater kniete sich zur Dachluke und klopfte leise dreimal. Nach ein paar Minuten kam die Stimme von Meneer Jansen: »Was ist los?«

Sein Vater öffnete die Luke. »Meine Frau will gern etwas zu tun haben. Kann sie vielleicht Kartoffeln schälen oder so etwas?«

Jansens Kopf tauchte aus der Tiefe auf. Er schaute rundum, nach der Gardine, nach dem Schränkchen und nach der Kiste mit den zwei Stühlen vor dem Dachfenster.

»Ich hab Ihnen doch gesagt, dass Sie vom Fenster wegbleiben sollen!«

»Aber das tun wir doch auch, ganz bestimmt! Wir passen genau auf, dass wir mit unseren Köpfen nicht vors Fenster kommen!«

Jan ärgerte sich über die Unterwürfigkeit seines Vaters. Das Dachfenster schaute nur in Luft und Wolken. Von der Straße oder von anderen Häusern aus war es überhaupt nicht zu sehen.

Jansen murmelte etwas und stieg die Leiter wieder herunter. Gleich darauf kam er mit einem kleinen Korb Kartoffeln, einem Küchenmesser und einem Kochtopf wieder.

Es schien seiner Mutter gut zu tun, etwas in den Fingern zu haben. Sie sah wieder normal aus und verbot Hanneke, auf dem Fußboden herumzurutschen. »Lass das! Dein Rock wird dreckig!«

Der erste Tag schien eine Woche zu dauern. Die erste Woche dauerte einen Monat, und als sie zwei Wochen da waren, hatte Jan das Gefühl, als wenn er schon sein ganzes Leben auf dem Dachboden gewohnt hätte. Es erschien ihm merkwürdig, dass um sie herum das ganze Leben normal weiterging. Dass

Kinder zur Schule gingen, dass Menschen ihre Besorgungen machten, ihren Hund ausführten, einen Spaziergang machten. Aber auch das Aufgreifen von Juden ging normal weiter. So viel verstand er zumindest aus den geflüsterten Berichten von Meneer Jansen.

Jan langweilte sich, wie er sich sein ganzes Leben noch nicht gelangweilt hatte. Die mitgebrachten Bücher hatte er in zwei Tagen durchgelesen. Er spielte Dame mit seinem Vater, mit Hanneke und sogar mit seiner Mutter. So oft und so lange, dass er das Damebrett am liebsten aus dem Fenster geworfen hätte mit den Steinen gleich dazu. Den Sjoelbak durften sie nicht anrühren. Als er es vorschlug, hatte seine Mutter ihn gefragt, ob er nicht ganz richtig im Kopf sei, hier einen solchen Lärm zu veranstalten. Jan musste ihr Recht geben: Wenn die Scheiben über das Holz auf die Löcher zuglitten, ging es immer sehr laut zu. Sein Vater fand, dass er etwas für die Schule tun sollte; jeden Tag sagte er, jetzt wolle er einen Stundenplan machen, um Jan und Hanneke Unterricht zu geben. Aber er schob es immer wieder hinaus. Nach den ersten aktiven Tagen war er in sich zusammengesackt. Stundenlang konnte er, an seinem Siegelring drehend, auf der Matratze liegen und mit offenen Augen an die Dachbalken starren.

Und überhaupt, wie sollte Jan Schulaufgaben machen? Sie hatten keine Schulbücher, keine Hefte und nur zwei Bleistifte. Eigentlich gab es viele Dinge, die sie nicht hatten. Sein Vater hatte sich so übereilt entschlossen unterzutauchen, dass er alles Mögliche vergessen hatte. Bettlaken, Zeichen- und Schreibpapier, Schreibfedern, Buntstifte, das Strickzeug von seiner Mutter, die Puppenkleidchen von Hanneke, Nähsachen, Pantoffeln. Eigentlich hatten sie nichts. Sein Vater hatte Meneer Jansen einmal um Bücher gebeten, aber der hatte geantwortet: »Wir, meine Frau und ich, wir lesen niemals. Dazu haben wir keine Zeit!«

Die Tage glichen einander wie ein Sandkorn dem andern. Morgens zuerst das Brot, dann der Wasserkrug, um zwölf Uhr das warme Essen und abends wieder Brot. Die Marmelade war schon lange alle und sie aßen das klitschige Brot ohne etwas darauf. Das warme Essen reichte nur so gerade eben und schmeckte nach Pappe. Die Kartoffeln waren angebrannt oder nicht gar, das Gemüse war ohne irgendwelche Butter oder anderes Fett zubereitet und nur einmal in der Woche bekamen sie ein ganz kleines Stück Fleisch oder Fisch.

Nachts beschwerte sich Jans Mutter, immer schärfer klang ihre Stimme, wie ein leises Zischen. Sie dachte natürlich, er schliefe, aber Jan war fast immer wach.

»Wir bezahlen doch dafür!«, sagte sie. »Eine ganze Woche Sauerkrauteintopf und nicht einmal gar, ich krieg es nicht mehr herunter.«

»Ich werde mit Meneer Jansen darüber sprechen«, sagte sein Vater immer, tat es aber nie. Es sah aus, als hätte er Angst vor Jansen und Jansen vor ihnen. Manchmal sahen sie ihn tagelang gar nicht oder nur selten. Ein paar Mal am Tag klopfte er an die Luke. Schweigend stellte er das Brot oder den Kochtopf auf den kahlen Fußboden und schweigend nahm er die Sachen mit, die nach unten zurückmussten. Den Krug mit dem schmutzigen Wasser, die leeren Teller und zweimal am Tag ihren Nachttopf.

Meist sahen sie nur seine Hände. Jan konnte sie fast zeichnen: dicke Finger, ein Ehering und noch einer am kleinen Finger, beide schnitten tief ins Fleisch, abgebrochene, schmutzige Fingernägel, und die große goldene Uhr am unbehaarten Handgelenk.

Ein paar Mal kam Meneer Jansen hinauf und erzählte ihnen, was draußen geschah. Als er berichtete, dass die Alliierten in Afrika gelandet waren, stieß Jan einen Freudenschrei aus. Aber sein Vater dämpfte die Begeisterung: »Junge, weißt du eigentlich, wie weit Afrika von uns weg ist? Es kann noch Monate dauern, bevor sie hier sind.«

Und doch ging es danach etwas besser. Seine Eltern waren viel munterer und versuchten sich etwas auszudenken, damit der Tag schneller vorüberging. Sein Vater wusste Rätsel und Witze und seine Mutter erzählte ihnen Märchen von Andersen, die sie auswendig kannte. Als aber Meneer Jansen kurze Zeit darauf zu berichten wusste, dass hunderte Häuser in der Stadt abgebrochen wurden, weil die Moffen eine lange Verteidigungslinie aufbauten, kehrte ihre Mattigkeit zurück. Voller Spannung warteten sie auf weitere Berichte. Ihr Haus lag in dem Stadtviertel, wo sie mit dem Abbruch anfingen. Ein paar Tage später wussten sie es mit Bestimmtheit. Nichts war mehr von ihrem Haus übrig geblieben.

»Ganze Straßenzüge sind abgebrochen«, flüsterte Jansen. »Ihr müsstet es sehen können! Kein Stein steht mehr auf dem andern. Einfach eine kahle Fläche. Sogar das Krankenhaus ist weg!«

Seine Mutter hörte es mit trockenen Augen an, aber nachts hörte Jan sie weinen: »Wo sollen wir denn hin?«

Hanneke hatte es auch gehört. Im Dunkeln sagte sie: »Können wir denn nicht zu Onkel Sam?«

Seine Mutter weinte noch mehr.

»Schlaft mal, Kinder!«, sagte Jans Vater. »Wir finden schon was. Wenn dieser gottverdammte Krieg nur erst mal vorbei ist.«

7

»Mama? Ich hab wieder solches Bauchweh!«

Jan seufzte. Mal wieder typisch Hanneke. Schon seit Tagen tat sie nichts andres als über Bauchschmerzen jammern. Morgens, mittags, abends und nun auch noch nachts. Er hörte, wie seine Mutter sich aufrichtete und leise sagte: »Leg dich mal her zu mir. Leo, rück doch bitte zur Seite. Lass Hanneke jetzt hier liegen!«

Hanneke schluchzte leise und schob sich dicht an ihre Mutter heran.

Jan seufzte noch einmal. Dieses Gejammer von Hanneke war wirklich lästig. Als ob sie es nicht schon schwer genug hätten! Man stelle sich vor, er finge bei jedem Wehwehchen an zu jammern oder zu heulen. Dann brauchte er gar nicht mehr damit aufzuhören.

Wie lange hockten sie hier nun schon auf dem verflixten Dachboden! Sicher schon drei Monate. Manchmal geriet er durcheinander, dann musste er seine Striche an der Mauer zählen. Schon drei Monate. Drei Monate, in denen er immer hungriger wurde, sich immer mehr langweilte und immer mehr fror. Inzwischen war es Januar geworden und es gab keinen Ofen auf dem Boden. Zwar war es kein strenger Winter, doch wurde es ab und zu so kalt, dass Jan alle Kleider, die er besaß, übereinander zog und ins Bett kroch. Manchmal würde er am liebsten so liegen bleiben, Tag und Nacht im Bett. Doch gab es auch Augenblicke, in denen er ein solches Bedürfnis danach hatte, aufzuspringen, herumzulaufen und laut zu schreien, dass er es fast nicht aushielt. Nur mit äußerster Anspannung konnte er dann eine solche Anwandlung bezwingen. Er durfte es den andern nicht schwerer machen, als es ohnehin schon war. Seiner Mutter nicht, die stiller war als je und manchmal heimlich heftige Weinkrämpfe unterdrückte, und nicht seinem Vater, der immer magerer und nervöser wurde. Und Hanneke auch nicht, die doch gerade erst zehn Jahre alt war und sich meist recht tapfer hielt. Bevor sie diese Bauchschmerzen bekam, beklagte sie sich eigentlich nie. Meist erzählte sie sich mit ihrer Puppe in einer Ecke des Dachbodens lange Geschichten, flüsternd, mit immer wechselnder Stimme. Sie konnte sich auch stundenlang beschäftigen, indem sie mit einer Kordel komplizierte Figuren zwischen den Fingern ausspannte oder mit einer rostigen Schere sonderbare Kleidchen und Püppchen aus alten Zeitungen ausschnitt. Diese alten Zeitungen waren übrigens sowieso ein Geschenk des Himmels. Jan hatte sie in einem Karton gefunden. Jeden Tag las er eine Zeitung vollständig durch, von den Schlagzeilen bis hin zur kleinsten Anzeige. Dann war wieder eine Stunde herum. Das Kreuzworträtsel schnitt er aus und legte es auf einen Stapel. Eins pro Tag, das erlaubte er sich, und er durfte mit einem neuen erst anfangen, wenn er das alte vollständig gelöst hatte. Wenn er nicht schlafen konnte, versuchte er sich an die fehlenden Wörter zu erinnern. Er konnte stundenlang einem fehlenden Wort nachgrübeln. Stadt in Limburg, sieben Buchstaben. Schwedische Münze, drei Buchstaben. Auch jetzt wieder. Er hatte das Kreuzworträtsel von heute fast fertig. Wenn er noch das letzte Wort fand, konnte er morgen mit einem neuen anfangen. Siebzehn Stück lagen noch auf dem Stapel. Stadt in Groningen, zehn Buchstaben. Er hatte ein P und ein G und ein A. Zum hundersten Male versuchte er sich an die Städtereihe zu erinnern: Groningen, Hoogezand, Sappemeer. Aber was kam danach?

Neben ihm schluchzte Hanneke in ihr Kissen. Die Mutter

flüsterte: »Ganz ruhig, komm, sei still! Soll ich noch einmal reiben?«

»Alles nur die Nerven«, murmelte der Vater.

»Sie fühlt sich warm an«, flüsterte die Mutter. »Vielleicht hat sie Fieber.«

Sein Vater kam hoch, griff nach seiner Taschenlampe und ließ einen schwachen Lichtstrahl auf Hanneke fallen. Jan, der auch hinschaute, sah, wie sich sein Schwesterchen wand und andauernd zusammenkrümmte. Auf der Stirn standen ihr Schweißtropfen, die Mutter wischte sie ihr mit einem Tuch immer wieder ab. Hanneke zitterte und stöhnte. Die Mutter zog ihren Kopf zu sich an die Brust, um das Geräusch zu dämpfen.

»Still! Still!«, sagte sie scharf. »Sollen sie uns denn hören?«

Der Vater setzte sich auf. »Oh, mein Gott!«, murmelte er. Er beugte sich über Hanneke: »Wo tut es genau weh?«

Hanneke zeigte stöhnend auf ihren Nabel und schlug seine Hand fort.

Jetzt schwang Verzweiflung in seiner Stimme mit: »Wenn das nur nicht der Blinddarm ist!«

»Aber der liegt doch rechts?«, flüsterte die Mutter.

Jan stand auf und lief leise zum Dachfensterchen. Er schob den Balken ein wenig zur Seite. Das Fenster war kalt durch den Regen, der darauf klatschte. Er hielt seine Hand eine Weile ans Glas und legte sie dann auf Hannekes Stirn. Sie fühlte sich warm, aber nicht heiß an. »Ich finde, es geht mit dem Fieber noch!«

»Meinst du?«, fragte seine Mutter voll Hoffnung.

»Mir ist schlecht!«, stöhnte Hanneke. Sie versuchte hochzukommen.

Die Mutter schaute sich suchend um. Jan rannte zur Luke und griff nach dem leeren Kochtopf. Gerade rechtzeitig. Hustend erbrach Hanneke sich.

»Vielleicht wird es jetzt etwas besser«, flüsterte die Mutter.

Hanneke ließ sich auf ihre Matratze zurückfallen und schien sich wirklich etwas besser zu fühlen. Zumindest stöhnte sie nicht mehr so laut. Die Mutter versuchte sie zu trösten und zu beruhigen. Der Vater saß auf dem Rand seiner Matratze und strich sich fortwährend durchs Haar.

Als Jan noch einmal zum Fenster ging, sah er, dass es schon etwas hell wurde. Die Sterne wurden bleicher. Als sie fast nicht mehr zu sehen waren, fiel Hanneke in einen unruhigen Schlaf. Die Eltern seufzten erleichtert auf.

Als Meneer Jansen das Brot brachte, kam er ganz zu ihnen auf den Boden.

»Was war denn das für ein Lärm heute Nacht?«, fragte er brummig. »Meine Frau konnte deswegen nicht schlafen!«

Sein Vater erklärte es ihm.

»Na, hört mal, das können wir aber gar nicht gebrauchen. Meine Frau findet sowieso schon, dass ihr zu viel Lärm macht. Wir haben noch Glück, dass unsere Nachbarn nie auf ihren Boden kommen, sonst wäre schon lange etwas durchgesickert. Und meine Frau sagt auch, dass die Leute sie immer so komisch angucken, weil sie so viel Gemüse und Kartoffeln kauft. Sie wissen, dass wir nur zu zweit sind. Und nun dies wieder. Ich frage mich wirklich, wie lange ich euch noch hier behalten kann. Es wird auch allgemein behauptet, dass man sich strafbar macht, wenn man Menschen bei sich versteckt.«

Er blickte sie nicht an, während er das sagte, und er zog nervös mit den Daumen an seinen Hosenträgern.

»Meneer Jansen, schauen Sie doch bitte mal her!« Jan sah zu seinem Vater, der in dem Kästchen kramte und sich wieder aufrichtete, um Jansen einen glitzernden Ring zu zeigen.

Meneer Jansen nahm ihn an sich und ging damit zum Dachfenster. »Schöner Ring«, murmelte er. »Echt Gold?«

»Vierzehn Karat.«

Sein Vater schluckte und fragte dann: »Meinen Sie, dass Sie uns im Tausch für diesen Ring einen Doktor besorgen können?«

Einen Augenblick war es still.

»Nur einen Doktor, einfach nur so?«

»Ja, natürlich einen, der ›gut‹ ist.«

Man war »gut«, wenn man gegen die Moffen war, und »verkehrt«, wenn man mit ihnen zusammenarbeitete. Manchmal fragte Jan sich, ob die Jansens gut oder ob sie verkehrt waren. Manchmal dachte er: gut, weil sie sie versteckten, aber manchmal auch: verkehrt, weil sie von Hitlers Judenhass profitierten und viel Geld dafür bekamen. Und nun wieder diesen Ring.

Meneer Jansen nahm den Ring mit: »Ich muss erst mit meiner Frau darüber sprechen.« Er polterte die Treppe hinunter.

»Hast du diesen Blick in seinen Augen gesehen?«, fragte die Mutter. »Er rechnete sich schon aus, was er alles dafür kaufen kann!« Sie wendete sich wieder zu Hanneke, die wach geworden war und wieder anfing zu stöhnen. Sie sah ganz weiß aus.

»Sei ruhig, mein Kind. Gleich kommt ein Doktor!«

»Er ist gar nicht so übel«, sagte der Vater. »Es ist seine Frau. Die Geldgier in Person! Ein einziges Mal habe ich sie gesehen. Sie war von oben bis unten mit Klunkern behangen und trank echten Kaffee!«

»Von unserem Geld!«, sagte die Mutter. »Und wir bekommen einmal am Tag Kaffeeersatz!«

»Still! Da kommt er wieder!«

»Meine Frau findet es nicht genug«, fing Jansen an. »Es ist ein sehr großes Risiko für uns. Wie sollen wir sicher sein, dass uns der Doktor nicht verrät? An Juden kann man zur

Zeit ganz gut verdienen. Meine Frau sagt, dass man für jeden Juden, den man anzeigt, siebeneinhalb Gulden bekommt.«

»Wir werden dem Doktor mehr zahlen, als wir den Moffen wert sind. Dann wird er es sich aus dem Kopf schlagen, uns zu verraten ... Was will Ihre Frau noch dazu haben?«

Jan hörte die Verachtung in seines Vaters Stimme, aber auch die Angst.

»Äh ... hundert Gulden.«

»Hundert?!« Sein Vater schaute zur Mutter, aber die achtete nur auf Hanneke, die wieder stöhnte und sich herumwarf. Sie schien nicht ganz wach zu sein.

»Gut.« Sein Vater nickte. »Aber ich gebe sie Ihnen erst, wenn der Doktor da gewesen ist.«

Eine Stunde später kam der Doktor. Ein noch junger Mann, abgespannt sah er aus, aber Jan vertraute ihm vom ersten Augenblick an. Er sah sich um und schien mit einem Blick ihre Lage zu durchschauen. Er sagte nichts und fragte nichts, als er bei Hanneke niederkniete und sie behutsam untersuchte. Erst als er fertig war und seine Sachen wieder einpackte, sagte er: »Ich fürchte, es ist der Blinddarm. Sie muss ins Krankenhaus.«

Der Vater wurde bleich. »Aber Doktor, das ist unmöglich. Wir sind ...«

Der Doktor nickte. »Ich weiß, was Sie sind. Das brauchen Sie mir nicht zu sagen.« Er schien kurz nachzudenken und richtete sich dann auf.

»Ich werde Ihnen erzählen, was wir machen. Ich bringe sie in meinem Auto ins Krankenhaus. Wenn ich angehalten werde, behaupte ich, dass sie eine ansteckende Krankheit hat, sagen wir ... Scharlach. Davor haben die Moffen ganz schön Angst. Im Krankenhaus machen wir es genauso. Sie ist nicht die Einzige. Es gibt dort eine ganze Abteilung ›Scharlachpatienten‹.« Er lachte kurz auf, aber seine Augen lachten nicht mit. »Wir operieren sie und in etwa zehn Tagen bringe ich sie wieder zurück.«

»Aber wie soll sie hier rauskommen? Wie kommt sie in Ihr Auto?« Starr vor Entsetzen standen die Augen der Mutter in ihrem weißen Gesicht.

Der Doktor drehte sich zu Meneer Jansen um, der auf der Leiter stehen geblieben war.

»Haben Sie einen Hinterausgang?«

»Jawohl ...« Er erschrak und hob seine Hand. »Nein, so geht das nicht. Die Nachbarn ... Die werden das sehen. Sie haben Ihr Auto jetzt vor der Tür stehen sehen.«

Der Doktor erhob sich und ging zur Luke.

»Lassen Sie mich mal durch. Ich will mir das selbst da unten ansehen.«

Es dauerte eine Weile, ehe er zurückkam, aber da sah er schon nicht mehr so ernst aus. »Ich denke, dass es gehen wird. Ich hab mein Auto um die Ecke gefahren. Die Straße ist ziemlich ruhig. Ich trage sie so zur Tür hinaus, schnell über den Platz und dann hopp ins Auto. Einverstanden?«

»Und wenn wir es nicht tun, Doktor?«

»Dann wird es eine Bauchfellentzündung, und ich nehme an, dass Sie wissen, was das bedeutet?«

Der Adamsapfel von Jans Vater glitt auf und ab. Dann nickte er. »Wir können Sie bezahlen, Doktor!«

»Schon gut«, murmelte der. »Es gibt jetzt Wichtigeres.« Er schaute Jans Mutter an. »Wenn ich sie vorsichtig hochhebe, können Sie dann wohl die Decke um sie schlagen?«

Hanneke wurde nicht wach, als der Doktor sie aufhob und mit Hilfe der Mutter in eine Decke wickelte. Erst als er etwas ungeschickt mit ihr rückwärts die Leiter herabsteigen wollte, erklang ein Schrei: »Mutter!«

»Ich bin da, mein Kind. Ist ja gut. Der Doktor bringt dich

ins Krankenhaus. In ein paar Tagen bist du wieder bei uns. Dann bist du wieder gesund.«

»Nein! Nein! Ich will nicht weg!«

»Es muss sein, mein Kleines, es muss sein!«

Hanneke stieß so wild in der Decke um sich, dass der Doktor Mühe hatte, sie festzuhalten.

»Du musst mitkommen! Ich will nicht allein sein!«

Sie schrie und Jan hörte, wie Jansen unten an der Leiter aufgebracht zischte: »Still, seid doch endlich still!«

Der Doktor winkte der Mutter mit den Augen.

»Kommen Sie erst mal mit. Wenigstens bis zur Hintertür.«

Seine Mutter ging die Treppe mit hinunter und sofort wurde Hanneke ruhiger.

Jan legte sich auf den Bauch und beobachtete, wie der Doktor noch eine Treppe hinabging. Die Mutter folgte ihm auf Zehenspitzen, während sie beruhigend auf Hanneke einsprach: »Still, meine Kleine, sei nur still!«

Als von unten wieder so ein jämmerlicher Schrei zu hören war, hielt Jan den Atem an. Der Schrei wiederholte sich nicht. Die Haustür schlug zu und dann wurde es ganz still. Wo blieb die Mutter denn?

Ein paar Minuten später kam Meneer Jansen schnaufend und pustend nach oben. Er schaute Jans Vater wütend an.

»Ihre Frau ist mit zum Krankenhaus gefahren. Das Kind war sonst nicht still zu bekommen!«

Langsam setzte der Vater sich hin. Er strich sich wieder durchs Haar. »Was für Zustände«, murmelte er. »Was für Zustände.«

»Sie sagen es! Wenn es nur niemand gesehen hat! Glücklicherweise regnete es.« Meneer Jansen zupfte nervös an seinen Hosenträgern. »Wenn ich dies alles im Voraus gewusst hätte, hätte ich gar nicht damit angefangen. Meine Frau sagt, dass sie es mit dem Herzen kriegt von all der Aufregung. Manchmal kann sie dadurch gar nicht schlafen.«

»Wir auch nicht«, murmelte der Vater.

Meneer Jansen schien ihn nicht zu hören. »Sie sitzen hier schön ruhig und wir müssen alles tun. Die Einkäufe, das Kochen, das Abwaschen, die Nachttöpfe, alles. Sie werden versorgt wie ... wie ...« Er verhaspelte sich beinahe.

»Aber wir bezahlen Sie doch auch dafür«, sagte Jans Vater müde.

»Ja, aber wir konnten nicht ahnen, dass dies hier passieren würde. Wenn sie das Auto anhalten, sind wir dran.«

»Piet, wo bleibst du?!«

Meneer Jansen eilte zur Leiter. »Meine Frau ruft!«

Als die Bodenluke geschlossen war, schauten Jan und sein Vater sich an. Sie wussten nicht, was sie sagen sollten. Es blieb eine ganze Weile still.

Schließlich sagte Jan: »Zu dem Doktor hatte ich Vertrauen. Und du?«

»Ja, er schien ein anständiger Kerl zu sein.« Sein Vater begann nervös auf und ab zu gehen. »Aber diesen Jansens traue ich nicht mehr. Sie halten es nicht länger aus. Hast du gesehen, wie nervös er war? Seine Augen irrten von einer Seite zur andern.«

»Was meinst du, wann Mutter zurück ist?«

»Woher soll ich das wissen?!«, brach es aus seinem Vater heraus. »Wir wissen nichts, gar nichts. Wir sitzen hier nur, wie ... wie ... die Ratten in der Falle.«

Er nahm die Brille ab, putzte die Gläser, strich sich durchs Haar, setzte sich hin und stand sofort wieder auf. »Was sollen wir bloß tun?«, murmelte er. »Was sollen wir bloß tun?«

Jan merkte, wie er selbst auf einmal ganz ruhig wurde, so, als wäre er der Ältere und Weisere. »Ach komm, Vater. Es wird schon werden. Der Doktor weiß, was er tut. Zu dem habe ich wirklich Vertrauen. Vielleicht kommt er noch einmal zu uns und erzählt, wie alles geht. Meinst du nicht? Er versteht doch, in welcher Spannung wir hier sitzen.«

Das Gesicht seines Vaters hellte sich etwas auf. Er setzte sich auf seine Matratze. »Meinst du?«

»Ja!«, sagte Jan und hoffte, dass seine Stimme fest genug klang.

Sie warteten einen ganzen Tag, einen Tag, der länger zu dauern schien als alle andern Tage zusammen. Sie fingen mit einer Runde Dame an, aber nach ein paar Zügen schob sein Vater das Brett fort. Jan fing ein Kreuzworträtsel an, aber er starrte auf die Worte und auf die Quadrate, ohne ewas zu sehen. Nachdem er zehnmal gefragt hatte, wie spät es sei, nahm sein Vater die Armbanduhr ab und legte sie hin, sodass Jan selbst nachsehen konnte. Ab und zu hielt er sie sich ans Ohr, um zu hören, ob sie auch noch tickte.

Meneer Jansen brachte wie immer Brot, Wasser, den Kaffeeersatz und das Mittagessen. Jedes Mal, wenn er an die Luke klopfte, schossen Jan und sein Vater in die Höhe. Gab es etwas Neues?

Aber Jansen machte seinen Mund nicht auf. Er setzte die Sachen hin und drehte sich sofort wieder um. Als er zum dritten Mal kam, hielt Jan es nicht mehr aus.

»Meneer Jansen, haben Sie vielleicht etwas gehört?« Meneer Jansen schüttelte nur den Kopf und verschwand hastig.

Jan hätte ihn am liebsten an seiner dicken Kehle gepackt und durchgeschüttelt.

Erst nach mehreren Abenden, als sie die Hoffnung schon beinahe aufgegeben hatten, hörten sie die Stimme des Doktors: »Ich möchte es gern selbst erzählen. Bleiben Sie ruhig unten!«

Mit zitternden Händen öffnete Jan die Luke. Der Doktor

kam heraufgeklettert und schloss die Luke hinter sich. Jan holte ihm rasch einen Stuhl. Der Doktor rieb sich die Stirn und lächelte.

»Gute Neuigkeiten«, sagte er. »Hanneke ist operiert. Wir waren noch rechtzeitig. Es geht ihr gut. Gerade eben, als ich bei ihr war, schwatzte sie schon wieder tüchtig.« Jan stieß vor Erleichterung einen tiefen Seufzer aus.

»Und meine Frau?«, fragte sein Vater.

»Ihre Frau ist bei ihr. Sie haben ihr eine Schwesterntracht gegeben und nun hilft sie bei der Pflege. Sie können ein paar zusätzliche Hände gut gebrauchen.«

»Kommt sie bald wieder?«

»Ich glaube, dass es zu Hannekes Beruhigung besser ist, wenn sie noch ein wenig bleibt. Sie brauchen sich also keine Sorgen zu machen. Sie ist dort sicherer als hier. Sie kommt nicht aus der ›Scharlachabteilung‹ heraus. Die Moffen fürchten sich wie der Teufel vor ansteckenden Krankheiten.«

Er lachte und diesmal lachten auch die Augen mit.

»In etwa zehn Tagen bringe ich sie alle beide wieder.«

Der Doktor schaute sich um und es war für einen Augenblick ganz still.

»Halten Sie es einigermaßen aus hier?«

Sein Vater seufzte: »Was soll ich sagen? Es geht. Nur dauert es so schrecklich lange. Wir hocken hier nun schon drei Monate und wer weiß, wie lange es noch dauert. Wir wissen kaum, was sich in der Außenwelt alles abspielt.«

Er schaute den Doktor fast begierig an. »Wissen Sie vielleicht etwas? Wie steht's mit dem Krieg?«

Der Doktor seufzte. »Es dauert für uns alle zu lange. Ich hatte wirklich geglaubt, die Alliierten würden von Afrika aus schneller durchstoßen. Aber allgemein wird nun angenommen, dass in diesem Frühjahr eine Invasion nach Europa kommt. In Russland verlieren die Deutschen. Sie kämpfen um Stalingrad und in Radio Oranje wird gesagt, dass sie verlieren werden. Das wäre ein gewaltiger Schritt vorwärts.«

»Und die Juden, Doktor?«

Der Doktor nahm seine Brille ab und rieb sich die Augen. Es dauerte lange, bevor er antwortete.

»Sie werden aufgegriffen, festgenommen. Es geht immer noch so weiter. Sie werden aus ihren Häusern geholt und manchmal einfach von der Straße weg verhaftet. Meistens kommen sie nach Westerbork. Manchmal kommen sie wieder. Ich habe einen Patienten, den haben sie freigelassen.«

»Und wenn sie nicht wiederkommen?«, fragte der Vater.

»Niemand weiß es genau. Einige scheinen nach Deutschland zu kommen, in Arbeitslager.«

Der Doktor stand auf und nahm seinen Hut.

»Am besten versuchen Sie gar nicht daran zu denken. Ihre Frau und Hanneke sind in Sicherheit und Sie haben es hier auch nicht so übel. Ich hab Schlimmeres gesehen. Der Jansen ist so schlecht nicht. Ein bisschen so ein Bullerjahn vielleicht, aber im Grunde ist er nicht böse.«

»Er sagte heute, dass er überhaupt nicht damit angefangen hätte, wenn er das alles vorher gewusst hätte.«

»Ach ja.« Der Doktor lächelte erschöpft. »Wir kriegen alle manchmal genug. Er hat sich natürlich erschrocken hierüber, aber es ist bestens gelaufen. Kein Hund war auf der Straße. Ich glaube nicht, dass jemand uns gesehen hat. Außerdem regnete es Bindfäden.«

Er streckte die Hand aus. »Auf Wiedersehen, Meneer Visser. In etwa zehn Tagen bringe ich sie zurück. Und dann im Dunkeln. Das ist dann noch sicherer.«

Er schüttelte auch Jan die Hand: »Mach's gut, junger Mann! Und denk an meine Worte: Die Invasion kommt! Es kann nicht mehr lange dauern.«

Nachdem der Doktor gegangen war, fühlte Jan sich besser, als er sich seit Wochen gefühlt hatte. Es war, als habe ein frischer Wind durch den Dachboden geweht. Er kroch in sein Bett und schlief ein.

8

Zehn Tage vielleicht, hatte der Doktor gesagt. Am zehnten Tag waren sie alle beide früh wach. Vergebens versuchte Jan noch einmal einzuschlafen. Es machte ihn ärgerlich, nun musste er noch länger auf seine Mutter und Hanneke warten.

Endlos langsam ging der Tag dahin; nichts geschah. Der elfte Tag verging noch langsamer. Sie fragten Jansen, ob er etwas wüsste, aber der schüttelte nur den Kopf und murmelte, dass er nach diesem einen Tag neulich den Doktor weder gesehen noch gesprochen habe.

Offenbar gelang es doch nicht so recht, mehr als nur ein einziges Wort mit Meneer Jansen zu wechseln. Jedes Mal, wenn er länger als ein paar Minuten oben blieb, hörte man eine Stimme von unten: »Piet! Wo bleibst du?!«

Als auch der zwölfte Tag vorbeigeschlichen war, ohne dass sie etwas gehört hatten, hielt der Vater es nicht länger aus. »Meneer Jansen? Könnten Sie sich vielleicht einmal beim Doktor erkundigen?«

Jansen tat, als hätte er nichts gehört. Er stellte den Teller mit den Butterbroten hin und langte zur Luke, um sie zuzuziehen. Aber Jans Vater war schneller. Er hielt die Luke fest und packte Jansen bei den Schultern. »Kommen Sie, Meneer Jansen. Sie verstehen doch wohl, in welcher Spannung wir uns hier befinden. Könnten Sie bitte einmal kurz beim Doktor vorbeigehen? Dann erfahren wir wenigstens etwas.«

Meneer Jansen riss sich los und flüsterte: »Es ist ziemlich weit weg von hier. Ich kann nichts versprechen. Vielleicht, wenn meine Frau mich zum Einkaufen schickt …«

»Piet!«

»Da haben Sie's. Sie hält es keine Minute ohne mich aus.« Mit einem Knall zog er die Luke hinter sich zu.

»Ich möchte mal wissen, wer da der Herr im Haus ist«, murmelte der Vater.

Als Meneer Jansen das Abendbrot brachte, blieb er einen Augenblick auf der Leiter stehen. Er schaute so triumphierend, dass Jan den Atem anhielt.

»Ich bin da gewesen. Der Doktor war nicht zu Hause. Ich wagte nicht, seine Frau zu fragen. Ich habe nur gesagt: ›Bestellen Sie dem Doktor nur, dass Jansen da war.‹«

Mit einem Seufzer ließ Jan den angestauten Atem los. War das alles? Sein Vater schluckte: »Vielen Dank, Meneer Jansen. Vielen Dank. Der Doktor wird es schon verstehen.«

Jansen sah sie an, als wenn er eine Heldentat vollbracht hätte, und schloss die Luke wieder. Sein Vater ließ sich stöhnend auf seine Matratze fallen und rührte sich den ganzen Abend nicht mehr. Jan dachte: Wie viele Patienten mögen wohl Jansen heißen?

Der dreizehnte Tag brachte nichts Neues und der vierzehnte auch nicht. Jans Vater konnte nicht mehr still sitzen. Auf Strümpfen tigerte er über den Spitzboden. Vier Schritte hin, vier Schritte zurück. Jan dachte, er würde noch verrückt davon. Und wenn sein Vater sich für einen Augenblick hinsetzte, kam er immer noch nicht zur Ruhe. Er rutschte hin und her und wühlte fortwährend mit den Händen im Haar. Sogar nachts hörte Jan, wie er sich herumwälzte und wühlte.

Er selbst schlief auch nicht mehr. Erst in der Nacht nach dem fünfzehnten Tag fiel er erschöpft für einen Augenblick in Schlaf. Das merkte er erst, als er mit einem Schock wieder wach wurde. Da war etwas. Da stimmte etwas nicht. Er streckte seine Hand nach der Matratze neben sich aus: »Vater?«

Keine Antwort. Es war Unheil verkündend still und stockdunkel. Mit einem Ruck setzte Jan sich auf. Er hörte seinen Vater nicht mehr herumwühlen oder sich bewegen. Mit klopfendem Herzen tastete er nach der Taschenlampe, die immer zwischen ihren Matratzen lag. Bebend machte er Licht. Die Matratze seines Vaters war leer!

Er sprang auf und leuchtete verzweifelt mit der Taschenlampe herum. Das schwache Licht flackerte über den Dachboden, hinter die Gardine mit dem Nachttopf, in alle Ecken und unter alle schrägen Wände. Sein Vater war nicht da. Der Schock war so groß, dass er es nicht glauben wollte. Wie ein Rasender rannte er umher und pumpte dabei immer wieder am Dynamo der Taschenlampe. Sein Vater konnte nicht einfach verschwunden sein.

Als er es schließlich doch glauben musste, ließ er sich auf die Matratze seines Vaters fallen und schlug mit den Fäusten auf das Kissen. Dabei berührte er ein Stück Papier. Zitternd betrachtete er es. Es war ein Streifen, abgerissen von einer Zeitung, auf dem in großen, unregelmäßigen Buchstaben stand: ICH MUSS ETWAS ERFAHREN.

Sein erster Impuls war, auf die Straße zu laufen und seinen Vater zu suchen, aber er zwang sich zum Nachdenken. Wohin würde er gegangen sein? Zum Doktor? Aber wo wohnte der? Zum Krankenhaus? Aber welches Krankenhaus? Nicht einmal das wussten sie. Es gab mindestens drei in der Stadt. Verzweifelt versuchte er sich die Namen wieder ins Gedächtnis zu rufen, aber ihm fiel nur »Het Zuidwal« ein. Sollte er – traute er sich …? Hoffnungslos hämmerte er wieder aufs Kissen ein.

Als die schwarze Nacht in die graue Morgendämmerung überging, fasste er einen Beschluss. Er würde auch suchen. Er wusste nicht, wo, er wusste nicht, wie, aber er würde verrückt werden, wenn er allein zurückblieb. Am ganzen Leib zitternd, suchte er nach seinen Schuhen und nach seinem Mantel. Vier Monate lang war er nicht draußen gewesen. Wie gejagt band er seine Schnürsenkel zu und steckte dann gleich seine Hände in die Manteltaschen, damit das Zittern aufhörte. Seine Finger fühlten den glatten Stoff des Sterns. Der Stern! Wie sollte er den wieder festmachen? Er hatte noch nie eine Nähnadel in der Hand gehabt. Er biss die Zähne zusammen. Dann also ohne Stern. Fassten sie ihn, dann fassten sie ihn eben.

Mit einem Ruck zog er die Luke auf und sah direkt in das Gesicht von Jansen, der mit einem Teller Butterbrote die Leiter heraufkam. Meneer Jansen war der Erste, der etwas sagte: »Was hast du denn vor?«

»Mein Vater«, brachte Jan heraus. »Mein Vater ist fort. Ich geh jetzt und suche ihn.«

Meneer Jansen kam herauf und blickte sich um, als wenn er Jan nicht glaubte. »Fort?! Wie ist denn das möglich?«

Er fasste Jan am Mantel. »Wohin ist er gegangen?«

»Ich denke, ins Krankenhaus. Wohin sonst? Wir müssen doch wenigstens etwas wissen. Mein Vater ist ganz verrückt vom Warten geworden. Und ich auch!«, schrie Jan auf einmal los.

»Still!«, zischte Jansen. »Sei bloß still!«

»Nein!« Jan schrie noch lauter. Es war ihm alles gleich. Dann hörten sie ihn eben. Dann wurde er eben an die Moffen verraten. Dann wurde er eben abgeholt. Alles besser, als hier völlig allein zu warten.

Meneer Jansen sprang auf ihn zu und legte ihm die Hand auf den Mund. »Ssst … bist du verrückt geworden!«

Jan versuchte die Hand wegzustoßen, aber Meneer Jansen war stärker. Mit der einen Hand hielt er Jans Mund zu, mit der andern zwang er ihn sich hinzusetzen.

»Idiot! Du bringst uns alle in Gefahr! Warum hab ich damit überhaupt angefangen? Dauernd ist irgendetwas. Nun wieder dies. Wenn meine Frau … na gut, das geht dich nichts weiter an. Kannst du nun den Mund halten?«, fauchte er auf einmal.

Jan sackte in sich zusammen. Er nickte.

Meneer Jansen nahm seine Hand weg und rieb sich das Handgelenk. »Idiot!«, zischte er noch einmal. »Erzähl nun in Ruhe, was passiert ist.«

Stotternd erzählte Jan, was er wusste. Viel war es nicht. Nur, dass sein Vater es nicht länger ausgehalten hatte und nachts heimlich fortgegangen war.

»Dann ist es doch wahr«, murmelte Jansen. »Meine Frau wachte heute Nacht davon auf, dass sie eine Tür zuschlagen hörte, aber ich sagte ihr, sie hätte wohl geträumt.«

»Piet! Was machst du denn da?«

»Da siehst du's.« Meneer Jansen seufzte. »Sie lässt mich keinen Moment in Ruhe.« Ärgerlich drehte er sich um: »Ja, Mensch, ich komme!«

Er breitete die Arme aus und ließ sie wieder fallen. »Was machen wir jetzt bloß?« Verzweifelt blickte er Jan an.

Jan hielt den Kopf in den Händen und sagte nichts.

»Piet!«

Meneer Jansen lief zur Treppe und wieder zurück. Er fuchtelte aufgeregt mit den Händen. »Hör zu, du gehst auf keinen Fall aus der Tür! Drei, das ist genug. Seid ihr eigentlich völlig verrückt geworden? Wisst ihr denn nicht, dass ihr uns in Gefahr bringt? Nachher werden wir auch noch festgenommen!«

Er ging die Treppe hinunter. »Du bleibst hier«, sagte er noch einmal. »Ich selbst werde einmal sehen, ob ich etwas in Erfahrung bringen kann. Hast du gehört? Du bleibst hier!«

Jan rührte sich nicht. Ihm war, als bemächtigte sich seiner eine tödliche Müdigkeit. Er verstand gar nicht, dass er vor ein paar Minuten noch auf die Straße gehen wollte. Er wagte es gar nicht, wusste er auf einmal. Er wagte es nicht.

Es dauerte lange, bis Jansen zurückkam, lange. Jan verlor jedes Zeitgefühl. Es kam kein Wasser, kein Kaffeeersatz, kein warmes Essen. Es drang kaum zu ihm durch. Er hatte keinen Hunger und keinen Durst.

Als es schon wieder beinahe dunkel war, hörte er die Leiter knarren. Er sprang zur Luke und riss sie auf.

Es war der Doktor, aber Jan erkannte ihn kaum wieder. Von seiner munteren Sachlichkeit war nichts mehr übrig geblieben. Es war ein gebeugter, übermüdeter Mann, der um Jahre gealtert zu sein schien. Er schloss die Luke hinter sich, knöpfte den Mantel auf und zog einen Stuhl heran. Er nahm den Hut ab, drehte ihn aber nervös zwischen den Fingern. Er machte eine Kopfbewegung zu Jan: »Setz dich doch, Junge. Bleib da nicht so stehen.«

Bebend setzte Jan sich ihm gegenüber auf einen Stuhl. Er wagte nicht, etwas zu fragen. Er wusste vom ersten Moment an, dass der Doktor mit einer schlechten Nachricht kam. Fast eine ganze Minute lang war es totenstill. Ab und zu räusperte sich der Doktor und öffnete seinen Mund, aber es kam kein Laut heraus. Auf einmal war es, als ob etwas in Jan zerriss.

»Nun sag es schon!«, schrie er. »Sag endlich, dass sie abgeholt worden sind!«

Der Doktor nickte. »Ja … sie sind abgeholt worden.« Seine Stimme war rau.

»Nein! Nein!« Der Dachboden begann sich zu drehen, es wurde Jan schwarz vor Augen.

Als er wieder zu sich kam, lag er auf seiner Matratze. Der Doktor beugte sich über ihn und rüttelte ihn an der Schulter.

Seine Kehle war trocken und er konnte nur flüstern: »Was ist passiert?«

In wenigen Sätzen erzählte es der Doktor. Vor ein paar

Tagen hatten die Moffen hunderte von Juden abgeholt. Die meisten aus Krankenhäusern und Altersheimen. Auch die »Scharlachpatienten« mussten mit. Plötzlich wussten die Moffen, dass die meisten von ihnen untergetauchte Juden waren.

»Wohin sind sie gebracht worden?«

»Zum Bahnhof. Nach Westerbork.«

»Und mein Vater?«

Fast unmerklich zuckte der Doktor mit den Schultern. »Ich weiß es nicht.«

Jan schloss die Augen und wieder sah er vor sich, wie seine Mutter am ersten Tag des Krieges geschrien hatte: »Dann wollen sie uns haben. Uns Juden. Mich! Und dich! Und dich! Und dich!«

In den darauf folgenden Wochen schien es, als wäre er betäubt. Er schlief beinahe Tag und Nacht. Manchmal wurde er wach und aß, was an der Luke stand, ohne zu schmecken, was es war. Manchmal merkte er, dass Jansen an seinem Bett stand und kopfschüttelnd zu ihm heruntersah. Dann und wann schaute der Doktor nach ihm, aber Jan wollte nicht mit ihm sprechen. Er drehte sich von ihm weg und zog sich die Decke über den Kopf. Jan wartete nicht auf seinen Vater. Tief in seinem Herzen wusste er, dass er nicht wiederkommen würde. Er wartete darauf, dass auch er abgeholt würde. Das war das Einzige, was er wusste. Wenn er abgeholt würde, schickten sie ihn nach Westerbork, zu seinen Eltern und zu Hanneke. Er sehnte sich nach dem Augenblick, wo deutsche Soldaten auf den Dachboden kommen würden, trampelnd, in Stiefeln, und ihn von der Matratze zerren würden. Das geschah jedoch nicht. Alles blieb so, wie es war.

Nach ein paar Wochen wachte er aus seiner Betäubung auf. Er hatte geträumt, dass er mit seinen Eltern und mit Hanneke bei Tisch saß. Ganz normal bei Tisch, an einem Sommerabend. Er hatte ein Stück Weißbrot mit Erdbeeren vor sich und durchs offene Fenster roch er den Duft von blühendem »Jelängerjelieber«. Sein Vater erzählte einen Witz und alle zusammen lachten schallend. Er sah die weißen Zähne seiner Mutter und den hüpfenden Pferdeschwanz von Hanneke. In dem Moment wurde er wach. In seinen Ohren klang noch das dröhnende Lachen seines Vaters, der immer am lautesten über seine eigenen Witze lachte. Verstört sah Jan nach oben zu den kahlen Balken und neben sich auf die leeren Matratzen. Dann brach er in Tränen aus, eine Sturzflut von Tränen, die er nicht zurückhalten konnte. Er schlug mit den Fäusten, trampelte mit den Füßen und biss sich in die Hände, während er weinte und schluchzte: »Vater! Mutter!«

Er weinte so lange und so laut, dass Meneer Jansen nach ihm sah und ihm ein Glas Wasser einschenkte. Jan schlug es weg und weinte weiter, stundenlang. Schließlich fiel er in einen tröstenden Schlaf. Am nächsten Morgen war ihm, als hätte er keine Tränen mehr. Mit trockenen, starren Augen saß er auf seiner Matratze und stierte vor sich hin.

So verging ein Tag nach dem andern. Manchmal schüttelte Meneer Jansen ihn an der Schulter: »Aber mein Junge!«

Er riss sich los. Er wollte kein Mitleid und schon gar nicht von Jansen.

Ein paar Mal zog er sich an. Jacke, Hose, Wintermantel, Schuhe. Völlig angekleidet stand er an der Luke, bereit, sie aufzureißen, die Treppe herabzustürmen und auf die Straße zu rennen und zu rufen: »Ich bin ein Jude! Greift mich doch!« Doch irgendetwas in ihm war stärker. Der Wille, zu überleben und auf seinen Vater zu warten. Möglich war es doch, dass er noch irgendwo in der Stadt war, dass er verletzt war und nicht zu ihm kommen konnte oder dass er sein Gedächtnis verloren hatte und nicht mehr wusste, wo sein Sohn versteckt saß.

Darum blieb er auf dem Dachboden und wartete, während ihm fast die ganze Zeit wie dröhnend ein Kinderlied im Kopf herumging: »Bleib im Versteck und rühr dich nicht!« Früher, Lichtjahre fern, hatten sie es beim Versteckspielen gesungen. »Halt den Atem an und ersticke nicht.« Manchmal dachte Jan, dass er tatsächlich ersticken würde.

Als er zwei Monate allein auf dem Dachboden gesessen hatte, fragte ihn Meneer Jansen eines Abends, ob er herunterkommen wollte. Entgeistert starrte Jan ihn an.

»Ja, weißt du, ich bin nun auch allein. Meine Frau ist mir weggelaufen. Sie hat einen andern … nun ja.« Jansen zuckte mit den Schultern. »Ein großer Verlust ist es nicht, aber abends ist es dann doch sehr still. Vielleicht können wir ein bisschen Karten spielen oder so. Ich hab unten alles gut verdunkelt. Niemand wird dich sehen.«

Jan folgte ihm und saß zum ersten Mal nach einem halben Jahr wieder in einem normalen Wohnzimmer. Es war, als erwachte er aus einem Winterschlaf. Erstaunt blickte er auf die Plüschsessel, auf denen Spitzendeckchen hingen, und auf den Perserteppich, der sich durch die Löcher in seinen Socken so wunderbar weich anfühlte. Meneer Jansen stellte eine Tasse Tee vor ihn hin und daneben ein Stück Kuchen. Fassungslos schaute Jan es an. Das Wasser lief ihm im Mund zusammen.

Und während der ganzen Zeit sprach Meneer Jansen mit ihm. Jan hatte ihn nie mehr als ein paar Worte sagen hören, aber nun schien es, als wäre ein Deich gebrochen. In unaufhaltsamem Strom rollten die Worte aus seinem Mund – über seine Frau, die so viel jünger als er war und mit der er so viel Streit gehabt hatte: »Immer über Geld, Junge. Geld, Geld und nochmals Geld. Sie konnte an nichts anderes denken. Früher ging es noch. Ich hatte eine gute Stellung und ein ausreichendes Gehalt. Ich war Portier im Rathaus, aber als ich meinen Posten verlor, hatte ich ausgedient. In ihren Augen war ich zu nichts mehr nütze. Ich musste zur Fürsorge und was ich deshalb nicht alles zu hören gekriegt habe! Ich war ein ›Schlappschwanz‹ und ein ›alter Trottel, der nicht einmal für seine Frau sorgen‹ konnte. Ein ›Taugenichts‹ und was weiß ich, was sie mir noch alles an den Kopf warf. Sie hätte nicht einmal trockenes Brot zu fressen von dem, was ich nach Hause brachte, sagte sie. Und darum haben wir euch auch aufgenommen. Ich wollte zuerst nicht so recht, aber sie hat es durchgesetzt. ›Alle Juden sind stinkreich‹, sagte sie.«

»Das ist überhaupt nicht wahr«, sagte Jan und lauschte erstaunt auf seine eigene Stimme, die er seit Wochen zum ersten Mal wieder hörte. Meneer Jansen redete einfach weiter, als ob er ihn nicht gehört hätte.

»Ich hatte zuerst Angst und sie auch. Vielleicht noch mehr als ich. Aber ihre Habgier war doch immer noch größer als ihre Angst. Und außerdem wussten wir nicht sicher, ob es strafbar war, was wir taten. Bei den Moffen weiß man nie, woran man ist. Erst in der vorigen Woche stand in der Zeitung, dass Nichtjuden, die Juden verstecken, ins Konzentrationslager geschickt werden. Na, da kriegte sie sich nicht wieder ein. Zuerst wollte sie dich vor die Tür setzen, aber das hab ich nicht zugelassen. ›Wovon sollen wir dann leben?‹, fragte ich. Da konnte sie nichts mehr sagen.«

Jan dachte an das Geld und den Schmuck in dem Kästchen.

Ab und zu gab er Meneer Jansen etwas davon. Glücklicherweise kannte er den Betrag, den sein Vater vereinbart hatte. Manchmal hatte er erschöpft gedacht, dass es viel zu viel für ihn allein war, aber er hatte es nicht über sich gebracht, es zu sagen. Doch sehr bald musste er es tun. Das Geld war fast aufgebraucht. Dann blieb nur noch der Schmuck, die Juwelen, die »ein Vermögen wert« waren. Er dachte an Tante Esther, die das gesagt hatte, und schluckte. Nicht an früher denken, hämmerte es in seinem Kopf. Nicht an früher denken.

Meneer Jansen redete und redete.

»Aber ein paar Tage später war sie verschwunden. Einfach so. Ein Briefchen hat sie noch dagelassen. Sie lebt jetzt mit einem Schwarzhändler zusammen. Die verdienen momentan Geld wie Heu. Da wird sie wohl keinen Streit wegen des Geldes machen. Aber soweit ich weiß, ist das auch strafbar. Na ja, sie muss es selbst wissen. Ich bin froh, dass ich sie los bin. Gott sei Dank haben wir keine Kinder.«

Er stand auf, kramte im Büfett und kam mit einem Kartenspiel zurück.

»Kannst du ›Einundzwanzig‹? Nicht? Also los, dann werde ich es dir beibringen!«

Und so saß Jan von jetzt an jeden Abend unten. Allmählich wartete er schon darauf. Am Ende eines langen, einsamen Tages gab es die Stimme von Jansen, die Plüschsessel mit den Spitzendeckchen, den Perserteppich und die Tasse Tee mit dem Stückchen Kuchen. All das rettete ihn vor dem Wahnsinn.

Im Laufe der Zeit begann er sogar, Meneer Jansen ein bisschen nett zu finden. Es war, wie der Doktor es gesagt hatte: Dieser Jansen ist so übel nicht. Nun, wo er nicht mehr unter der Fuchtel seiner Frau stand, war er kein unfreundlicher Mann. Ein bisschen steif ab und zu, aber doch gutmütig. Darum verstand Jan sich selbst manchmal nicht so recht; da bekam er eine Anwandlung, dass er ihm am liebsten an die Gurgel gegangen wäre und geschrien hätte: »Schweinehund! Gib mir meinen Vater wieder!« Er tat es nie, obwohl er sich auf seine Hände setzen musste, um den Impuls zu unterdrücken. Er bekam Angst vor diesen Anwandlungen. Er verstand sie nicht und sie waren auch nicht gerechtfertigt.

Meneer Jansen konnte nichts dafür, es war die Schuld der Scheißmoffen. Aber manchmal war er sogar zu müde dazu, um die zu hassen. Dann gab es niemanden mehr, den er hasste, niemanden, den er lieb hatte, nichts mehr, wofür es sich zu leben und zu kämpfen lohnte. Dann gab es nur noch die große, dumpfe Leere.

Und doch ging das Leben weiter. Meneer Jansen machte die Einkäufe und kochte so gut oder so schlecht es ging. Er sagte selbst, dass es nichts Besonderes war, aber Jan fand es essbarer als das, was seine Frau zu Stande gebracht hatte. Er fragte nicht danach, wie Jansen es schaffte, jeden Tag mehr oder weniger genügend auf den Tisch zu bringen. Er nahm an, dass er noch immer seinen Bekannten in der Markenverteilungsstelle hatte und ab und zu etwas »schwarz« kaufte.

Die Tage wurden länger und es lohnte sich für Jan kaum, die Abende unten zu verbringen. Meneer Jansen kam nun zu ihm auf den Dachboden. Sie spielten ein wenig Karten und Jansen berichtete, was er über den Kriegsverlauf wusste. Zwar besaß er kein Radio, und seit seine Frau fort war, bekam er auch keinen Besuch mehr, aber in den Geschäften und auf der Straße schnappte er doch genug auf.

Als die Alliierten im Juli 1943 in Italien gelandet waren, kam er strahlend nach oben, und als Mussolini gestürzt war, ein paar Wochen später, feierten sie zusammen ein kleines Fest. Sie tranken Vorkriegskaffee und erstaunt fragte Jan, wie er an den gekommen wäre.

»1940 gehamstert, mein Junge. Ich gehe sehr sparsam damit um, aber dies müssen wir feiern. Siehst du, ich hab auch ein Stück Kuchen. Getauscht gegen Zucker. Na?«

Es war lange her, dass Jan so etwas geschmeckt hatte. Er leckte sich die Lippen und spürte, wie Hoffnung in sein Herz strömte. War nun wirklich bald ein Ende in Sicht?

9

Ab und zu zählte Jan seine Striche. Jeden Abend, bevor er einschlief, ritzte er mit seinem Taschenmesser ein Strichelchen in die schräge Wand über seiner Matratze. Das hatte er die ganze Zeit über getan und auch dann noch, als er allein zurückgeblieben war. Jeder Strich war der Abschluss eines furchtbaren Tages. Dieser elende, leere Tag würde sich jedenfalls nicht wiederholen.

Er lebte von der Hoffnung, seine Eltern und sein Schwesterchen wieder zu finden. Obwohl er zu Anfang gedacht hatte, er würde sie nie wieder sehen, war er sich nun sicher, dass sie eines Tages wieder zusammen sein würden. Es war nur eine Frage der Zeit, einer Zeit, die er so gut wie nur möglich hinter sich bringen musste.

Wenn er nur schlafen könnte, dann ginge die Zeit schneller herum. Mit seiner Taschenlampe leuchtete er die Strichelchen an. 383. Jan seufzte verzweifelt. Über ein Jahr hockte er hier nun schon. Wie viele Tage würden noch dazukommen? Nicht so sehr viele mehr, oder? Mit dem Krieg lief alles bestens. Italien hatte kapituliert und Jansen hatte ihm erzählt, dass jeder, aber auch wirklich jeder dachte, dass es vor Beginn des Winters vorbei sein würde. Und Jan wusste, dass sogar die Königin ein baldiges Ende erwartete. Unter seinem Kissen holte er ein zusammengeknülltes Blatt Papier hervor. Es war mit schiefen, hie und da schwarz ausgelaufenen Buchstaben bedruckt, aber die Worte waren in sein Herz geritzt. Er las sie zum hundertsten Male: »Landsleute, wir fühlen die Stunde unserer Befreiung nahen …«

Es waren die Worte von Königin Wilhelmina, die sie in einer Sendung von Radio Oranje gesprochen hatte. Jan wusste, dass viele Menschen diese Sendung abhörten. Obwohl jeder schon vor Monaten sein Radio hatte abliefern müssen, gab es genug Menschen, die das nicht getan hatten oder die ein zweites Gerät zurückbehalten hatten, es irgendwo versteckten und jeden Abend den verbotenen Sender hörten. Meneer Jansen tat das nicht.

»Nein, junger Mann, damit fange ich gar nicht erst an«, hatte er gesagt. »Ich habe mein Radio abgeliefert und die Neuigkeiten höre ich schon auf der Straße. Es ist schon strafbar genug, dass ich dich hier verberge, ich wage es nicht, noch mehr Risiken auf mich zu nehmen.«

Es schien Jan viel riskanter zu sein, einen versteckten Juden zu haben als ein verstecktes Radio. Zynisch überlegte er, dass ein verstecktes Radio kein Geld bezahlte, ein versteckter Jude aber sehr wohl.

Aber Jansen schien insofern Recht zu haben, als er die Neuigkeiten sowieso hörte. Die wichtigsten Dinge verbreiteten sich wie ein Lauffeuer, und weil gelegentlich auch ein verbotenes Blättchen in den Briefkasten fiel, blieben sie ganz ordentlich auf dem Laufenden. Sie hatten keine Ahnung, wer es ihnen in den Kasten steckte, und Meneer Jansen wurde jedes Mal ganz nervös davon. Am liebsten warf er es ungelesen in den Ofen.

Doch diesen Zettel hatte Jan retten können. Er hatte ihn gefunden, als er eines Abends unten bei Meneer Jansen war und zur Toilette ging. Der Zettel lag wie ein weißer Fleck auf der Fußmatte. »Lesen und weitergeben« war darauf gekritzelt. Jan steckte ihn sich in die Hosentasche und erzählte Jansen nichts davon.

Als er ins Bett ging, las er ihn beim Licht der kleinen Glühbirne:

Landsleute, wir spüren es: Die Stunde unserer Befreiung naht; und kann auch in diesem Augenblick niemand vorhersagen, wann sie anbrechen wird, es ist mit ihr wie mit der Verheißung des kommenden Frühlings und seinem neuen Leben – noch bevor er da ist, fühlen wir, dass er zu uns kommt, und wir atmen ihn in vollen Zügen und mit unbeschreiblicher Sehnsucht ein.

Es waren herrliche Worte, die Jan jedes Mal aufs Neue Mut gaben. Im September hatte Königin Wilhelmina diese Worte ausgesprochen und nun war es schon Oktober. Wer weiß, wie nahe die Befreiung inzwischen schon war. Wenn es an den englischen Fliegern lag, konnte es nicht mehr lange dauern. Jeden Abend flogen sie hoch oben über sie hinweg nach Deutschland – beladen mit Bomben. Wenn Jan das vertraute Brummen hörte, dachte er: Gut so! Schmeißt sie alle kaputt, alle die Scheißmoffen! In den frühen Morgenstunden war das Brummen wieder über ihnen. Dann flogen sie – leer, wie Jan hoffte – wieder nach England zurück. Es war ein herrliches Geräusch, auf das Jan wartete, wenn er nicht schlafen konnte. Horch! Da war es wieder. Zufrieden drehte er sich auf die Seite.

5. Dezember 1943. Verzweifelt bemühte sich Jan, nicht an die Nikolausfeste von früher zu denken. Nicht an den Korb mit Päckchen, nicht an die verrückten Reime seines Vaters, nicht an ihre Schuhe vor dem Kamin, neben die er, gemeinsam mit Hanneke, eine Wurzel und etwas Wasser für das Pferd hingestellt hatte. Glücklicherweise feierte Jansen weder Nikolaus noch Weihnachten, und Silvesterabend gingen sie früh schlafen. Das sparte wieder Kohlen.

Januar und Februar krochen vorbei. Vor einem Jahr waren sie noch zusammen gewesen. Auch damals schon hatte Jan gefunden, dass die Zeit so langsam verstrich, und er hatte sich gefragt, wie er sie überstehen sollte. Aber er hatte seine Eltern gehabt, mit denen er reden, Dame spielen und sogar ab und zu lachen konnte. Mit Hanneke hatte er Käsekästchen und Galgen gespielt, und er hatte ihr geholfen, aus einem alten Karton ein Puppenhaus zu basteln. Es schien ihm jetzt, als hätte es damals eine Welt von Zerstreuung und Freude gegeben. Jetzt hatte er am Tage die Spielkarten, mit denen er Patiencen legte, und seine Kreuzworträtsel. Glücklicherweise schnitt Jansen sie aus, bevor er seine Zeitung in den Ofen warf.

Ein einziges Mal hatte Meneer Jansen ein Buch für ihn mitgebracht. Jans Herz klopfte sofort schneller, als er es sah. Nur er selbst wusste, wie oft es ihn verzweifelt nach Wörtern, Sätzen, nach einer Geschichte verlangte, in die er eintauchen und alles um sich herum vergessen konnte.

»Hier!«, hatte Jansen gemurmelt. »Ist das was für dich? Ich habe es von De Vries bekommen. Der sagte, dass jeder es lesen müsste.«

De Vries war ein alter Kollege von Jansen, mit dem er früher im Rathaus gearbeitet hatte und den er gelegentlich besuchte, um von früher zu reden. Glücklicherweise kam De Vries nicht zu ihnen. Er war schlecht zu Fuß und das war auch gut so, hatte Meneer Jansen in einem seiner seltenen Anflüge von Humor gegrinst.

Hungrig besah Jan das Buch. »Hollands Glorie – Hollands Ruhm« von Jan de Hartog.

»Und damit haben Sie sich über die Straße getraut? Mit dem Titel?«

»Wieso? Wie heißt es denn? Herrgott, darauf habe ich gar nicht geachtet! Wenn das einer von den Moffen sieht! Gib her, das wollen wir mal lieber verbrennen. Es ist ein dickes Buch, das gibt ein feines Feuerchen!«

»Nein!« Jan drückte das Buch an sich.

»Was hast du denn, es ist doch nur ein Buch! Tu nicht so beleidigt!«

»Ich bring's sofort nach oben«, sagte Jan hastig.

»Die Hauptsache ist, dass du es auch dort lässt. Ich will es hier unten nicht herumliegen haben.«

Es ist doch nur ein Buch ..., dachte Jan entgeistert. Wie kann er nur so etwas sagen? Er gab sich Mühe, das Buch nicht in einem Rutsch durchzulesen. Er nahm sich vor, jeden Tag nur ein Kapitel zu lesen, dann hatte er 26 Tage lang etwas, worauf er sich freuen konnte. Aber es gelang ihm einfach nicht. Sobald er erst mal damit angefangen hatte, konnte er nicht wieder aufhören, und in einem Tag hatte er es durch. Einen ganzen Tag lang lebte er in einer Welt wüster Wogen, heulender Stürme, stampfender Schiffe und kräftiger Seeleute. Einer Welt, in der stolz die holländische Fahne wehte und alles Freiheit und Sieg atmete. Es richtete ihn mehr auf als alle illegalen Blätter und Ansprachen Wilhelminas zusammen.

Aber nachdem er es fünfmal hintereinander durchgelesen hatte, verloren die Worte ihre Zauberkraft. Sie schafften es nicht mehr, ihn mitzureißen und in eine Welt zu entführen, weit entfernt vom Dachboden.

»Ob de Vries wohl noch mehr Bücher hat?«

»Der würde schön dumm gucken, wenn ich ihn das fragte, mein Lieber. Schließlich weiß er, dass ich nie lese.«

Meneer Jansen drückte seine Zigarette im Aschenbecher aus. Manchmal fragte Jan sich, wie Jansen eigentlich immer an all die Zigaretten kam. Er rauchte wie ein Schlot.

»Vertrauen Sie ihm nicht?«

»Ach, vertrauen, vertrauen ... Ich erzähl einfach niemandem etwas von dir. Ich hab das Gefühl, das ist das Beste in dieser Zeit.«

Jan zuckte mit den Schultern. Damit hatte Jansen wohl Recht, aber andererseits ... Es wäre so herrlich gewesen, noch ein Buch zu lesen, das er nicht kannte. Die Bücher, die er noch von zu Hause hatte, kannte er inzwischen auswendig.

So kehrte er wieder zu seinen Kreuzworträtseln und seiner Patience zurück. Einmal nahm er nach langem Zögern das Damebrett mit nach unten, aber als Meneer Jansen seine Steine aufstellte, schob Jan das Brett beiseite. Dame spielen konnte er nur mit seinem Vater.

Im Juni 1944 kam die lange erwartete Invasion. Jan saß gerade über seinen Kreuzworträtseln, als Meneer Jansen es ihm berichtete. Schon ganz unten an der Leiter fing er an zu rufen.

»Jan! Jan! Mach auf! Die Invasion ist da!« Keuchend kam er herauf. »Die Engländer und die Amerikaner sind in Frankreich gelandet, in der Normandie. Weißt du, wo das liegt?«

Mit einem Knall ließ Jan die Luke zufallen. Meneer Jansen sagte nichts dazu.

»An der Küste, irgendwo im Norden, glaube ich. Haben Sie keinen Atlas?«

»Nein.« Meneer Jansen schüttelte den Kopf und ließ sich auf einen Stuhl fallen. Er schwenkte die Arme. »Ist das nicht phantastisch? Frankreich ist nicht so weit weg. Vielleicht können sie in ein paar Wochen schon hier sein. Es wird allgemein behauptet, dass 11 000 Flugzeuge hin- und herfliegen, um Truppen zu bringen. Das hat der englische Sender gesagt.«

»Ist das wahr? Von wem haben Sie das gehört?«

»Vom Friseur um die Ecke. Und überhaupt, jeder redet nur noch davon. Überall stehen die Menschen in Gruppen auf der Straße. Man sagt, dass die Moffen sich schon zurückziehen. Die Übermacht ist viel zu groß. 11 000 Flugzeuge, stell dir das mal vor!«

Jan fühlte, wie Hoffnung und Freude in ihn strömten und ihn ganz erfüllten. Dies waren die besten Nachrichten seit dem Einmarsch der Deutschen. Meneer Jansen war schon wieder aufgestanden: »Ich geh noch mal eben auf die Straße.

Vielleicht höre ich noch mehr. Und ich werde de Vries um einen Atlas bitten. In Ordnung?«

Er wartete die Antwort nicht ab, sondern polterte die Leiter wieder hinunter. Jan hatte ihn noch nie so aufgeregt erlebt.

Ein paar Stunden später kam er mit einem Atlas zurück. Gemeinsam suchten sie, wo die Normandie liegt, und schätzten den Abstand ab.

»Mindestens 1000 Kilometer«, dachte Jan. »Das ist noch ganz schön weit weg.«

Meneer Jansen klopfte ihm auf die Schulter. »Alle sagen, dass es der Anfang vom Ende ist. Wer weiß, vielleicht sind wir die Moffen bald los. Dann kannst du wieder raus und dann kann ich ohne Angst leben und endlich wieder einmal genug essen.«

Jan wagte nicht, so optimistisch zu sein. Die Entfernung bis zur Normandie gefiel ihm nicht. Aber als er in den Wochen danach anhand der Straßenberichte und der illegalen Blätter den Kriegsverlauf auf dem Atlas verfolgte und sah, wie ein französischer Ort nach dem andern eingenommen wurde, geriet auch er in Begeisterung. Bayeux, Caen, Cherbourg. Sie stießen schneller durch, als alle erwartet hatten. In Russland ging es auch nach Wunsch, und als er im Juli hörte, dass ein Attentat auf Hitler verübt worden war, von einem seiner eigenen Generäle wohlgemerkt, stieß er einen Freudenschrei aus. Zwar war es schlimm genug, dass der Anschlag misslungen war, aber es war doch ein Zeichen dafür, dass die Tage der Moffen gezählt waren.

Die Nachrichten wurden immer besser. Paris befreit, Brüssel befreit, Antwerpen. Vielleicht standen sie in einer Woche schon in Den Haag!

Aber plötzlich ging es schief. Bei Arnheim waren die Moffen stärker. Es gelang den Alliierten nicht, über die großen Flüsse zu setzen. Sie befreiten Brabant und ein Stück von

Limburg, weiter kamen sie nicht. Jan fing an zu weinen und sogar Meneer Jansen hatte Tränen in den Augen. Würden sie etwa noch einen Kriegswinter durchmachen müssen?

Jan versank wieder in eine mutlose Stimmung, schlimmer denn je. Bis ans Ende seiner Tage würde er hier auf dem Dachboden sitzen und nie, niemals seine Eltern und Hanneke wieder finden. Er wollte verraten werden, dann wäre es vorbei.

Manchmal stellte er sich herausfordernd vor das Dachfenster und sagte laut: »Seht ihr mich? Ich bin ein Jude, ein untergetauchter Jude! Los, sagt es den Moffen. Holt mich doch!« Aber es war nur ein ganz kleines Dachfensterchen, und das Einzige, was er sehen konnte, war ein Stückchen grauer Himmel, an dem ein paar dunkle Wolkenfetzen hingen. Niemand konnte ihn sehen, nicht von der Straße und nicht aus einem anderen Haus, denn die Häuser an der gegenüberliegenden Straßenseite waren niedriger. Und es war ausgeschlossen, dass ihn jemand hörte. Jansen hatte ihm erzählt, dass seine einzige Nachbarin stocktaub war. Schade!

Jan zog sich in sein Bett wie in eine Höhle zurück und weigerte sich, abends nach unten zu kommen. Gedankenlos aß er, was bei der Luke stand, und versuchte zu schlafen. Und das war gar nicht einmal schwer. Er begriff nicht, wovon er so müde war, aber sowie er sich hinlegte, schlief er wie ein Stein. Bis der Tag kam, an dem er mit einem entsetzlichen Hunger auf einmal hellwach war. Es war hell draußen. Am Stand der Sonne sah er, dass es etwa elf Uhr morgens war. Er ging zur Luke, aber da stand nur sein leerer Teller von gestern Abend, oder war er von vorgestern? Wann hatte er zuletzt etwas gegessen? Er konnte sich nicht daran erinnern. Es war alles wie im Nebel. Er wartete auf seine Butterbrote, aber die kamen nicht. Merkwürdig! Meneer Jansen hatte ihn noch nie vergessen. Sein Magen tat ihm weh und er fühlte sich schwindelig. Er hatte wirklich Hunger, viel mehr als sonst. Er legte sich wieder hin, aber er konnte nicht mehr schlafen.

Jetzt begann der Himmel sich zu verdüstern und ein Wind kam auf, der um das Haus heulte und im Schornstein pfiff. Der Regen klatschte auf die Dachziegel. Das war ein vertrautes Geräusch, aber diesmal machte es Jan ganz krank. Er zitterte. Auf Händen und Füßen kroch er zur Luke und rief leise durch einen Spalt: »Meneer Jansen?« Keine Antwort. Gerade unter ihm schlug eine Tür mit einem Knall zu. Er erschrak derartig davon, dass er unter seine Decken zurückschoss. Bibbernd wartete er auf Meneer Jansen. Der kam nicht. Als der graue Tag in die Abenddämmerung überging, hielt Jan es nicht länger aus. Er musste einfach etwas essen.

Vorsichtig öffnete er die Luke und tastete mit den Füßen nach den Sprossen der Leiter. Es war fast ganz dunkel und es brannte kein Licht im Haus. Oben an der Treppe rief er wieder: »Meneer Jansen?« Immer noch kein Laut, keine Antwort. Er bebte und doch ging er weiter. Dem Gefühl nach fand er seinen Weg nach unten. Da die Gardinen im Wohnzimmer geschlossen waren, machte er das Licht an. Meneer Jansen war nicht da, nicht im Zimmer und nicht in der Küche. Jan fühlte, wie sich kalter Schweiß über seinen ganzen Körper ausbreitete. Er versuchte nachzudenken. Die Uhr auf dem Kamin zeigte auf zehn vor halb sieben. Er konnte also nicht unterwegs sein, um einzukaufen, die Geschäfte hatten schon lange geschlossen. War er vielleicht oben? Krank?

Auf Zehenspitzen lief er die Treppe wieder hinauf.

Meneer Jansens Schlafzimmer lag neben der Leiter, die zum Boden führte. Jan klopfte an die Tür und flüsterte: »Meneer Jansen? Sind Sie krank?« Keine Antwort. Leise drehte er am Türknauf. Quietschend ging die Tür auf. Es war totenstill im Zimmer. Er tastete nach einem Schalter und drehte das Licht an.

Meneer Jansen war tot. Jan sah es auf den ersten Blick. Er hatte noch nie einen Toten gesehen, aber er wusste es mit Sicherheit. Meneer Jansen lag auf dem Rücken neben dem Bett. Seine Augen waren offen und starrten an die Decke.

Jan erstarrte. Nach ein paar Sekunden kam er in Bewegung, doch es war, als ob es ein anderer wäre, der für ihn handelte. Als ob er wie ein Außenstehender auf sich selbst schaute.

Er ging auf den Dachboden, zog Mantel und Schuhe an und nahm die Dynamotaschenlampe und das Schmuckkästchen. In der Küche suchte er etwas zu essen. Er fand ein Stück Honigkuchen, einen Apfel und zwei trockene Butterbrote. Er tat alles in eine alte Einkaufstasche. Dann griff er sich den Schal und die Mütze von Meneer Jansen von der Garderobe und öffnete die Haustür. Es war ganz ruhig. Leise zog er die Tür hinter sich zu.

10

Verwirrt lief er hinaus. Ziellos ging er durch die Straßen. Er hatte keine Ahnung, wohin er eigentlich wollte, aber eines wusste er mit Sicherheit: Er musste weg, weg von diesem Haus, weg von diesem Schlafzimmer, weg von diesen toten, starrenden Augen. Er lief und lief und er fühlte weder Hunger noch Kälte. Weder Angst noch Verlassenheit.

Erst als der Regen eiskalt in seinen Kragen tropfte, schaute er erschreckt auf. Wo war er? Was tat er hier? Er war auf der Straße, nach mehr als zwei Jahren war er draußen, einfach draußen. Er atmete tief durch, und es war, als ob die frische Luft seine Betäubung vertriebe. Er war draußen, er, ein Jude! Gehetzt schaute er sich um. Jeder konnte ihn sehen! Wohin sollte er gehen? Zurück konnte er nicht mehr, er hatte die Tür zugezogen! Und Jansen war tot, mit seinen starrenden Augen lag er neben dem Bett; nie wieder würde er zu ihm sagen: »Mach mal auf, hier ist dein Essen!«

Plötzlich trugen ihn seine Beine nicht mehr. Jan suchte Halt an einer Mauer und fühlte ein Fenstersims. Darauf setzte er sich, schwach und zitterig wie er war. Dies war das Ende. Am besten war es, hier einfach sitzen zu bleiben, bis ihn jemand an die Moffen verriet.

Doch schien niemand auf ihn zu achten. Mit hochgezogenen Schultern, gesenkten Köpfen, tief in ihre Kragen geduckt, liefen die Menschen an ihm vorbei. Als er eine Zeit lang so gesessen hatte, konnte er fast nicht mehr die Hand vor Augen sehen. Nur ein bleicher Mond gab ein wenig Licht. Wie spät war es eigentlich? Bestimmt schon Sperrzeit. Es konnte ihm egal sein, vielleicht wurde er nun schnell aufgegriffen.

Träge schaute er nach oben, als ihm Regenwasser ins Genick tropfte; und da sah er, dass er genau unter einer schadhaften Regenrinne saß. Er gab sich einen Ruck. Zitternd lief er weiter, immer weiter. Die weiß gestrichenen Bordsteine waren seine Leitlinie in einer stockdunklen Welt. Der Regen schlug ihm ins Gesicht und der Wind zerrte an seinem Mantel. Er spürte es kaum. Weiter, weiter. Wenn er lief, brauchte er nur einen Fuß vor den andern zu setzen. Wenn er still stand, musste er darüber nachdenken: Was nun, wie weiter?

Erst als er wirklich nicht mehr konnte, ließ er sich wieder fallen. Hier würde er sich ausruhen, nur ganz kurz, und dann weiterlaufen.

Als Erstes nahm er wahr, dass er sich kaum bewegen konnte. Er war steif vor Kälte, nur mit Gewalt konnte er seine Augen offen halten. Dann machte sich der Schmerz in seinem Magen bemerkbar. Langsam tauchten die Erinnerungen wieder auf, aber er ließ sie nicht richtig an sich herankommen. Erst musste er diesen Schmerz loswerden. Mit klammen Händen tastete er nach seiner Tasche und aß dann mit großen Bissen alles auf, was darin war: den Kuchen, die Butterbrote und den Apfel – mit Kernhaus und allem. Der Schmerz in seinem Magen ließ nach und jetzt konnte er sich auch ein bisschen bewegen. Er schaute sich um. Ein kleiner Steg, gerade zwischen zwei Häusern, und er unten auf dem Boden, über sich eine vorstehende Dachrinne, die ihn trocken gehalten hatte. Er fühlte an seinen Kleidern. Sie waren feucht, aber nicht mehr klitschnass.

Stöhnend stand er auf. Sein linkes Bein war eingeschlafen und er bog und streckte es, um den Kreislauf wieder anzukurbeln. Damit brachte er auch seine Gedanken, die sich wie ein Mühlrad in seinem Kopf drehten, wieder in Gang. Wohin sollte er denn nun? Kannte er jemanden, bei dem er anklopfen konnte? Onkel? Tanten? Onkel Sam war nicht mehr da und der Rest der Familie wohnte in Amsterdam. Nachbarn? Er biss die Zähne zusammen. Ihre ganze Straße war abgebrochen worden. Jungen aus der Schule? Er dachte an die Anwesenheitsliste, und so deutlich, als stünde er neben ihm, hörte er die Stimme van Praags: »David Kohn?«

...

»Leo Brillenslijper?«

...

»Izaak Levie?«

...

Ob wohl überhaupt einer übrig geblieben war?

Wie ein Lichtstrahl im Dunkel fiel ihm plötzlich Tante Trees ein. Wenn er es doch nur bis dahin schaffte! Sie würde ihn sofort zu sich nehmen. Dessen war er sicher. Er wusste, wo in Leiden sie wohnte. Früher war er oft dorthin gefahren. Mit seiner Mutter und Hanneke, in der blauen Tram. Er wusste genau, an welcher Haltestelle man ausstieg und wie man dann gehen musste.

Plötzlich hatte er ein Ziel. Er atmete tief durch und fühlte, wie Tatkraft in ihn einströmte.

Und wie kam er nach Leiden? Zu Fuß natürlich, denn in die Tram durfte er nicht. Er sah, wie die Wolkendecke an einer Stelle rot aufglühte, da ging die Sonne auf, dort war also Osten. Nun brauchte er sich nur umzuwenden und es war klar: Da geht's nach Norden.

Jetzt aber, als Jan wusste, was er zu tun hatte, bekam er auch Angst. Die Gleichgültigkeit von gestern Abend war verschwunden und er fühlte die Augen aller Passanten auf sich gerichtet. Gleich würde ihn jemand festhalten und rufen: »Hier ist ein Jude!«

Die Augen zur Erde gerichtet, ging er weiter und sah niemanden an. Erst nach einer ganzen Weile wagte er es, sich vorsichtig umzublicken. Die Straßen sahen trostlos aus. Hie und da war ein Haus eingestürzt und alle Schaufenster waren mit Brettern vernagelt. Es war voll auf der Straße. Vor allen Geschäften standen die Menschen in langen Schlangen. Immer wieder musste er vom Bürgersteig herunter, damit er an ihnen vorbeikonnte.

Jan sah niemanden mit einem Stern, überhaupt niemanden.

Als er eine kleine Gruppe Wehrmachtssoldaten ankommen sah, war sein erster Impuls: Weglaufen! Aber gerade noch rechtzeitig machte er sich klar, dass gerade das sicher auffallen würde. Mit gesenktem Kopf und angehaltenem Atem ging er weiter, genau an ihnen vorbei. Sie schauten ihn nicht einmal an. Es war so schnell gegangen, dass er sich nicht einmal erschrocken hatte. Nur sein Herz schlug ihm bis zum Hals.

Er lief und lief und hoffte, dass die Richtung stimmte. Nirgendwo gab es Schilder. Sollte er es wagen, jemanden nach dem Weg zu fragen?

Er entschied sich für eine Frau, die nicht so frostig und grimmig aussah wie die andern. Sie war gerade stehen geblieben, um ihren Schal enger zu knoten.

»Leiden? Na, junger Mann, das ist noch ein ganzes Ende. Aber du gehst schon richtig. Wenn du immer geradeaus weitergehst, kommst du zum Sportplatz. Dort ist die Endhaltestelle der blauen Tram, aber die wird wohl nicht mehr fahren. Alle Straßenbahnen stehen still.«

Natürlich! Er brauchte nur den Straßenbahnschienen zu folgen. Dann kam er von selbst dorthin. Er bedankte sich bei der Frau und ging weiter, doch auf einmal rief sie ihn zurück und flüsterte ihm hinter vorgehaltener Hand zu: »Da hinten ist eine Kontrolle. Ich wollte es dir nur sagen.«

Wie betäubt blieb er stehen. Die Frau ging weiter. Kontrolle? Das musste Kontrolle der Personalausweise bedeuten. Und er hatte keinen Personalausweis! Als er sechzehn wurde, saß er schon seit zwei Jahren auf dem Dachboden. Seine Eltern hatten natürlich einen. Neulich war er noch zufällig im Schrank auf dem Speicher darauf gestoßen. Zuerst hatte er die Schublade mit einem Knall wieder zugeschoben und sie danach wieder aufgemacht. Er hatte nur eben einen Blick darauf geworfen, aber es war lange genug gewesen, um das Bild tagelang vor sich zu sehen. Ihr Foto, ihr Fingerabdruck und ein dicker schwarzer Stempel: J. Das J von »Jude«.

Nun war er dran! Ohne Personalausweis nahmen sie jeden sofort fest und sie würden schon schnell genug dahinter kommen, dass er ein Jude war. Er ballte die Fäuste. Er wollte nicht aufgegriffen werden. Er musste zu Tante Trees!

Er ging noch einige Meter weiter und sah die Straßensperre und die Grünen, die auf dem Fußweg standen und jeden anhielten. Eine Menschenreihe stand dort, jeder hatte seinen Personalausweis in der Hand.

Er drehte sich um und schlug eine Seitenstraße ein. Hier war es ruhiger. Er ging flott weiter und versuchte dabei, die Richtung einzuhalten. Immer geradeaus, hatte die Frau gesagt. Er bog rechts ab und ein ganzes Stück weiter noch einmal. Er schaute zurück und sah die Sperre. Geschafft! Er war dran vorbei.

Am Ende der langen Straße kam er zum Sportplatz. Den erkannte er. Hier war er oft mit seiner Mutter und Hanneke in die Straßenbahn gestiegen. Er musste schlucken und versuchte an Tante Trees zu denken. Wenn er den Straßenbahnschienen folgte, würde er bei ihr landen. Eine Tram sah er nirgends, aber das fand er nicht schlimm. Er hätte sich doch nicht hineingewagt.

Er lief und lief und bemühte sich, den Schmerz in seinen

Zehen nicht zu beachten. Jetzt erst merkte er, dass ihm seine Schuhe viel zu klein waren. Es schien, als könne er nicht mehr normal gehen. Er humpelte beinahe. Der Schmerz in seinem Magen wurde auch schlimmer. Wie lange lief er nun schon? Es war sicher schon Mittag und er hatte nichts zu essen. Er biss die Zähne zusammen und ballte seine eiskalten Hände in den Hosentaschen.

Weiter, weiter. Am Ende dieser Schienen war Tante Trees, mit Essen, mit Trinken, mit ihren Armen, die sie um ihn schlingen würde. Die Tränen schossen ihm in die Augen und er wischte sie wütend ab. Ein Junge von sechzehn Jahren heulte nicht, wenn er an die Arme seiner Tante dachte!

Er war jetzt fast am Stadtrand angelangt. Die Häuser standen hier weniger dicht und ab und zu war da ein kahles Grasfeld oder ein kleines Gehölz am Weg. Auf einem Mäuerchen ruhte er ein paar Minuten aus und fühlte, wie müde er war. Seine Zehen pochten in den Schuhen, sein Magen zog sich zusammen und er musste sich Mühe geben, um aufrecht sitzen zu bleiben. Er hatte ein Gefühl, als könnte er jeden Augenblick von der Mauer herunterfallen.

Doch er riss sich wieder zusammen. Er war zu ruhelos, um lange sitzen zu bleiben. Das Gehen war jetzt mühsamer, geradezu als wären seine Muskeln durch das Ausruhen steif geworden. Er schaute sich nicht mehr um, das Einzige, worauf er achtete, waren die Straßenbahnschienen, denen er folgen musste. Humpelnd und strauchelnd ging er weiter. Niemand sprach ihn an, niemand achtete auf ihn.

Nach sehr langer Zeit begriff er, dass er anhalten musste. So konnte er einfach nicht weitermachen. Er schaute um sich. Diese Straße hatte nur an einer Seite Häuser. Große, frei stehende Häuser mit weitläufigen Gärten drumherum. An der andern Straßenseite, hinter den Straßenbahnschienen, lagen

Äcker und darauf ganz hinten zwei Häuser. Offenbar Bauernhöfe. Das bedeutete, dass er endlich die Stadt hinter sich gelassen hatte. Er versuchte, sich an die Ortschaften zwischen Den Haag und Leiden zu erinnern. Früher, mit der Straßenbahn, war er häufig dran vorbeigekommen. Voorburg, Leidschendam, Voorschoten. Dies war vielleicht schon Voorschoten. Dann wäre er schon ganz schön nahe bei Leiden. Wenn er heute Nacht irgendwo schlafen könnte, würde er morgen das letzte Stück schaffen.

Sollte er es wagen, zu den beiden Höfen zu laufen und nach Unterkunft und Essen zu fragen? Wie ein Landstreicher, dachte er dumpf. Ich bin einfach ein Landstreicher geworden. Wer hätte das je gedacht? Er zögerte am Anfang des kleinen Weges, der zu den Häusern dort hinten führte. Der Weg war blau geklinkert. Das weiße Haus hatte ein rotes Ziegeldach. Vor dem andern Haus stand ein grünes Gartenhäuschen. Menschen waren nicht zu sehen. Alles sah ruhig und friedlich aus. Sollte er es wagen?

Plötzlich hielt ein Lastwagen hinter ihm. Er hatte so angespannt umhergeschaut, dass er gar nicht gemerkt hatte, wie ein deutscher Lastwagen langsam herangefahren kam. Der Chauffeur sah sich suchend um.

Er fuhr fast vor Schreck in die Höhe, als er knirschende Bremsen hinter sich hörte und dann die Stimme eines Deutschen: »Du, Bub? Wo ist die Rode Laan?«

Das Blut wich aus Jans Gesicht und er hatte das Gefühl, im nächsten Moment ohnmächtig zu werden. Er machte seinen Mund auf und versuchte etwas zu sagen, aber die Worte blieben ihm im Hals stecken.

»Na, gib Antwort, du? Weißt du es oder nicht?«

Jan schüttelte den Kopf. »Nein«, brachte er heraus.

Der Moff knurrte.

»Na also! Nie wissen die Scheißholländer etwas.« Er knallte

das Fenster zu. Der Motor heulte auf und der Wagen fuhr weiter.

Jan zitterte von oben bis unten und sein Herz hämmerte ihm in der Brust. Er blickte um sich. Er musste sich verstecken, schnell, bevor dieser Moff zurückkam und nach seinem Personalausweis fragte.

Ein paar Meter hinter ihm war ein Haus mit einer großen Scheune daneben. Ohne nachzudenken rannte er zur Scheune und riss die Tür auf. Es war dämmerig darin, aber er konnte Fahrräder, einen Handwagen, eine Schubkarre, Gartengeräte erkennen und auch eine Leiter, die nach oben auf einen offenen Speicher führte. Mit ein paar Schritten war er oben. Hier konnte er fast nichts sehen. Vorsichtig tastend fand er eine Ecke und hockte sich keuchend hin. Sein Herz hämmerte noch immer, als wolle es zerspringen.

Er bemühte sich, sein Keuchen zu bezwingen. Hörte er da wieder einen Lastwagen? Kam da jemand zur Scheune? Er kroch in sich zusammen und drückte sich tiefer in den Winkel.

Nichts geschah. Es blieb still und niemand riss die Tür auf, um ihn herunterzuzerren. Totenstill blieb er sitzen, für sein Gefühl wohl eine Stunde lang. Dann erst wagte er es, tief Luft zu holen und seine Beine auszustrecken.

Er fühlte nach seiner Tasche, die er hatte fallen lassen. Er schob die Hände über den Bretterboden und schrie auf, als ihm etwas Scharfes in die Hand schnitt. Erschrocken hielt er wieder den Atem an, doch es blieb still.

Er leckte an seiner Hand und erkannte den lauwarmen Geschmack von Blut. Er band sein Taschentuch um die Wunde und verbiss sich den Schmerz. Es gab jetzt wichtigere Dinge.

Einmal an die Dunkelheit gewöhnt, sah er, dass er sich auf einem völlig kahlen Speicher befand. Schon wieder ein Speicher, dachte er. Ein Fenster gab es nicht, aber es kam etwas

Licht durch die Ritzen zwischen den Dachziegeln. Er sah, woran er sich die Hand aufgeschnitten hatte. Ein krummer Nagel stach spitz aus einem Bodenbrett heraus. Daneben lag seine Tasche. Und etwas weiter ein kleines, rundes Ding. Eine Zeit lang schaute er es nur an und kam schließlich zu dem Ergebnis, dass es eine Kartoffel war. Er musste sich ausstrecken, um sie zu erreichen, und rieb sie dann an seiner Hose sauber. Die eine Seite war weich, wahrscheinlich war sie halb verrottet. Jan musste würgen und er legte die Kartoffel wieder hin. Dafür war sein Hunger nicht groß genug.

Nach einiger Zeit verschwand das Licht zwischen den Dachziegeln. Dann musste es so etwa fünf Uhr sein, schätzte er. Sollte er hier bleiben? Aber wie sollte er morgen weiter? Der Schreck saß ihm noch in den Gliedern und die Angst im Herzen. Die Angst, die er tagsüber etwas verloren hatte, weil eigentlich alles sehr gut gegangen war. Er, ein »sternloser« Jude, ging einfach auf der Straße und niemand tat ihm etwas. Er hatte gedacht, dass er auf diese Art wohl bis nach Leiden weiterlaufen könnte, direkt zu Tante Trees. Jetzt war er sich dessen nicht mehr so sicher. Jeden Augenblick konnte jemand entdecken, dass er keinen Personalausweis hatte und dass er Jude war. Welche Strafe stand auch wieder darauf, wenn man ohne Stern herumlief?

»Sechs Monate Gefängnis und eintausend Gulden Buße.« Er hörte es seinen Vater noch sagen.

Jan zitterte und schob den Gedanken an seinen Vater von sich. Jeder Gedanke an früher machte ihn weich und brachte ihn den Tränen nahe. Und er wusste, wenn er einmal anfing zu weinen, würde er nicht wieder aufhören können. Es war viel einfacher, alles, was mit früher zusammenhing, wegzuschieben und nur an die Gegenwart und an die Zukunft zu denken. Irgendwann, irgendwann würde die Befreiung kommen und sie würden wieder alle zusammen sein. Denn er würde seine Eltern wieder finden, auch wenn er ganz Holland dazu absuchen müsste. Und da dachte er schon wieder an seine Eltern. Gewaltsam kniff er sich in die verwundete Hand. Das half. Der Schmerz wurde so heftig, dass ihm davon jeder Gedanke verging.

Mühsam zog er seine Jacke aus und legte sich vorsichtig hin. Mit der gesunden Hand langte er nach der Tasche und schob sie sich unter den Kopf. Er zog die Jacke über sich und legte die verletzte Hand auf den Bauch. Er fiel in einen unruhigen Schlaf, aus dem er immer wieder hochschrak von allerlei Geräuschen in der Scheune. Mäuse? Ratten? Gepiepe, Geklappere. Ein wackeliges Fenster? Auch der Hunger ließ ihm keine Ruhe. Als es so schlimm wurde, dass er an nichts anderes mehr denken konnte als an den Krampf in seinem Magen, langte er nach der Kartoffel und aß sie auf. Zuerst das verfaulte Ende, es war süß und weich. Er würgte wieder, schluckte es aber herunter. Der rohe Teil schmeckte nicht einmal so schlecht, auch wenn ihm der Sand zwischen den Zähnen knirschte. Er saugte die Mantelärmel aus, die noch klamm vom Regen waren, um Feuchtigkeit zu bekommen. Danach fühlte er sich etwas besser, obwohl er immer noch bei jedem unerwarteten Geräusch in die Höhe schoss.

Erst in den frühen Morgenstunden, als er die englischen Bomber zurückkehren hörte, wurde er ruhig. Das war ein vertrautes Geräusch.

Er wurde wach durch Stimmen von unten.

»Nimmst du die Schubkarre, Piet?«

»Hast du die andere Säge hier oder drinnen?«

Totenstill, mit klopfendem Herzen, blieb er liegen. Schritte, das quietschende Rad einer Schubkarre und eine zuschlagende Tür.

Graues Licht fiel durch die Dachziegel. Es musste schon beinahe Morgen sein. Er fühlte sich wie gerädert, warm und verschwitzt. Dies war die zweite Nacht, in der er kaum geschlafen hatte. Schmerz hämmerte ihm im Kopf und er fühlte ein Stechen in der Hand, dort wo die Wunde war.

Er kniete sich hin, um durch die Ritzen zwischen den Dachziegeln zu spähen, aber er sah nur ein Stückchen bleigrauen Himmel. Von draußen hörte er das Geräusch einer Säge und Männerstimmen.

»Wo willst du das Holz nachher lassen?«

»Einfach auf dem Scheunenboden. Da ist Platz genug.«

Jan sprang so schnell auf, dass er mit seinem Kopf an die Dachziegel stieß. Er merkte es nicht einmal. Er musste fort! Ganz schnell fort!

Er ließ sich an der Leiter entlang nach unten gleiten und spähte durch den Spalt der Scheunentür. Zwei Männer standen mit dem Rücken zu ihm und zersägten einen Baumstamm. Er stieß die Tür etwas weiter auf und berechnete seine Chancen. Wenn er ohne Geräusch aus der Scheune kam und zu den Sträuchern da hinten rannte, war er sicher. Sollte er es schnell tun oder eher langsam, auf Zehenspitzen? Er entschied sich für das Erste, stieß die Tür auf und rannte um sein Leben. Keuchend hockte er sich hinter die Sträucher. Die Männer sägten ruhig weiter.

Nun konnte er von da aus auf den Weg kommen. Er richtete sich auf und entdeckte zu seinem Schreck, dass er seinen Mantel und seine Tasche vergessen hatte. Aber er konnte nicht mehr zurück. Die Männer luden jetzt die Holzblöcke in den Schubkarren. Verzweifelt drehte er sich um. Dann also ohne Mantel. Aber der Schmuck!

Von weitem näherten sich Lastwagen. Blitzschnell erwog er die Möglichkeiten. Zurück in die Scheune konnte er nicht, am Weg bleiben gleichfalls nicht. Es blieb ihm nur eine Richtung: quer über den Acker zu den Höfen, die er gestern gesehen hatte. Beim linken Haus sah er Bäume und ein paar Schuppen. Wenn er dahin gelangte, war er aus dem Gesichtsfeld der Moffenautos und auch aus dem der sägenden Männer.

Er atmete tief durch und rannte durch niedrige Gewächse, die an seiner Hose scheuerten und die knackten, wenn er darauf trat.

Erst bei den Bäumen schaute er zurück. Die Männer sägten noch immer an ihrem Baumstamm. Der Lastwagenkonvoi fuhr langsam vorbei.

Ganz in der Nähe schlug eine Tür ins Schloss. Wenig später sah er eine Frauengestalt den quietschenden Schwengel einer Pumpe bewegen. Keuchend versuchte er nachzudenken. Es war viel zu offen hier. Er konnte jeden Augenblick entdeckt werden. Und wenn es heller wurde, war er sogar von der Straße aus zu sehen. Wenn er es schaffte, dort hinter den Schuppen zu kommen, war er etwas sicherer. Mit angehaltenem Atem rannte er dorthin und drückte sich gegen die Holzwand. Und auf einmal war da eine Stimme: »Wer ist da?«

Weil die Gedanken sich in seinem Kopf überschlugen, setzte Jan sich auf. Mit dem Kopf auf den Knien dachte er wieder an die Stimme. Emmas sanfte Stimme, die ihm sofort Vertrauen eingeflößt hatte, an die er sich aber nicht zu sehr klammern durfte. Er konnte hier nicht bleiben. Emma hatte kleine Brüder, die ihren Mund nicht halten konnten. Und ihre Eltern würden auch keinen Juden in ihrem Schuppen haben wollen. Sie würden in ein Konzentrationslager geschickt werden, wenn er entdeckt wurde. Das hatte Jansen in der Zeitung gelesen.

Jan presste die Lippen zusammen und versuchte aufzustehen. Er durfte diese Menschen nicht in Gefahr bringen. Er stöhnte, als er sich auf die verletzte Hand stützte. Es ging nicht. Er war zu krank und zu schwindelig, um überhaupt nur hochzukommen. Vielleicht sollte er lieber erst einmal ausruhen. Dann würde er morgen oder übermorgen weiter nach Leiden gehen können.

11

Als ihr Vater das Stroh in seine Holzschuhe getan hatte und zur Tür heraus war, schaute Emma ihm nach. Sie sah, wie er zu den Schuppen hinten auf dem Grundstück ging, aber erst als er im Tischlerschuppen verschwand, wendete sie sich vom Fenster weg. Sie dachte kurz nach. Sollte sie erst zum Schuppen gehen oder erst Korn mahlen? In der Küche nahm sie die Kornmühle vom Bord, besann sich dann aber anders. Erst mal schnell der Junge. Er hatte vorhin so erschrocken ausgesehen.

Er lag mit seinem Kopf unter den Decken, aber er schlief nicht. Als sie die Tür aufmachte, schoss er hoch: »Muss ich weg?« Emma sah die Angst in seinen Augen und auch in seinem Körper, der sich wie eine Saite spannte.

»Nein, du«, sagte sie, obwohl sie das gar nicht sagen wollte. »Ich will nur eben sehen, wie es dir geht!«

Jan ließ sich ins Stroh zurückfallen.

»Gut.« Seine Stimme klang müde.

Sie legte ihm die Hand auf die Stirn und fühlte die Hitze.

»Du hast immer noch Fieber.«

Der Junge stieß ihre Hand weg und sagte barsch: »Wenn ich noch ein bisschen schlafen kann, ist es morgen vorbei. Dann kann ich weiter. Ich muss zu Tante Trees.«

Er kam wieder hoch und schaute sie durchdringend an. »Ich muss, hörst du? Ich muss zu Tante Trees!«

Seine Augen glänzten und Schweißtropfen perlten ihm von der Stirn.

»Ruhig, nur ruhig«, sagte Emma. »Du musst erst gesund werden. Dann kannst du weiter. Schlaf nur wieder!«

Sie zog die Decke höher hinauf und stopfte sie rund um seine Schultern fest. Die Augen fielen ihm schon wieder zu.

Emma ging in die Küche zurück und schaufelte Körner aus einem Jutebeutel in die Getreidemühle. Sie drehte die Kurbel, aber ihre Gedanken blieben bei dem Jungen im Schuppen.

Warum sagte sie immer etwas anderes zu ihm, als sie eigentlich vorhatte? Sie wollte ihn überhaupt nicht hier behalten, sie wollte, dass er so schnell wie möglich fortging. Aber jedes Mal, wenn sie bei ihm war, beruhigte sie ihn und tat, als wäre es kein Problem, dass er in ihrem Schuppen lag. Warum nur, in Gottes Namen? Als ob sie nicht genug Sorgen am Hals hätte. War es, weil er noch ein Kind war? Obwohl – sechzehn, das konnte man doch nicht mehr Kind nennen. Aber er war so schmal und so … so …, sie suchte das richtige Wort, so … schutzlos. Das war es. Er sah aus wie ein verletzbares, ängstliches Kind. Genauso wirkte Tim, wenn eine V2 herüberkam. Er horchte dann mit weit geöffneten Augen auf das donnernde Gebrüll und wartete bebend darauf, dass es wieder nachließ. Wenn das Geräusch nicht verebbte, sondern plötzlich abbrach, warf er sich nieder. Diese fliegenden Bomben, die von den Deutschen nach England geschickt wurden, zogen immer häufiger über ihr Haus hinweg, und sie alle fanden es unheimlich, aber Tim hatte die meiste Angst und dann sah er genauso aus wie der Junge im Schuppen, wie … Jan.

Emma drehte die Kurbel der Getreidemühle ein paar Mal besonders kräftig und sah die Körner zwischen den Zahnrädern verschwinden. Sie schüttete das Mehl in eine Schüssel und tat wieder Korn in die Mühle.

Zwei Jahre lang war er nicht draußen gewesen, hatte er gesagt. Zwei Jahre lang bei einem alten Mann auf dem Dachboden. Emma versuchte es sich vorzustellen, aber es gelang ihr nicht. Sie würde so etwas nicht einmal eine Woche lang aushalten.

Jan Diek. War das eigentlich ein jüdischer Name? Was wusste sie eigentlich von Juden? Näher kannte sie kaum einen, nur ihren früheren Schuhmacher, den ihr Vater den »Judenmann« nannte, und Meneer Jacobs, einen freundlichen alten Mann, der jeden Freitag Gemüse bei ihnen holte und dann ein Schwätzchen mit ihr hielt.

Als er zum ersten Mal einen Stern trug, hatte Emma ihre Mutter gefragt, was das zu bedeuten hätte. Ihre Mutter hatte ihr von den Maßnahmen gegen die Juden erzählt.

»Aber warum?«, hatte Emma bestürzt gefragt. »So ein lieber alter Mann. Der tut doch niemandem etwas Böses!«

»Ich weiß es auch nicht, Kind, aber Hitler hasst die Juden. Wahrscheinlich hat er Angst vor ihnen. Hass und Angst gehen oft zusammen.«

Seit der Zeit war ihr immer ein Stich durchs Herz gegangen, wenn sie von neuen Maßnahmen gegen die Juden hörte. Armer Meneer Jacobs. Eines Tages war ihr klar geworden, dass er schon seit Wochen nicht mehr da gewesen war. Sie grübelte ein paar Tage darüber nach und vergaß es dann. Es gab so viel, worauf sie zu achten hatte, und wie gut hatte sie Meneer Jacobs eigentlich gekannt?

Aber die dunklen Augen des Jungen ließen sie an ihn denken und vielleicht war er ihr deshalb gleich so vertraut gewesen. Noch einmal drehte sie die Kurbel besonders kräftig. Lächerlich. Sie kannte den Jungen kaum einen Tag.

Sie grübelte weiter. Irgendetwas musste geschehen. Sie konnte ihn nicht auf die Straße setzen, so viel war klar. Der Junge war krank. Ihrem Vater konnte sie es nicht erzählen. Das war auch klar. Sie wusste, dass er es nicht gutheißen würde. Nicht, dass er kein Mitleid mit dem Jungen haben würde, aber er fand gewiss, dass er in diesen Zeiten genug an seinen eigenen Sorgen hatte.

Die beiden Jungen durften es natürlich überhaupt nicht wissen. Mart würde es so spannend finden, dass er seinen Mund nicht halten könnte. Es war ohnehin sehr anstrengend mit ihm in der letzten Zeit. Verquer, grob und unwillig. An Mart hatte sie keine Stütze. An Tim schon, aber der war schließlich noch ein Kind.

Wie konnte sie Jan vor ihnen allen versteckt halten?

Irgendwo anders als im Schuppen konnte er nicht liegen. Nicht im Haus und nicht in einem der größeren Schuppen hinten auf dem Grundstück. Was konnte sie sich nur ausdenken, um Klaas, ihren Vater und die beiden Jungen von dem Schuppen fern zu halten? Sie hatten da zwar nicht viel zu suchen, aber das Fahrrad ihres Vaters stand darin, Brennholz lagerte dort, und manchmal benutzten die Jungen ihn als Spielhütte.

Sie könnte ihn abschließen und den Schlüssel bei sich tragen. Das würden sie merkwürdig finden, aber dafür konnte sie sich etwas ausdenken. Dass immer mehr gestohlen wurde, zum Beispiel. Und wenn sie nun eine Ecke für den Jungen abschirmte, sah man ihn wenigstens nicht sofort. Sie könnte die Mangel quer hinstellen und daneben die Waschwannen und die Eimer.

Sie ging ins Wohnzimmer, um zu sehen, wie spät es war. Zwei Uhr. In einer Stunde würden die Jungen aus der Schule kommen. Sie blickte aus dem Fenster und sah, dass der Weg zum Tischlerschuppen leer war. Wenn sie es nun sofort tat, würde sie vielleicht etwas ruhiger wreden. Ihre Hände zitterten immer noch.

Auf dem Kaminsims stand ein Becher mit Krimskrams. Dort fand sie drei alte Schlüssel. Einer von ihnen passte tatsächlich in die Schuppentür. Sie blickte sich um und schlüpfte hinein. Der Junge schoss in die Höhe.

»Nur ruhig«, sagte sie zum soundsovielten Mal. »Ich bin's.« Sie erklärte ihm ihren Plan. »Ich unternehme nur einen kleinen Umzug mit dir. Siehst du, so!«

Sie stieß und schob die Wäschemangel, bis sie quer zur Wand stand. Dann holte sie die Eimer und die Waschwannen aus der Ecke dahinter und machte einen Raum von etwa einem Meter Breite und zwei Meter Länge frei.

Mit großen Augen schaute der Junge zu.

»Meinst du, dass du kurz stehen kannst?«

Jan nickte, suchte aber Halt an der Wand, als er es probierte. Sie schob eine leere Auktionskiste in seine Richtung. »Setz dich mal da drauf!«

Emma nahm etwas Stroh und breitete es hinter der Mangel aus.

»Eigentlich müsstest du etwas weicher liegen«, murmelte sie. »Das Stroh ist viel zu hart.« Sie ging aus dem Schuppen und kam mit einem großen Stück Stoff zurück, das sie auf dem Stroh ausbreitete.

»Eine alte Gardine«, erklärte sie. »Noch von meiner Oma.«

Sie holte auch das Kissen und die Steppdecke und wies auf das Bett: »Du kannst dich wieder hinlegen!«

Als der Junge sich an ihr vorbeischob, sah sie feuchte Flecken auf seiner Kleidung. »Aber du bist ja ganz nass!«

»Gestern hat es ziemlich geregnet«, sagte Jan und zog die Decke über sich.

»Aber so wirst du noch kränker! Ich hol dir andere Kleider.«

Noch einmal ging Emma hinein und wühlte im Kleiderschrank auf dem Flur. Der Junge war etwas größer als Mart, aber seine Unterwäsche würde ihm schon passen. Und dieser alte Pyjama von ihrem Vater, der in der Wäsche eingelaufen war, würde es auch tun. Und ein paar Socken von ihr selbst.

»Zieh das hier mal an«, sagte sie und legte den Stapel neben ihn. »Ich komm nachher und hol deine Kleider, die trockne ich dann schon drinnen auf dem Boden.«

»Lass die Finger von meinen Kleidern!«

Erstaunt schaute Emma ihn an.

»Nimm's mir nicht übel«, stotterte Jan. »Ich mein nur, dass ich sie lieber hier behalte. Können sie nicht hier trocknen?«

»Es ist hier ziemlich feucht.«

Er ist doch ein bisschen merkwürdig, dachte sie. Er fällt von einer Stimmung in die andere.

»Emma? Wo bist du?«

Sie schrak auf. Die beiden Jungen!

Schnell lief sie aus dem Schuppen und schloss die Tür hinter sich ab. Den Schlüssel ließ sie in ihre Schürzentasche gleiten.

»Oh, bist du da?«

Tim kam auf sie zugelaufen. Sie zog ihn kurz an sich. »Wie war's in der Schule?«

»Och, ganz gut. Wir haben jetzt Bruchrechnen, aber ich kapier überhaupt nichts.«

»Das fand ich auch immer schwierig«, tröstete Emma ihn geistesabwesend. Sie blickte sich um. »Wo ist Mart?«

»Drinnen. Er hatte solchen Hunger. Er wollte sehen, ob noch etwas zu essen da ist.«

Emma seufzte. Immer dasselbe. Mart dachte nur ans Essen. Es kam schließlich noch so weit, dass sie alle Schränke abschließen musste.

In der Küche war Mart dabei, alle Schränke zu plündern. »Hast du noch was zu spachteln, Em? Ich komm um vor Hunger!«

Emma ging in den Keller und holte zwei gekochte Kartoffeln aus einer Schüssel.

»Hier, für jeden von euch eine. Aber mehr bekommt ihr nicht. Erst beim Essen wieder.«

»Aber Tims Kartoffel ist größer!«, zeigte Mart empört.

Wieder seufzte Emma. »Unsinn. Sie sind genau gleich groß.«

Mart zuckte mit den Schultern und aß die Kartoffel in großen Bissen auf. Tim knabberte vorsichtig an seiner.

»Mart, Pa bittet, dass du ihm im Tischlerschuppen hilfst. Sie reparieren die Glasscheiben für die Frühbeete.«

»Und warum muss ich das immer machen? Tim braucht nie etwas zu tun!«

»Tim hilft mir hier im Haus. Er muss Weizen mahlen und Rosenkohl putzen.«

»Mädchenarbeit!«, sagte Mart geringschätzig. »Ich geh lieber in den Garten.« Damit zog er ab.

»Tim, mahlst du diesen Weizen weiter? Ich muss heute Brot backen.«

Emma nahm sich ihren Flickkorb und zog ein Paar verschlissene Socken heraus. Sie schaute die großen Löcher an und seufzte. Wie sollte sie die stopfen, ohne den Rest ihrer Stopfwolle zu verbrauchen? Seit Monaten war keine Wolle mehr zu bekommen.

Gewaltsam zwang sie ihre Gedanken in eine andere Richtung.

»Erzähl ein bisschen vom Bruchrechnen, Tim! Ihr habt also heute damit angefangen?«

Emma stand über den Herd gebeugt und stach mit einer Stricknadel ins Brot, um zu sehen, ob es schon gut war. Nun, wo die Moffen das Gas gesperrt hatten, mussten sie auf einem altmodischen Herd kochen, den ihr Vater glücklicherweise noch stehen hatte. Sie heizte mit Kohlen oder Holz und backte das Brot. Dazu tat sie es in einen Topf, den sie in eine der Kochöffnungen übers Feuer hängte. Das dauerte viel länger als auf Gas und außerdem musste sie daneben stehen bleiben, um das Feuer zu regulieren und aufzupassen, dass nichts anbrannte.

Es war still im Haus. Die Jungen waren schon im Bett. Ihr Vater faltete gähnend die Zeitung zusammen. »Na, ich schau noch mal eben nach draußen und dann kriech ich auch in die Falle.«

Er stand auf und reckte sich. Emma hörte, wie er in der Wirtschaftskammer seinen Mantel nahm und in die Holzschuhe fuhr. Ihr Vater ging jeden Abend noch mal eben nach draußen, um »nach dem Wetter zu sehen«, wie er das nannte. Sie blieb ruhig am Herd stehen, weil sie wusste, dass er im Schuppen nichts zu tun hatte. Nach ein paar Minuten kam er wieder rein. Siehst du wohl, er hatte nichts gemerkt.

»Sag mal, Em, die Schuppentür ist abgeschlossen. Weißt du das?«

Das Blut schoss ihr in den Kopf. Sie beugte sich tiefer über den Topf: »Klaas sagte, es würde immer mehr gestohlen. Letzte Nacht ist wieder jemand am Rosenkohl gewesen. Ich hatte Angst um dein Fahrrad und das Brennholz.«

»Ja, vielleicht ist es besser. Wo hast du den Schlüssel?«

Emma drehte sich um: »Musst du noch in den Schuppen? Jetzt im Dunkeln?«

»Ich muss noch Holz reinholen. Es ist so nass draußen. Im Schuppen trocknet es nicht genug.«

Das Herz schlug ihr bis zum Hals.

»Geh du nur ins Bett. Ich mach es gleich. Ich muss doch warten, bis das Brot gut ist.«

»Das ist keine Arbeit für dich. Die Kloben sind groß und schwer. Und einige wollte ich noch gleich hacken. Dann hast du morgen Kleinholz zum Feueranmachen.« Er streckte seine Hand aus. »Gib mir mal den Schlüssel!«

Emma kramte in ihrer Schürzentasche. »Hier hab ich ihn.«

Sie lief ihm voraus zum Schuppen. Es regnete heftig. Würde Jan sie kommen hören? Sie steckte den Schlüssel ins Schloss und sagte laut über die Schulter: »Was für ein Wetter, Pa, was?«

Quietschend ging die Tür auf. Totenstill war es im Schuppen.

Der Vater gab ihr die Taschenlampe: »Leuchte du mir mal! Ich seh keinen Schritt weit!«

Das Licht flackerte in Emmas zitternder Hand. Aus den Augenwinkeln schaute sie zur Ecke hinter der Wäschemangel. Es war zu dunkel, um etwas unterscheiden zu können. Ihr Vater suchte einige Kloben Holz zusammen und brachte sie nach drinnen.

»Keine Sorge, Jan. Wir sind gleich wieder weg«, flüsterte Emma. Keine Antwort. Es war totentill. Sie hörte ihn nicht einmal atmen.

Ihr Vater kam zurück und nahm noch einmal einen Arm voll Holz.

»Nun ist es wohl genug. Hacken will ich es im Wirtschaftsraum. Da sehe ich mehr.«

Emma seufzte vor Erleichterung auf und folgte ihrem Vater aus dem Schuppen. Als sie bei der Tür waren, erklang ein unterdrücktes Niesen. Emma erstarrte.

Ihr Vater stand mit einem Ruck still: »Gott im Himmel! Was ist das?«

Er ließ das Holz fallen und riss ihr die Taschenlampe aus der Hand. In drei Schritten war er in der Ecke hinter der Mangel.

»Was haben wir denn da?«, rief er aus. »Wer bist du?«

Emma kam in Bewegung und lief hastig zu ihrem Vater. Im flackernden Licht sah sie, wie Jan seine verbundene Hand abwehrend hochhielt. Seine Augen glänzten groß und ängstlich. Er sagte nichts.

»Wer bist du?«, fragte ihr Vater noch einmal. »Und was machst du in unserem Schuppen?«

»Pa, ich kann alles erklären.«

»Du kannst es erklären? Das möchte ich dann mal gern hören. Was ist das für ein Bursche?«

»Er kam heute Morgen hier an. Er musste sich verstecken. Er ist krank, Pa!«

»Also du wusstest, dass dieser Junge hier lag! Und warum wusste ich nichts davon?!« Emma hörte ihm an, dass er wütend war.

»Ich wagte nicht, es dir zu erzählen. Ich dachte, du hast schon genug Sorgen. Es ist nur für ein paar Tage. Wenn er gesund ist, geht er zu seiner Tante nach Leiden.«

Ihr Vater blickte sie an. Blitze schossen aus seinen Augen. »Und das beschließt du so einfach allein?«

Nun machte Jan seinen Mund auf: »Sie kann nichts dafür, Meneer. Es ist meine Schuld. Ich wusste nicht, wohin. Ich gehe morgen wieder weiter, Meneer, wirklich!«

Ihr Vater ließ das Licht voll auf Jans Gesicht scheinen. »Warum musst du dich verstecken? Du hast doch nichts mit dem illegalen Widerstand zu tun, was?« Er schaute prüfend: »Nein, dazu bist du noch zu jung.«

»Er ist ein Jude, Pa!«

»Gott im Himmel!« Ihr Vater schwieg verblüfft und vergaß den Dynamo der Taschenlampe zu drücken. Im plötzlichen Dunkel hielt Emma den Atem an. Ein paar Sekunden war es totenstill. Nur der Regen trommelte aufs Dach.

»Ich will damit nichts zu tun haben, Emma. Es ist lebensgefährlich, jemanden aufzunehmen. Die Moffen schicken mich auf der Stelle ins Lager, wenn sie ihn hier finden. Du wirst für dich selbst sorgen müssen, mein Freund. Das müssen wir alle in dieser Zeit. Los, steh auf, raus aus meinem Schuppen und ab!«

»Nein!«, schrie Emma. »Er ist krank!«

Ihr Vater zögerte. »Krank? Was hat er denn?«

»Er hat eine große Wunde an der Hand und er hat hohes Fieber. Er kann kaum auf seinen Beinen stehen.«

»Jeder fühlt sich elend in dieser Zeit, Emma. Los, steh auf!«

Langsam kam Jan hoch. Er kniete sich hin und stand stöhnend auf. Emma griff zu, als er wankte, aber ihr Vater war schneller. Er fing Jan auf, der ohne einen Laut vornüberschlug. Ungeschickt legte er ihn aufs Stroh zurück. Emma legte die Decke wieder über ihn und schaute ihren Vater an: »Glaubst du es jetzt?«

»Gott im Himmel«, sagte ihr Vater zum dritten Mal. Er kratzte sich unter der Mütze und sah hilflos auf Jan herunter.

»Hat er denn was gegessen?«

»Heute Morgen hab ich ihm etwas Brot gebracht und heute Mittag einen Teller warmes Essen.«

»Hör gut zu, Emma! Sorg dafür, dass der Junge so schnell wie möglich wieder gesund wird. Gib ihm ordentlich zu essen, umso eher ist er wieder auf den Beinen. Mehr können wir nicht für ihn tun. Wenn er gesund ist, muss er weg. So schnell wie möglich. Verstanden?«

Emma nickte und stopfte die Decke um Jan fest, der seine Augen wieder aufschlug und sich umsah, als ob er im Moment nicht mehr wusste, wo er war.

»Du darfst bleiben«, nickte Emma ihm zu. »Bis du gesund bist.«

Jan versuchte ihren Vater anzulächeln. »Vielen Dank, Meneer!«

Ihr Vater drehte sich um und ging mit großen Schritten aus dem Schuppen.

Als Emma hereinkam, war er dabei, einen Holzblock zu

spalten. Mit kräftigen Schlägen trieb er mit dem Hammer einen Schraubenzieher ins Holz.

Emma schnupperte. Ihr Brot! Sie packte den Topf und drehte ihn in einem Zuge auf der Anrichte um. Mit einem Plop fiel das Brot heraus. Es war nur ein klein wenig angebrannt. Sie schnitt eine Scheibe ab und brachte sie ihrem Vater.

»Warmes Brot, Pa!«

Ihr Vater aß es und arbeitete weiter an seinem Holzblock. Emma blieb neben ihm stehen.

Ohne sie anzuschauen sagte er: »Ich tu es doch nur für euch! Was ist, wenn sie mich festnehmen?«

Emma nickte. Sie verstand seine Angst.

»Dein Brot ist gut«, sagte ihr Vater, und mit einer Kopfbewegung zum Schuppen: »Bring dem Jungen auch was!«

12

Emma schlug die Augen auf. Sie hatte geträumt, dass geschossen wurde, auf sie und Jan. Sie rieb sich die Augen. Das Schießen klang ihr noch immer in den Ohren, schaurig echt. Plötzlich setzte sie sich aufrecht hin. Es war echt. Draußen auf der Straße wurde geschossen.

Sie sprang aus dem Bett, schlüpfte in ihre verschlissenen Pantoffeln und griff nach einer Wolljacke. In drei Sprüngen war sie die Treppe herunter.

Ihr Vater stand an der offenen Hintertür und beobachtete die Straße. Nichts war zu sehen. Es war noch dunkel und ein leichter Nebel hing in der Luft. Emma schauderte in der eiskalten Morgenluft. Sie zog die Wolljacke und einen Mantel an und stellte sich zu ihrem Vater in die Tür. Beißend kroch die Kälte an ihren bloßen Beinen unter ihrem Nachthemd hoch.

»Was ist da los?«

»Ich weiß es nicht. Es wird überall geschossen und anscheinend fährt ein Lautsprecherwagen herum.«

Emma lauschte angespannt. Ihr Vater hatte Recht. Es wurde etwas ausgerufen. Immer wieder. Einmal klang es weit weg, dann wieder ganz nah, aber immer so weit entfernt, dass es nicht zu verstehen war. Und zwischendurch das trockene Knallen von Gewehrfeuer und ein paar Mal das Rattern eines Maschinengewehrs.

Sie schauten und horchten weiter, hatten aber keine Ahnung, was da los sein könnte. Die beiden Jungen waren auch wach geworden und spähten und lauschten mit ihnen.

»Die Befreiung!«, sagte Mart. »Die Alliierten sind da!«

»Quatsch!«, sagte der Vater. »Die stecken noch in Brabant. Nein, es ist irgendwas anderes und bestimmt nichts Gutes.« Er fuhr sich durch die Haare, bis sie ihm nach allen Seiten vom Kopf abstanden.

»Ich geh mal eben nach nebenan. Vielleicht weiß de Graaf, was da los ist.«

Er überquerte den Vorplatz und kam nach wenigen Minuten zurück. Er schüttelte den Kopf: »De Graaf weiß auch nichts.«

Das wunderte Emma nicht. Das Ehepaar de Graaf, das mit der alten Mutter im Nachbarhaus wohnte, wusste nie etwas. Es war, als ginge der Krieg an ihnen vorbei. De Graaf arbeitete wie immer auf dem Feld und in den Scheunen, seine Frau kam nur nach draußen, um die Wäsche aufzuhängen, die Fenster zu putzen, und ihre alte Mutter lauerte hinter den Gardinen, ob Tim und Mart nicht zu dicht bei ihren Fenstern Fußball spielten. Doch waren sie in Ordnung, »gut«. Das wusste Emma mit Sicherheit. Sie hatte de Graaf einmal auf die Moffen schimpfen hören un da hatte er kein Blatt vor den Mund genommen.

Gegen acht Uhr konnten sie endlich etwas auf der Straße erkennen. Sie sahen deutsche Lastwagen und Menschengruppen drumherum. Daneben Soldaten, das Gewehr im Anschlag.

»Das scheint eine Raz ...«, fing ihr Vater an, hörte aber abrupt auf, als hinter dem Haus eiliges Rennen zu hören war und Stimmen, die riefen: »Blokland? Blokland?«

Es waren Kees van Dam und Nol de Winter, Gelegenheitsarbeiter, die bei ihnen arbeiteten, wenn sehr viel zu tun war. Sie rangen nach Luft und konnten ein paar Sekunden keinen Ton herausbringen.

»Sagt doch endlich was!«, fuhr Emmas Vater sie an.

»Sie nehmen alle Männer fest«, keuchte Nol. »Zum Arbeiten nach Deutschland. Jeder muss mitkommen. Jeder zwischen siebzehn und vierzig. Wir sind gerade noch entwischt, quer durch die Wiese und über die Gräber. Wir lassen uns nicht aufgreifen. Können wir in eure Scheunen, Blokland? Da finden die uns nie.«

Emmas Vater nickte. »In die Mattenscheune. Schnell!«

Sie rannten weiter. Laut klangen ihre Schritte auf dem Klinkerweg zur Mattenscheune.

Die Mattenscheune lag zusammen mit dem Tischlerschuppen, dem Holzspeicher für die großen Kloben Holz und dem Holzschuppen hinten auf ihrem Land. Es waren große, dunkle Scheunen, in denen alles Mögliche gelagert war: meterhohe Stapel von Schilfmatten, Pfähle, Glasscheiben für Frühbeete, Balken, Latten und Bretter. Proppenvoll war es, aber überall dazwischen gab es Gänge und Hohlräume, in denen man sich verstecken konnte.

»Vierzig sagte er doch, oder?« Der Vater sah sie an, die blauen Augen starr auf sie geheftet. »Oder war es fünfzig?«

»Nein«, sagte Emma bestimmt. »Vierzig!« Ihr Vater war zweiundvierzig.

»Bist du ganz sicher?«

Emma nickte. »Ich bin mir ganz sicher, dass er es sagte. Aber ob es auch stimmt …?«

Sie packte ihren Vater am Arm. »Geh du auch zur Mattenscheune, Pa! Man kann nie wissen!«

Ihr Vater zögerte noch.

Plötzlich verließ ein Auto die Straße und kam ihren Weg heraufgefahren. Noch bevor sie sich nur rühren konnten, stand es auf dem Vorplatz. Ein Soldat stieg aus und lief mit kurzen, eiligen Schritten auf sie zu. Er riss seinen Arm hoch, schrie »Heil Hitler!« und händigte Emmas Vater ein Blatt Papier aus.

Emma sah, wie die ausgestreckte Hand ihres Vaters zitterte. Hinter ihr sausten Mart und Tim ins Haus. Sie selbst stand noch starr vor Schreck, als der Soldat schon wieder eingestiegen war und rückwärts aus dem Weg herausfuhr.

Mit zusammengepressten Zähnen las ihr Vater das Papier. Über seinen Arm hinweg las Emma mit.

Befehl

Auf Befehl der deutschen Wehrmacht müssen alle Männer zwischen dem 17. und dem 40. Lebensjahr sich zum Arbeitsdienst melden.
Hierzu müssen sich alle Männer dieses Alters unverzüglich nach Erhalt dieses Befehls in der vorgeschriebenen Ausrüstung auf die Straße begeben.

Eine unendliche Erleichterung erfüllte Emma. Ihr Vater war zu alt. Die Brüder waren zu jung.

Sie schüttelte den Arm ihres Vaters. »Was für ein Glück! Du bist zu alt!«

Langsam nickte ihr Vater. »Ja, ich bin zu alt. Aber sie nicht.« Er wies mit dem Kopf zur Mattenscheune. Mit gerunzelten Augenbrauen las er weiter. »Verdammt!«

»Was ist los?«, fragte Emma erschrocken.

Er las laut vor:

Männer der genannten Jahrgänge, die bei einer Hausdurchsuchung angetroffen werden, werden bestraft, ihr persönliches Eigentum wird beschlagnahmt.

Er schlug mit der Hand auf das Papier. »Sie werden also suchen. Da haben wir die Bescherung! Und was sollen wir dann mit ihm machen?« Er wies mit dem Papier hinüber zum Schuppen.

Mein Gott, Jan! Emma hatte ihn für einen Augenblick

völlig vergessen, nun aber stand er als riesengroßes Problem zwischen ihnen.

Jan war nun seit einer Woche in ihrem Schuppen und er war eigentlich so gut wie gesund. In den ersten Tagen hatte er noch stark gefiebert, aber so langsam war er zu Kräften gekommen. Emma brachte ihm zu essen und ihr Vater sorgte dafür, dass die Jungen aus dem Schuppen blieben. Es ging so gut, dass Emma beinahe vergessen hatte, dass er wieder weg musste, aber gerade gestern hatte ihr Vater gefragt: »Er ist nun doch fast gesund, oder?«

»Nicht ganz«, hatte Emma geantwortet. »Er ist noch sehr müde.«

Ihr Vater hatte sie streng angesehen: »Du weißt, was wir verabredet haben!«

Ergeben hatte Emma genickt. Es war wohl wirklich besser, dass er ging, aber sie würde ihn vermissen. Seine dunklen Augen, die ihr immer folgten, seine nüchterne Ergebenheit in alles, was geschah, sein Sinn für Humor, seine aufmunternden Worte, wenn sie sehr müde war, und vor allem ihre Gespräche, wenn die Jungen in der Schule waren und ihr Vater mit Klaas bei der Arbeit. Sie setzte sich dann mit den Kartoffeln oder dem Gemüse, das sie schälen oder putzen musste, zu ihm. In der Zeit mahlte er Weizen. Er erzählte ihr von dem alten Mann, bei dem er untergetaucht war, oder von den Büchern, die er las. Sie hatte ihm Bücher von Tim gegeben und solange er etwas zu lesen hatte, war er zufrieden. Aber es gab auch Augenblicke, in denen er sich von ihr abwandte und nicht reden wollte. Dann blickten seine Augen dunkel und abwehrend und er schien auf einmal ganz weit fort zu sein.

»Ich hab es gleich gesagt!«, schnaubte ihr Vater neben ihr. »Das gibt nur Ärger. Er muss auf der Stelle aus dem Schuppen verschwinden!«

»Die Mattenscheune!«, flüsterte Emma.

Ihr Vater stieß sie an. »Hol den Schlüssel und sorge dafür, dass die Jungens drinbleiben!«

Er legte die Hand über die Augen und spähte zur Straße. Dort schien es jetzt etwas ruhiger zu sein. Es wurde weniger geschossen.

Emma eilte nach oben und holte den Schlüssel unter ihrem Kopfkissen hervor. Schweigend nahm ihn der Vater und lief zum Schuppen.

»Nimm die Schubkarre, Pa!«, sagte sie leise. »Sie steht hinter dem Kohlenverschlag.«

Ihr Vater gab keine Antwort.

Emma ging hinein und suchte die Jungen. Mart stand am Fenster, um den Weg zu beobachten. Sie ließ ihn da stehen. Ihr Vater würde an der Rückseite des Hauses entlanggehen.

Tim lag in seinem Bett und hatte sich die Decken über den Kopf gezogen. Emma zog sie weg: »Was ist denn, Tim?«

»Ich will nicht, dass sie Pa mitnehmen!«, weinte Tim.

Emma nahm ihn auf den Schoß. »Pa ist zu alt. Sie wollten nur die Männer unter vierzig. Also, er braucht nicht mit!«

Tim lachte trotz der Tränen: »Wirklich nicht?«

»Wirklich nicht«, sagte Emma fest. »Komm, zieh dich an. Du läufst noch immer im Schlafanzug herum.« Sie stellte ihn auf die Füße und rief die Treppe hinunter: »Mart, anziehen!«

Mart kam nach oben. »Darf ich dann zur Straße und zugucken?«

»Nein! Das darfst du nicht!«, fuhr sie ihn an. »Allerdings darfst du heute zu Hause bleiben.«

Während sich die beiden Jungen anzogen, lief Emma nach draußen. Die Schuppentür war angelehnt. Jan war fort. Ein aufgeschlagenes Buch lag noch auf seinem Kissen. Daneben die Taschenlampe. Hastig faltete Emma die Decke zusammen und schob das Buch und die Taschenlampe dazwischen.

Das Kissen legte sie obendrauf. Dies Bündel brachte sie sofort ins Haus. Das war der Vorteil bei kleinen Brüdern. Sie sahen ihre Schwester so oft mit Kleidern und Wäsche hantieren, dass sie sich überhaupt nicht fragten, woher die Decke und das Kissen kamen.

Tim und Mart hatten sich schnell angezogen. Mart stand schon wieder an der Hintertür und beobachtete die Straße. Tim saß bleich am Herd und streckte seine Hände nach der Wärme aus. Emma schnitt für jeden zwei Scheiben Brot und legte sie auf den Herd. Als sie Mart in die Küche rief, kam ihr Vater wieder. Er hängte Mantel und Mütze an die Garderobe und nickte ihr hinter Marts Rücken zu. Emma seufzte erleichtert auf. Für den Augenblick war Jan in Sicherheit.

Ihr Vater war nervös. Hastig aß er seine Brotscheiben und stand gleich wieder auf. Ohne etwas zu sagen, ging er nach draußen. Kurz darauf hörte Emma ihn Holz hacken.

»Tim, willst du Weizen mahlen?«, fragte sie so normal wie möglich. »Und Mart, siehst du dir bitte mal meinen Nähkasten an? Der wird so wackelig, dass er allmählich auseinander fällt.«

Sie zeigte ihn Mart im Wohnzimmer. Ihr Nähkasten war seit Monaten wackelig, aber sie hatte sich nie daran gestört.

»Weißt du, du bist so geschickt. Kannst du da vielleicht was dran machen?«

»Jetzt sofort?«, fragte Mart, während er durchs Fenster zur Straße blickte.

»Ja, jetzt«, sagte Emma. »Du bleibst heute doch zu Hause und im Garten ist nicht viel zu tun. Das ist eine gute Gelegenheit. Sieh mal zu, du musst die Scharniere herausschrauben und ersetzen, und wenn du hier noch ein paar kleine Nägel einschlägst ...«

»Ja, das kann ich auch selbst sehen«, brummte Mart, mit den Augen zur Straße.

»Du kannst es ja hier machen«, sagte Emma, während sie überlegte, dass es nicht schaden könnte, wenn er die Straße im Auge behielt. Sie zögerte. Die beiden Jungen hatten gesehen, dass Kees und Nol zur Mattenscheune gingen. Tim würde seinen Mund halten, das wusste sie. Aber Mart konnte manchmal so unbedacht sein. Sollte sie es ihm jetzt ans Herz legen, den Mund zu halten, wenn die Moffen kamen? Das würde er doch wohl von selbst begreifen?

»Mart? Keinen Ton, ja?«

»Wofür hältst du mich?«, fragte Mart. »Ich sag kein Wort und wenn sie mich halb tot schlagen.«

Emma ging in die Küche zurück und stellte Tassen und Teller zusammen. Das Papier, das der Soldat abgegeben hatte, lag auf dem Tisch. Nervös las sie es noch einmal durch. Sie schrak zusammen, als sie den Satz las:

Alle anderen Einwohner, auch Frauen und Kinder, müssen in den Häusern bleiben, bis die Aktion beendet ist.

Ihr Vater stand draußen und hackte Holz! Sie rief ihn von der Tür aus: »Pa, komm mal eben!«

Ihr Vater kam herein und las stirnrunzelnd den Satz, den sie ihm zeigte. Er tat das Beil an seinen Platz und stellte sich mit den Händen in den Hosentaschen ans Fenster in die Wirtschaftskammer neben der Küche.

Emma fragte flüsternd, mit einem raschen Blick zur Küche: »Sind sie da hinten sicher?«

Ihr Vater zuckte mit den Schultern und tastete die Taschen nach der Pfeife ab, die er dann leer in den Mund steckte.

»Ist es so genug, Em? Ich hab zwei Schubladen voll gemahlen!«, rief Tim aus der Küche.

»Am besten noch eine, Tim! Dann kommen wir länger aus«, antwortete sie über die Schulter.

»Kees und Nol haben sich hinter den Matten hingeworfen«, murmelte ihr Vater. Emma wusste, was er meinte. Hinter den übermannshohen Stapeln von Schilfmatten war eine Kuhle, die nur von oben zu erreichen war. Früher beim Versteckspielen war es einer ihrer liebsten Plätze.

»Und Jan?«

»Der sitzt hinter den Stangen.«

Diese Stangen waren kräftige Äste und ganz dünne Baumstämme, die als Stützen im Bohnenbeet benutzt wurden. In einer Ecke der Mattenscheune standen dutzende davon gegen die Mauer gelehnt. Emma wusste, wie Jan jetzt wohl da saß. Auch der Stangenhaufen war oft ihr Versteck gewesen. Dunkel und beklemmend war es dort.

Der Vater kaute an dem Stiel seiner leeren Pfeife. Emma wagte nicht weiterzufragen. Sie wusste, dass ihr Vater böse war, weil sie Jan ins Haus geholt hatte. Sie wollte etwas sagen, etwas tun, um ihm zu zeigen, wie Leid es ihr tat, dass sie ihn in diese unangenehme Situation gebracht hatte, aber ihr fiel nichts ein.

»Da sind sie!« Ihr Vater zeigte nach draußen.

Emma schlug die Hand vor den Mund. Ein Lastwagen kam den Weg heraufgefahren und hielt vor ihrem Haus. Zwei Soldaten sprangen von der Ladefläche, ihre Gewehre im Anschlag. Sie blickten sich um und steuerten dann auf die Haustür zu. Ihre Stiefel knirschten auf dem Kies. Es schnürte Emma den Hals zu.

Die Klingel schrillte durchs Haus. Emmas Vater ging in den Flur und öffnete. Emma folgte ihm mit den Augen.

»Ausweis?«

Ihr Vater ließ seinen Personalausweis sehen. Die Deutschen nickten.

»Gibt es andere Männer hier?«

Ihr Vater schüttelte den Kopf. Einer der Soldaten ließ sein

Gewehr sinken und zuckte mit den Schultern, aber der andere stieß ihren Vater mit dem Gewehrlauf beiseite und trat ein.

Schweigend durchsuchten sie das Haus. Sie warfen einen Blick auf Tim und Mart, die aneinander gedrückt auf einem Stuhl saßen, fragten sie aber nichts. Sie schauten ins Wohnzimmer, in die Küche, in den Keller, und einer der beiden ging nach oben. Er war schnell zurück.

»Niemand!«, rapportierte er.

Die Soldaten rissen den Arm hoch. »Heil Hitler!« Dann gingen sie hinaus. Emmas Vater wollte ihnen folgen, aber sie hielten ihn zurück: »Sie bleiben im Haus!«

Emma sah durchs Fenster, wie die Moffen zuerst ihren Schuppen inspizierten und dann zu de Graaf hineingingen. Wenige Minuten später waren sie wieder draußen. Sie schauten sich noch einmal um und schwangen sich dann wieder auf die Ladefläche ihres Lastwagens.

Emma atmete auf und da sah sie, dass der Wagen nicht rückwärts ihren Weg hinunterfuhr, sondern geradeaus weiter zu den Scheunen. Der Atem stockte ihr. Die Nase an die Scheibe gedrückt, versuchte sie dem Auto zu folgen. Als sie es nicht mehr sehen konnte, raste sie die Treppe hinauf zum Fenster oben im Flur.

Die Jungen und ihr Vater kamen hinterher, und gemeinsam, mit angehaltenem Atem, beobachteten sie das Moffenauto.

Die Soldaten sprangen herunter und gingen mit vorgehaltenem Gewehr in die Schuppen: in den Tischlerschuppen, dann in den Holzschuppen. Als sie in die Mattenscheune gingen, kniff Emma so heftig in Tims Schulter, dass er schrie: »Au, sag mal, du tust mir weh!«

Sie blieben lange in der Mattenscheune. Viel länger als in den anderen Gebäuden. Emma bebte und fühlte, wie ihr das Blut aus dem Gesicht wich. Sie hatte das Gefühl, als würde sie gleich ohnmächtig. Nach einer endlos langen Zeit kamen die Soldaten einer nach dem andern wieder heraus. Alleine. Eine bleiche Wintersonne ließ ihre Helme aufglänzen.

Mart und Tim jauchzten; aber erst, als die Soldaten wieder in den Lastwagen kletterten, stieß auch Emma einen zitternden Seufzer aus.

Der Vater schob alle drei vom Fenster weg, als das Auto zurückkam und langsam den Weg herunterfuhr. Er selbst wischte sich den Schweiß von der Stirn, als wäre es Hochsommer.

»Siehst du, ich habe nichts gesagt!«, prahlte Mart.

Mit zitternden Händen ging Emma in die Küche, um Kaffee zu kochen. Die Jungen bekamen einen Becher Magermilch.

»Sie haben nicht genau nachgesehen, was?«, sagte Tim. »Sie waren hier im Nu fertig.«

Emma lachte nervös. »Du hast Recht, wir hätten sicher zehn Männer hier verstecken können.«

»Meinst du, dass sie zurückkommen, Pa?«, fragte Mart.

Ihr Vater zuckte mit den Schultern. »Woher soll ich das wissen? Erst mal ist die Gefahr vorüber. Ich werde nachher einmal sehen, wie es ihnen in den Matten geht. Es wird ihnen angst und bange gewesen sein.«

Erst als die Spannung allmählich nachließ, wurde Emma bewusst, dass Klaas noch gar nicht erschienen war.

Als ob ihr Vater ihre Gedanken lesen könnte, sagte er: »Ich hoffe, Klaas hat sich auch verstecken können.«

»Wie alt ist Klaas?«, fragte Mart.

»Siebenunddreißig«, antwortete der Vater.

Emma erschrak. Auch wenn sie Klaas nicht besonders gern mochte, wünschte sie ihm doch nicht, dass er von den

Moffen mitgenommen wurde. Er hatte eine Frau und auch kleine Kinder. Was sollten die ohne ihn anfangen?

Ihr Vater seufzte. »Heute kann ich da nicht viel machen. Wir müssen schon warten, bis es vorüber ist. Morgen oder übermorgen geh ich mal bei ihm vorbei.«

13

Jan legte den Kopf auf die Arme. Er saß zusammengekauert hinter einem Berg von Zweigen und zitterte noch, nach allem, was plötzlich mit ihm geschehen war.

Er war am Morgen von Schüssen und von einem Lautsprecher, den er nicht hatte verstehen können, wach geworden. Ganz still war er liegen geblieben und hatte versucht zu verfolgen, was sich da abspielte. Das Schießen klang ziemlich nahe. Er hörte die Stimmen von Emma, ihren kleinen Brüdern, ihrem Vater und auch von zwei fremden Männern. Er konnte sie durch die Schuppenwand hindurch verstehen, und als er begriff, dass die Moffen Männer festnahmen, war er für einen Augenblick erleichtert gewesen. Glücklicherweise war er noch keine siebzehn.

Kurz darauf kam ein Auto, das mit quietschenden Bremsen anhielt. Jan schoss hoch und kroch in die Ecke hinter der Mangel. Er zitterte am ganzen Leib. Erst als das Auto wegfuhr, wagte er wieder zu atmen. Aber er legte sich nicht mehr hin. Aufrecht blieb er sitzen und wartete mit klopfendem Herzen.

Plötzlich öffnete sich die Schuppentür. Emmas Vater kam zu ihm und legte den Finger auf die Lippen.

»Komm mit«, flüsterte er.

Hastig krabbelte Jan hoch. Emmas Vater nahm ihn beim Ärmel und zog ihn mit. Hinter dem Schuppen stand eine große hölzerne Schubkarre.

»Kletter hinein!«

Jan wagte nicht, etwas zu fragen. Er setzte sich in die

Schubkarre und machte sich so klein wie möglich. Emmas Vater breitete Stroh über ihn und fuhr weg. Jan konnte nicht sehen, wohin sie gingen.

Die Schubkarre holperte über einen Steinweg. Jan wurde hin und her geschüttelt und bekam von dem Stroh Staub in Augen und Mund. Krampfhaft bemühte er sich nicht zu husten.

»Die Moffen nehmen Männer fest. Ich versteck dich woanders.«

Emmas Vater war kurz angebunden, seine Stimme klang schroff.

»Vielen Dank, Meneer«, flüsterte Jan. Jedes Mal, wenn er Emmas Vater sah, fühlte er sich verunsichert. Er wusste, dass der Mann ihn so schnell wie möglich loswerden wollte.

Die Schubkarre kam auf einen Sandweg; das Hoppeln und Schütteln wurde jetzt weniger. Vorsichtig rieb Jan sich die schmerzenden Knie. Als Emmas Vater die Schubkarre mit einem Ruck niedersetzte und das Stroh wegnahm, sah Jan, dass sie in einer großen, hohen Scheune neben einem ganzen Berg von Zweigen standen.

Emmas Vater schob einige Zweige beiseite und zeigte auf den freien Raum, der dahinter sichtbar wurde: »Setz dich da hin!«

Auf Händen und Füßen kroch Jan in das Loch und setzte sich, den Rücken an eine Holzwand gelehnt. Er zog die Beine an und schlug die Arme um sie. So passte er genau hinein.

Emmas Vater stellte die Zweige wieder vor die Öffnung, und Jan hörte und sah, wie er Zweige und dünne Baumstämme um ihn herum aufbaute. Es wurde immer dunkler. Nur hier und da blieb ein kleiner Lichtspalt übrig.

»Halte dich so still wie möglich«, sagte Emmas Vater .

Jan hörte, wie die Schubkarre aus der Scheune fuhr. Quietschend rollte das Rad über den Sandweg. Danach wurde es still.

Er versuchte seinen bebenden Körper still zu halten. Ganz langsam wurde er etwas ruhiger. Er rutschte ein bisschen hin und her und merkte, dass er den Kopf nur ein ganz kleines Stückchen heben konnte. Arme und Beine konnte er kaum bewegen.

Die Zweige rochen nach Erde. Der Boden unter ihm war trocken und hart. Es blieb still um ihn herum, so still, dass er seinen eigenen Atem hörte. Wie lange würde er so sitzen bleiben müssen? Beine und Genick fingen schon an, sich zu verkrampfen. Er dachte an seinen Schlafplatz im Schuppen hinter der Wäschemangel, wo er liegen und sitzen konnte, wie er wollte. Bis jetzt hatte er nicht gewusst, welche Wohltat das war: sich zu dehnen, zu strecken, sich umzudrehen. Hier saß er zusammengepresst auf einem Platz, von dem er ohne Hilfe nicht wieder wegkam.

Er versuchte seine aufkommende Panik zu bezwingen, indem er krampfhaft an etwas anderes dachte. Hinter den geschlossenen Augen sah er Emma: ein großes, blondes Mädchen mit roten Wangen. Ein richtiges Landmädchen, so wie er sich immer eine Bauerntochter vorgestellt hatte. Vom ersten Moment an hatte er sie gemocht und sich ihr anvertraut. Wenn sie sagte: »Nur ruhig, ich bin es«, wurde er wirklich ruhiger.

Sie selbst war auch ruhig. Sie redete nicht viel, sondern hörte ihm zu. Jan hatte es gern, wenn sie sich zu ihm setzte. Dann schien alles sicherer zu sein; dann überwältigte ihn nicht das Heimweh nach früher oder die Panik vor der Zukunft.

Seine Gedanken wurden abrupt unterbrochen. Ein Auto kam an! An dem schweren Motor hörte er, dass es ein Lastwagen war. Es stoppte kurz vor der Scheune.

Jan klammerte seine Hände um die Oberarme. Seine Knie fingen an zu zittern und sein Magen zog sich zusammen.

Stimmen riefen sich etwas zu. Deutsche Stimmen.

Die Stimmen bewegten sich umher. Jetzt weiter weg, dann wieder näher. Plötzlich konnte er sie verstehen.

»Na? Hier kann man sich verstecken, was?«

»Jawohl, Herr Hauptmann.«

»Schauen Sie mal gut herum.«

»Jawohl, Herr Hauptmann.«

Jan biss sich auf die Lippen. Er schmeckte Blut. Seine Nägel bohrten sich durch den Mantel in seine Arme.

Knirschend liefen Stiefel umher und blieben neben ihm stehen.

»Keiner dahinter?«

Sie rüttelten an den Zweigen.

Jans Herz blieb stehen. Jetzt kriegten sie ihn. Noch ein paar Sekunden und sie würden ihn entdeckten.

Auf einmal wurde er ruhig. Gut, dann fänden sie ihn eben. Dann würde er eben gefangen und nach Westerbork gebracht werden. Dort würde er seine Eltern wieder finden. Er empfand sogar eine Spur Freude. Dann waren sie endlich wieder beieinander.

Ganz deutlich sah er seine Mutter vor sich, wie sie früher ausgesehen hatte. Ihr dunkles Haar, ihren lachenden Mund, ihre braunen Augen. Er hatte sie so klar vor sich, dass er sie fast berühren konnte.

Ein Gewehr stach durch die Zweige. Ein glänzendes Bajonett blieb wenige Zentimeter vor seinem Gesicht stecken.

Ich komme, Mutter. Ich komme. Gleich haben sie mich.

»Hier ist keiner.«

Das Gewehr wurde zurückgezogen. Die Stimmen verschwanden. Erleichterung und Enttäuschung durchschossen Jan, und er wusste nicht, was von beiden größer war.

Er biss die Zähne zusammen und schluckte. Nicht weinen, nicht weinen, dröhnte es in seinem Kopf. Wenn er einmal anfing zu weinen, würde er nicht wieder aufhören können. Unbarmherzig biss er sich in die Finger. Das half. Der Schmerz vertrieb die Bilder von seiner Mutter und brachte ihn in die Gegenwart zurück.

Ob sie wohl weg waren? Er hatte jede Zeitvorstellung verloren. Ihm schien, als säße er schon Tage hier. Er war eiskalt und alles tat ihm weh. Außerdem fing sein Magen zu knurren an.

»Alles in Ordnung hier?«

Sein Kopf schoss hoch, als er die Stimme von Emmas Vater erkannte. Die Zweige wurden beiseite geschoben, gelbe Holzschuhe erschienen in seinem Blickfeld. Emmas Vater bückte sich zu ihm herunter: »Geht es?«

»Sind sie weg?«, fragte Jan.

»Ja, sie sind weg, aber ich habe Angst, dass sie zurückkommen. Es wird immer noch geschossen und die Lastwagen fahren noch herum.«

»Darf ich noch nicht raus?«

»Nein, ich wage es noch nicht. Du musst es noch ein bisschen aushalten.«

»Es ist so eng.« Es war heraus, bevor er es merkte. Er wollte sich nicht beklagen. Emma und ihr Vater taten schon genug für ihn.

Emmas Vater schob und rückte an den Zweigen, bis die Öffnung etwas größer wurde. »So besser?«

Jan probierte es. Er hatte jetzt mehr Platz für seine Arme und Beine und auch seinen Kopf konnte er jetzt besser bewegen .

»Ja, so ist es besser. Vielen Dank!«

Schweigend stellte Emmas Vater die Zweige wieder an ihren Platz. Dann hörte Jan nur noch das klopfende Geräusch der Holzschuhe, das immer schwächer wurde.

Er setzte sich etwas anders hin. Es war wirklich besser. Wenn er seine Beine anzog, konnte er sogar liegen. Er versuchte sich warm zu reiben, aber er blieb durch und durch kalt. Die Kälte aus dem Boden zog in seinen Körper und nach kurzer Zeit kam er wieder hoch. Sitzen war doch besser.

Er legte den Kopf wieder auf die Arme und versuchte noch einmal, an andere Dinge zu denken. Wenn er nur intensiv genug an erfreuliche Dinge dachte, würde er vergessen können, dass er hier saß.

Er dachte wieder an Emma. Er kannte sie erst seit einer Woche, aber manchmal erschien es ihm viel länger. Emma war anders als alle anderen Mädchen, die er früher gekannt hatte.

Manchmal war sie mehr eine Frau als ein Mädchen, fand er. Ganz allein sorgte sie für ihre kleinen Brüder, für ihren Vater und nun auch für ihn. Warum hatte sie ihn eigentlich zu sich hereingeholt? Sie hätte ihn auch wegschicken können. In den ersten Tagen wäre es ihm das Liebste gewesen. Er wollte so schnell wie möglich zu Tante Trees. Aber nach einigen Tagen war der Gedanke an sie in den Hintergrund gerückt. Nicht nur, weil Emnma für ihn sorgte, sondern auch, weil er sich nicht mehr auf die Straße traute. Wenn er nur daran dachte, brach ihm der kalte Schweiß aus. Und doch würde der Moment kommen. In diesem Punkt war Emmas Vater sehr deutlich gewesen und er war nicht der Mann, der sich überreden ließ. Er war steif, fast unfreundlich, vor allem ihm gegenüber. Wenn er mit Emma oder mit den Jungen sprach, hörte seine Stimme sich anders an. Jedes Mal, wenn Jan ihn hörte oder sah, fühlte er sich schuldig. Er brachte diesen Mann und seine Familie in Gefahr. Was hatte Jansen doch noch gesagt? Menschen, die Juden versteckten, wurden ins Konzentrationslager geschickt. Konnte er das auf sein Gewissen laden?

Sollte er nicht selbst den Entschluss fassen wegzugehen? Aber dann würde er aufgegriffen werden! Oder sollte er Emma bitten seinen Stern wieder anzunähen? Dann dürfte er wenigstens wieder auf die Straße gehen. Aber er wäre dann der Einzige. Auf seinem gesamten Weg hatte er niemanden mit einem Stern gesehen. Wo waren denn alle Juden geblieben? War das Lager Westerbork so groß, dass alle Haager Juden dort Platz fanden?

Wie mochte es überhaupt in einem solchen Lager zugehen? Wenn sie dort arbeiten mussten, konnte die Behandlung doch nicht allzu schlecht sein?

Seine Gedanken glitten zurück zu der Nacht, in der er mit angesehen hatte, wie die Familie de Jong aus ihrem Haus geholt wurde. Er sah es wieder vor sich, wie Frau de Jong getreten wurde und wie man Esther einfach in den Lastwagen warf.

Es schauderte ihn. Er wagte sich nicht fort von hier. Sollte er Emma vorschlagen, ihren Vater noch einmal darum zu bitten, dass er bleiben dürfe? Aber warum sollte der Mann ihn noch länger bleiben lassen? Jan konnte nichts dafür bieten. Bei Meneer Jansen hatte er für seinen Aufenthalt bezahlt und damit ein gewisses Recht erworben, dort zu sein. Aber durch den Verlust des Schmuckkästchens hatte er nichts, was er Emmas Vater geben könnte. An einem der ersten Tage hatte er Emma gesagt, dass er zurückwollte, um das Kästchen zu suchen. Emma fand das jedoch nicht gut. »Ich trau den Leuten nicht. Zu Beginn des Krieges trugen sie ein NSB-Abzeichen. Jetzt nicht mehr. Aber ich trau ihnen nicht.«

»Aber so kann ich dir für all das nichts bezahlen!«

»Das kriegen wir schon hin«, hatte Emma geantwortet. »Wir kommen hier noch nicht vor Hunger um. Ein Esser mehr, das schaffen wir schon.«

Das hatte Jan ein bisschen beruhigt, aber doch hatte er

ständig das Gefühl, dass er ihr für die Hilfe etwas anbieten musste. Er fragte Emma immer, ob sie etwas für ihn zu tun hätte, und er versuchte sie aufzumuntern, wenn sie müde oder niedergeschlagen war. Immer wieder bedankte er sich bei ihr für alles, was sie ihm brachte und was sie für ihn tat. Aber all das kostete ihn unglaublich viel Kraft. Immer wieder fröhlich, dankbar und gefasst sein – das erschöpfte ihn mehr als die einsamen Tage bei Meneer Jansen. Es war, als spielte er eine Rolle, und manchmal spürte er, dass er die nicht länger durchhalten konnte.

Jetzt aber, wo er so hinter den Zweigen geduckt saß, begriff er, dass es ihm gar nicht so schlecht ergangen war. Schlimmer, als eine Rolle zu spielen, war es, hier eingeschlossen zu sitzen, ohne Essen, ohne Trinken, ohne Bewegung, ohne etwas zu tun.

Es war sehr still um ihn. Er hörte nur das Rauschen des Regens und ein Rascheln und Knacken in den Zweigen. Waren hier etwa Ratten?

Verbissen versuchte er an etwas anderes zu denken. Wie hieß das Buch, in dem er gestern gelesen hatte? Es handelte von einem Jungen: Kees. Ja, so hieß es: »Kees, der Junge«. Ein ganz normaler Junge, mit Vater und Mutter, einem kleinen Bruder, einer kleinen Schwester und ein paar Freunden. Wie dumm von dem Jungen: Immer träumte er von einem andern Leben. Er wusste gar nicht, wie glücklich er dran war, dass sein Leben so normal war.

»Jan? Jan? Ich bin es. Geht es denn?«

Jan schrak auf. Hatte er geschlafen? Es war völlig dunkel um ihn. Er blinzelte ins schwache Licht der Taschenlampe. Emma! Gott sei Dank!

»Geht es denn, Jan?«

»Ja, es geht schon. Darf ich jetzt raus?«

»Mein Vater findet es besser, wenn du heute Nacht noch hier bleibst. Ich habe Essen für dich.«

Jan nahm das Brot und kaute hastig, fast ohne etwas zu schmecken. Aus dem braunen Medizinfläschchen, das sie ihm reichte, trank er ein wenig Milch. Er wischte sich den Mund ab. »Danke!«

Emma leuchtete mit der Taschenlampe sein Versteck aus.

»Kannst du dich hinlegen?«

Jan schüttelte kaum wahrnehmbar seinen Kopf. Er wollte sich nicht beklagen.

Emma rückte und schob an den Zweigen, bis genug Platz zum Hinlegen entstand.

»Versuch's mal!«

Jan legte sich ausgestreckt hin. Was für ein wunderbares Gefühl, seine Beine auszustrecken!

»Hier ist eine Decke und etwas, um es unter den Kopf zu legen.«

Jan fühlte den rauen Stoff eines Jutesacks, den Emma unter seinem Kopf zurechtfaltete. Ihre Finger berührten sein Haar.

Davon erbebte er am ganzen Körper und er musste sich beherrschen, um nicht nach ihrer Hand zu greifen. Er schluckte. Er musste stark sein und nicht wie ein Kind zärtliche Gesten verlangen. Sie tat schon genug für ihn.

»Ich danke dir, Emma. Wirklich, ich danke dir. So kann ich bestimmt schlafen.«

»Ja? Meinst du, dass es geht? Hast du keine … Angst?«

Jan versuchte zu lachen. »Warum sollte ich Angst haben?«

»Ach, ich weiß nicht. Einfach nur so.«

»Ach nein, es ist hier wunderbar ruhig. Ich höre hier nichts von der Straße. Schießen sie noch immer?«

»Nein, jetzt nicht mehr. Es ist Abend.«

»Meinst du, dass ich morgen hier heraus darf?«

»Wenn es morgen ruhig ist, will mein Vater einmal im Dorf

nachfragen. Wir wohnen hier so abgelegen, dass wir kaum wissen, was so passiert. Ich werde versuchen, morgen ganz früh wieder zu dir zu kommen oder sonst morgen Abend. Mein Vater erlaubt es mir nur im Dunkeln. Er hat Angst vor den Nachbarn.«

»Aber die waren doch ›gut‹?«

»Ja, meiner Meinung nach schon. Aber mein Vater traut keinem.«

»Emma …? Wenn du morgen früh kommst, bringst du mir dann bitte mein Buch mit? Bei Tage kann ich hier doch ein bisschen sehen.«

»Ja, ist gut. Na ja, ich geh mal, du, ich darf nur ganz kurz wegbleiben. Tschüss.«

Sie stand auf und ordnete die Zweige wieder um ihn.

»Tschüss, bis morgen«, hörte Jan noch einmal.

»Tschüss, Emma, bis morgen!«

Er wartete, bis er ihre Schritte nicht mehr hörte.

Dann steckte er den Kopf unter die Decke und weinte, bis er keine Tränen mehr hatte.

Zwei Tage saß Jan hinter den Zweigen. Zwei lange Tage und zwei noch längere Nächte.

Dann erst erlaubte Emmas Vater ihm, wieder herauszukommen, wieder zurück an seinen Platz hinter der Wäschemangel im Schuppen beim Haus.

14

Als Jan in den Schuppen beim Haus zurückkam, wurde er wieder krank. Mit hochrotem Kopf lag er im Stroh, wühlte und drehte sich, bis Emma es fast mit der Angst bekam. Sie wollte Doktor Piek kommen lassen, wagte aber ihren Vater nicht darum zu bitten. Der hatte Jan nur deshalb zurückkommen lassen, weil sogar er sah, dass es nicht länger ging, dort hinter den Stöcken. Er war noch nicht im Dorf gewesen und eigentlich wussten sie noch immer nicht, ob die Gefahr vorbei war. Nach außen hin war alles wieder ruhig.

So oft Emma konnte, ging sie zu Jan. Sie gab ihm zu trinken, strich die Decke zurecht und stopfte sie rundherum fest, aber jedes Mal warf er sie wieder beiseite.

Und einmal, spät am Abend, hörte sie ihn phantasieren. Er lag auf dem Rücken und sein Atem ging schnell. Mit geschlossenen Augen murmelte er Namen: »David Kohn … nein, Meneer. Leo Brillenslijper … nein, Meneer. Bram de Jong … nein, Meneer. Hanneke Visser … nein, Meneer. Jan Diek Visser … nein, Meneer.«

Emma schüttelte ihn vorsichtig an der Schulter, aber er wurde nicht wach. Er murmelte weiterhin Namen und sagte: »nein, Meneer, nein, Meneer«, bis sie einen Schwamm nahm, sein Gesicht kalt abwusch und ihn wieder zudeckte. Sie legte ihm ihre Hand auf den Arm und ganz langsam wurde er ruhig. Nach kurzer Zeit fiel er in tiefen Schlaf.

Sie stieg hinauf in ihr Zimmer, zog sich aus und ging ins Bett. Sie lag noch eine ganze Weile wach, und es verwunderte sie, dass es ihr so leicht fiel, für Jan zu sorgen. Jungen gegenüber war sie sonst immer schüchtern und sie hatte noch nie andere Jungen als ihre Brüder angerührt. Jan war von Anfang an wie eine Art kleiner Bruder für sie gewesen und andererseits auch wieder nicht. Wenn er krank und ängstlich war, glich er ihren Brüdern, aber in der Woche, in der er beinahe gesund war, hatte sie auf einmal das Gefühl gehabt, dass er viel älter war als sie. Er konnte sie auf eine Art ansehen, die sie verlegen machte, und wenn er ihren Namen aussprach, durchströmte sie ein Gefühl von Wärme, das ihr neu war.

Sie mochte ihn und wenn sie ehrlich war, musste sie zugeben, dass sie vor allem deshalb nicht wollte, dass er wegging. Natürlich, sie fand es sehr schlimm, dass die Moffen Jagd auf die Juden machten, aber sie fand es vor allem schlimm, dass sie hinter Jan her waren. Wäre er eine andre Art Junge, würde sie ihn, genau wie ihr Vater, am liebsten so schnell wie möglich wieder loswerden.

Sie drehte sich auf die Seite und stopfte sich das Kissen in den Nacken. Mit einem Lächeln fiel sie in Schlaf. Morgen würde sie Jan wieder sehen.

Am nächsten Morgen ging ihr Vater ins Dorf. Er nahm sein Fahrrad mit den Holzrädern und holperte den Weg herunter. Ein wenig beunruhigt sah Emma ihm nach.

Nach ein paar Stunden kam er zurück und ließ sich trübsinnig in seinen Stuhl am Herd fallen. Emma goss ihm schnell eine Tasse Kaffee ein, die er seufzend in Empfang nahm.

»Wie war es denn, Pa?«, fragte Emma, als ihr Vater immer noch schwieg.

»Klaas wurde festgenommen.«

Also doch. Als Klaas überhaupt nicht mehr auftauchte, hatten sie es natürlich vermutet, aber wie Emma wusste, hatte ihr Vater gehofft, Klaas habe sich irgendwo verstecken können.

»Er hatte sich unter dem Fußboden versteckt. Seine Frau erzählte, dass es ein gutes Versteck war. Sie hatte über die Falltür im Fußboden einen Teppich gelegt und obendrauf den Tisch gestellt. Aber zu ihrem Unglück hatten sie zwei Moffen, die aber auch wirklich das ganze Haus durchkämmten. Wir haben Glück gehabt hier, weißt du das? Die Moffen, die hier waren, suchten nur ganz oberflächlich. Sie waren im Nu fertig. Viele Männer sind auf die Art gut davongekommen. Auch schon, weil viele Menschen wussten, dass diese Razzia kommen würde. In Rotterdam haben sie vor ein paar Wochen tausende von Männern aufgegriffen. Dort war es eine vollkommene Überraschung. Aber hier waren sie gewarnt worden. Offenbar war die Polizei unterrichtet und die hat vielen Männern einen Hinweis gegeben. Und dennoch haben sie noch eine Menge aufgegriffen. De Vries ist gefasst und zwei Jungens von Dijkstra und ein Junge von Bloem. Bloem selbst auch, der scheint noch keine vierzig gewesen zu sein.«

»Und Kees und Nol?«

»Die sind wieder zu Hause. Kees kriecht bei jedem Klingeln auf einen Platz über den Schiebetüren und Nol in einen Schrank auf dem Dachboden.«

»Hast du selbst mit ihnen gesprochen?«

Ihr Vater nickte. »Bei Nol bin ich vorbeigegangen und Kees' Vater traf ich zufällig auf der Straße. Er bedankte sich bei mir dafür, dass sein Sohn sich hier verstecken durfte. Wenn der zu Hause geblieben wäre, wäre er dran gewesen. Die haben da auch so ein paar Übereifrige gehabt. Nol hätte ruhig zu Hause bleiben können. Da war überhaupt keiner an der Tür.«

»Und was haben sie mit den Männern gemacht?«

»Sie sind auf Schiffen weggeschafft worden. Es hat noch richtige Dramen gegeben: Frauen standen am Wasser, schauten und riefen zu den vorbeikommenden Schiffen herüber.

Niemand weiß, wohin sie gebracht worden sind. Der eine sagt, nach Deutschland, der andere sagt, sie sind in Holland geblieben. Niemand weiß es genau.«

»Wie hat es die Frau von Klaas aufgenommen?«

»Was erwartest du? Sie sitzt jetzt allein da mit drei kleinen Kindern. Nichts als Heulen natürlich. Ich hab ihr gesagt, dass der Lohn von Klaas weiterläuft und dass sie Gemüse und Kartoffeln holen kann.«

Er zuckte mit den Schultern. »Was soll man machen? Sie hat jetzt überhaupt keine Einkünfte.«

»Und du stehst jetzt auch allein vor allem.«

Ihr Vater stopfte seine Pfeife und zuckte noch einmal mit den Schultern. »Tja, es passt gerade sehr schlecht. Wir hatten gerade mit Umgraben angefangen und damit will ich so schnell wie möglich fertig sein. Wenn es anfängt zu frieren, können wir nichts mehr tun. Im Frühjahr muss ich Spinat aussäen. Ich hab eine ganze Menge Saat zugewiesen bekommen.«

Er hielt einen brennenden Holzspan an seine Pfeife und sog daran: »Ich habe Kees und Nol gebeten zu kommen, aber die trauen sich nicht mehr auf die Straße. Die Moffen machen keine Hausdurchsuchungen mehr, aber sie greifen einen einfach so von der Straße weg auf. Ich musste zweimal vom Rad steigen wegen einer Kontrolle. Ein Junge aus Remmerswaal ging nur eben zum Friseur in die nächste Straße und er wurde sofort gefasst.«

»Dann bist du ohne Knechte.«

»Mart und Tim müssen helfen. Mart ist groß genug dazu und Tim muss es eben lernen. Ich war auch zehn, als mein Vater mir den Spaten in die Hand gab.«

Er stand auf und nahm seine Mütze vom Tisch. »Ich geh an die Arbeit. Schick die Jungen zu mir, wenn sie nach Hause kommen.«

Als die beiden Jungen von der Schule kamen, erzählte Emma ihnen, dass sie arbeiten sollten.

Tim war stolz. Obwohl er ab und zu etwas im Garten half, kam es nicht oft vor, dass sein Vater ihn wirklich brauchte. Mart protestierte: »Umgraben? Ich?«

»Ja, du!«, sagte Emma zornig. »Oder meinst du vielleicht, dass ich es tun soll?«

Tim lachte und Mart lachte gegen seinen Willen mit. Eine Frau mit dem Spaten auf dem Acker hatten sie noch nie gesehen.

Emma gab ihnen ein trockenes Stück Brot und schickte sie in den Garten. Tim rannte voraus. Mart schlenderte hinterher.

Als es dunkel wurde, kamen sie zu dritt zurück. An ihres Vaters Gesicht sah sie, dass dieser Nachmittag nicht allzu erfreulich verlaufen war. Er war unfreundlich und still bei Tisch. Die Jungen sagten auch nicht viel. Sie waren todmüde und verschwanden nach dem Essen sofort nach oben.

»Wie ging es, Pa?«, fragte Emma, während sie einen neuen Kerzenstummel ansteckte. Vor ein paar Tagen war der elektrische Strom abgeschaltet worden. Nun saßen sie von nachmittags fünf Uhr bis zum nächsten Morgen um acht Uhr im Dunkeln. Glücklicherweise hatte sie eine ganze Menge Kerzen liegen. Mit denen war sie immer sparsam gewesen und in der Schachtel mit den Weihnachtssachen hatte sie außerdem noch ein paar alte Stummel gefunden.

Beim flackernden Licht der Kerze schüttelte ihr Vater den Kopf: »Tim gab sich Mühe, aber er ist wirklich zu klein dazu. Es muss zwei Spatenstiche tief umgegraben werden und das ist einfach zu schwer für ihn. Er bekommt seinen Spaten kaum tief genug in den Boden. Mart würde es können, aber er denkt einfach nicht daran, sich anzustrengen. Nur jammern natürlich und sich drumherum drücken, das kann er. Du weißt, wie er ist. Ich komme so überhaupt nicht voran. Es ist jetzt Ende November. Wenn wir früh Frost bekommen, liegt die Arbeit still. Und ich muss mehr Boden als sonst vorbereiten. Es fehlt derartig an allem, dass die Moffen die Gärtner und die Bauern dazu zwingen, so viel wie möglich anzubauen.«

»Und dann geht noch der größte Teil davon anschließend nach Deutschland.«

»Ja, was zur Versteigerung kommt, geht größtenteils an die Moffen. Glücklicherweise ist der Vorsteher der Versteigerung ›gut‹. Er weiß, dass alle Bauern viel hinten herum verkaufen. Im Frühling rennen uns die Gemüsehändler und die normalen Leute wieder die Tür ein. Und je mehr ich anbaue, desto mehr kann ich an der Tür verkaufen.«

Er kratzte sich am Kopf und blickte sorgenvoll: »Aber wie ich das ohne Knechte hinkriegen soll …?«

Plötzlich brach es aus ihm heraus: »Diese Scheißmoffen! Sie wollen so viel wie möglich aus dem Land herausholen, nehmen zugleich aber den Bauern und Gärtnern das Personal weg. Und Klaas hatte sogar einen Ausweis dafür, dass er in der Nahrungsmittelverteilung arbeitete. Das hat ihm nicht die Bohne geholfen. Der Moff wollte es sich nicht einmal ansehen, sagte seine Frau.«

Er schlug mit der Faust auf den Tisch. »Und nun sitzen wir auch noch ohne Licht da! Nehmen sie uns das auch noch weg. Was kannst du schon tun bei dem Licht einer Kerze? Bei der einen kleinen Glühbirne konnte man wenigstens noch etwas sehen. Und mit dem Radio ist es auch vorbei.«

Emma wusste, dass ihr Vater ab und zu bei den Nachbarn Radio Oranje hörte. De Graaf hatte ein Radio im Schweinestall versteckt, aber ohne Elektrizität lief das natürlich auch nicht mehr.

»Dieser Scheißkrieg!«, schimpfte ihr Vater. »Hört das denn niemals auf?«

Emma ließ ihren Vater sich abreagieren. In den letzten Tagen gab es nur Rückschläge: die Razzia, die Angst, dass die Jungen in der Scheune entdeckt würden, die Stromsperre, Klaas.

Dann beruhigte er sich: »Ach, wir müssen sehen, wie es läuft. Uns geht es hier noch nicht einmal schlecht. Die Menschen, die von dem abhängig sind, was sie auf Marken bekommen, haben es schlechter. Man sieht, wie sie magerer werden. Wenn wir einen strengen Winter bekommen, wird es eine Katastrophe geben. Das kann ich dir sagen!«

Er schob seinen Stuhl dichter an den Herd und Emma folgte seinem Beispiel. Es war eigentlich ganz gemütlich, hier so mit ihrem Vater zu sitzen. Die kleine Kerzenflamme flackerte zwischen ihnen. Es schien, als fiele ihrem Vater das Sprechen leichter, jetzt, wo sie sich kaum sehen konnten.

»Zu frieren brauchen wir nicht«, fuhr er fort. »Ich hab noch eine ganze Menge Holz im Schuppen und auf dem Speicher. Notfalls fällen wir ein paar Bäume im Obstgarten.«

»Und zu hungern brauchen wir auch noch nicht«, sagte Emma. »Wir haben noch genug Kartoffeln und der Grünkohl steht auch gut. Außerdem habe ich noch ein Fass Sauerkraut und eine ganze Menge Weckgemüse stehen.«

»Wenn ab und zu etwas Fleisch dabei wäre, wäre es noch besser«, murmelte ihr Vater.

Emma wusste, dass ihr Vater am meisten das Fleisch und die kräftige Soße vermisste. Sie hatten nun zu viert Anspruch auf ein Pfund Fleisch pro Woche, wenn es überhaupt zu bekommen war. Aber das war es ja gerade. Sie kündigten in der Zeitung an, dass man Fleisch auf Marken kriege, aber wenn man dann zum Schlachter ging, stellte man fest, dass einfach keines vorhanden war.

Noch vorige Woche hatte sie Tim zum Schlachter geschickt. Drei Stunden später war er wiedergekommen, bleich vor Müdigkeit, mit einem Viertelpfund Fleisch, mehr Knochen als Fleisch daran. Damit mussten sie eine ganze Woche auskommen.

Hülsenfrüchte gab es gar nicht mehr. Im vorigen Monat hatten sie noch Anspruch auf hundert Gramm pro Person und Woche gehabt, aber jetzt wurde nichts mehr zugeteilt. Der letzte Beutel braune Bohnen würde auch bald leer sein.

Glücklicherweise kamen sie gelegentlich noch an Roggen oder Weizen, und Emma hatte entdeckt, dass man sogar Brot aus gemahlenem Spinatsamen backen konnte.

»Ich frage mich, wann de Graaf sein Schwein schlachten lässt«, sagte ihr Vater.

»Er hat doch zwei, nicht?«, fragte Emma.

»Ja, aber du weißt doch, dass eins davon für die Moffen ist. Wenn du die Genehmigung bekommst, Schweine zu halten, ist eins von zwei Schweinen für die Moffen. Und du kannst sicher sein, dass die Kontrolleure das genau beobachten.«

»Wird er dir Fleisch verkaufen, wenn es so weit ist?«

»Ich denke schon, und bestimmt, wenn ich ihm dabei helfe, das Schwein zum Schlachten zu bringen.«

Ihr Vater lebte auf bei dem Gedanken daran und stopfte sich die Pfeife noch einmal. Er legte die Füße auf den kälter werdenden Herd und reckte sich. Eine Weile blieb es still.

Dann wies er mit dem Kopf zum Schuppen nebenan und sagte schroff: »Wie geht es ihm?«

Die Atmosphäre hatte sich jetzt verändert, spürte Emma. Ihr Vater war noch immer böse, auch wenn er wenig darüber sprach. Er war keiner, der über Dinge jammerte, die nicht zu ändern waren, aber Emma wusste, dass er den Tag, an dem Jan wegging, beinahe nicht abwarten konnte. Nach der Razzia war das nur noch schlimmer geworden. »Es geht etwas besser«, sagte sie vorsichtig. »Das Fieber scheint vorbei zu sein und er isst wieder.«

»Schön«, sagte ihr Vater. »Dann kann er gehen.«

»Pa! Er ist noch furchtbar schlapp. Er hatte drei Tage lang nichts essen wollen.«

»Er geht, Emma! So schnell wie möglich. Ich habe keine ruhige Minute gehabt, seit dieser Junge hier ist. Es ist eigentlich verrückt. Da braucht nur mal ein Moff einen Blick in den Schuppen zu werfen und er ist dran. Und wir auch.«

»Aber wenn sie ihn aufgreifen, schicken sie ihn in ein Lager.«

»Ja, das weiß ich. Aber das überlebt er schon. So lange dauert der Krieg nicht mehr. Höchstens, allerhöchstens sag ich, noch ein paar Monate.«

»Aber man sagt, dass sie weitergeschickt werden nach Polen. Und ich hab gehört, im Sender Radio Oranje soll gesagt worden sein, dass sie in Polen ermordet werden.«

»Ach was, nach Polen!« Ihr Vater war jetzt tatsächlich irritiert. »Unsinn! Und dass sie dort ermordet werden, ist nun überhaupt ein Märchen. Das geht doch gar nicht! Ich habe noch mit niemandem gesprochen, der es mit eigenen Ohren gehört hat. Aber die Leute erzählen alles weiter und machen es immer schlimmer. Wenn die Moffen die Juden ermorden wollten, würden sie es ja wohl hier machen. Du glaubst doch nicht im Ernst, dass sie die Menschen tausende von Kilometern wegschaffen, nur, um sie dort zu ermorden? Denk doch nur mal nach! Wie viel Geld, Zeit und Organisation würde das denn wohl kosten? Außerdem wäre das unglaublich dumm von Hitler. Er hat viel mehr davon, wenn sie für ihn arbeiten. Glaub doch solche Art von Geschichten nicht!«

Emma nickte. Sie hatte es auch sehr unwahrscheinlich gefunden. »Aber findest du es denn nicht furchtbar, dass sie in ein Lager gesteckt werden?«

Ihr Vater machte eine hilflose Gebärde. Seine Stimme klang noch immer gereizt. »Ja, das ist furchtbar, aber ich muss dir ehrlich gestehen, dass es mir keine schlaflosen Nächte bereitet. In dieser Zeit heißt es: Jeder für sich und Gott für uns alle.«

Emma sagte nichts. Konnte ihr Vater es sich denn nicht vorstellen, wie schlimm es war, aus seinem Haus geholt zu werden und alles zurückzulassen?

»Aber es macht mir auch keine Freude, wenn du das vielleicht denkst«, fuhr ihr Vater etwas ruhiger fort. »Solche Menschen gibt es auch. Der Friseur sagte neulich, dass er auf die Art ganz fein seinen Konkurrenten losgeworden ist. Das ging mir doch zu weit.«

»Wie es wohl in solchen Lagern ist?«, fragte Emma.

Der Vater zuckte die Schultern. »Nicht gerade ein Vergnügen, denke ich. Man wird wohl ganz beengt aufeinander hocken und freundlich werden die Moffen auch nicht sein. Aber ich nehme an, dass sie ordentlich zu essen bekommen. Sonst können sie doch keine Arbeit leisten?«

Er klopfte seine Pfeife aus und stand auf. Mit erhobenem Zeigefinger blieb er vor ihr stehen: »Er verschwindet noch diese Woche, verstanden? Er kann morgens im Dunkeln losgehen und dann in einem Tag nach Leiden laufen. Da hat er doch eine Tante?«

In der Tür drehte er sich noch einmal um. Schwarz zeichnete sich seine Gestalt im schwachen Licht ab.

»Gib ihm die Adresse von Onkel Jaap mit. Wenn er es nicht in einem Tag schafft, kann er in Voorschoten übernachten.«

Am nächsten Tag behielt ihr Vater die beiden Jungen von der Schule zu Hause. Emma sah aus dem Fenster, wie sie auf dem Land bei der Arbeit waren. Mart arbeitete langsam. Er hörte oft auf, lehnte sich auf seinen Spaten und sah sich um. Emma juckte es in den Fingern. An den wütenden Gebärden ihres Vaters sah sie, dass auch er böse war. Tim arbeitete stur weiter, aber mittags sah Emma die Blasen an seinen Händen. Nachmittags arbeitete Mart besser. Ihr Vater hatte gesagt, dass er ohne Essen ins Bett gehen könne, wenn er sich nicht anstrenge.

Und doch merkte sie ihrem Vater abends an, dass er nicht viel geschafft hatte.

»Lass Tim morgen nur wieder zur Schule gehen«, sagte er seufzend. »Ich muss es in Gottes Namen mit Mart zu Stande bringen. Wenn ich ihm ordentlich auf den Hacken sitze, mag es gehen.«

Er seufzte noch einmal und steckte seine Pfeife an. »Ich gäbe was darum, wenn Klaas da wäre.«

»Jan kann umgraben«, sagte Emma, ohne von dem Strumpf aufzusehen, den sie beim Licht einer Kerze stopfte.

Mit einem Ruck sah der Vater auf. Der brennende Holzspan schwebte über der Pfeife.

»Wer ist Jan?«

Emma wies mit dem Kopf zum Schuppen.

»Der jüdische Junge.«

»Und ich dachte, er käme aus der Stadt? Stadtkinder bringen meistens nicht viel zu Stande, wenn sie auf dem Lande arbeiten müssen.«

»Sein Vater hatte … hat einen Schrebergarten. Jan durfte früher immer helfen.«

»Umgraben?«

»Auch das. Ich hab ihn danach gefragt. Er will es tun, Pa. Gern sogar.«

Ihr Vater lachte verächtlich. »Und das würde nicht auffallen, wenn ich hier einen jüdischen Jungen arbeiten ließe?«

»Er sieht nicht sehr jüdisch aus. Zumindest nicht allzu sehr. Er kann eine Mütze aufsetzen, dann sieht man das schwarze Haar nicht so.«

»Und wie erkläre ich das de Graaf und unsern beiden Jungen? Die werden Fragen stellen, wenn hier auf einmal ein wildfremder Junge auftaucht.«

»Du könntest sagen, dass er ein entfernter Verwandter ist. Du hast doch einen Großneffen in Den Haag? Bei der Beerdigung haben wir den noch gesehen.«

»Arie Vreeburg?«

»Ja, der. Wir können sagen, dass Jan ein Sohn von ihm ist. Seine Frau ist doch ziemlich dunkel, oder?«

»Das hast du dir alles schon zurechtgelegt, was?«

Emma sah ihn an. »Ich hab Mitleid mit dem Jungen, Pa, und du könntest ihn jetzt gut gebrauchen.«

Ihr Vater saugte an seiner Pfeife und blickte nachdenklich.

»Und wenn nun eine Kontrolle kommt? Du weißt, dass hier ab und zu Moffen auftauchen, und wenn es nur wäre, um nach dem Weg zu fragen oder um nachzusehen, ob de Graaf sein Schwein schön fett mästet und ob ich genug Spinat ziehe.«

»Wir können sagen, dass er noch nicht sechzehn ist. Dann braucht er keinen Personalausweis.«

Ihr Vater sagte nichts, aber Emma sah es seinen Augen an, dass er über den Vorschlag nachdachte. Sie sagte nichts mehr. Er musste nun selbst den Entschluss fassen. Sie hatte getan, was sie konnte.

Als ihr Vater eine halbe Stunde später aufstand, um seine abendliche Runde zu machen, sagte er: »Wir können es ja mal einen Tag versuchen.«

15

Zwei Tage später saß Jan morgens am Küchentisch. Emma hatte mit ihrem Vater gemeinsam überlegt, dass sie die zwei Tage abwarten wollten. Jan war gerade erst wieder gesund und sie wollte, dass er so ausgeruht und frisch wie möglich an die Arbeit ging.

Als Mart und Tim nach unten kamen, stellte Emma ihn vor.

»Das ist Jan, Jungs. Jan Diek Vreeburg, euer Cousin.«

»Ich wusste gar nicht, dass wir einen Cousin haben«, sagte Mart, während er Jan neugierig betrachtete.

»Ich wusste es auch nicht, wenigstens hatte ich ihn noch nie gesehen«, sagte Emma. »Aber gestern Abend stand er plötzlich bei uns vor der Tür. Er ist ein Sohn von Arie Vreeburg aus Den Haag. Und Arie ist der Sohn einer Schwester von Opa Blokland.«

»Der Sohn einer Schwester von Opa Blokland«, wiederholte Tim nachdenklich. »Ganz entfernte Verwandtschaft also?«

Emmas Vater nickte. »Jan wird mir beim Umgraben helfen. Er kam eigentlich, weil er fragen wollte, ob wir Kartoffeln zu verkaufen hätten, aber ich hab ihn gebeten, eine Zeit lang hier zu bleiben, jetzt, wo wir ohne Klaas zurechtkommen müssen.«

Emma beobachtete aus den Augenwinkeln ihre beiden Brüder. Sie hoffte, dass sie nicht hörten, wie unnatürlich Pas Stimme klang, als ob er eine Lektion auswendig aufsagte. Aber die Jungen merkten nichts davon.

»Kamst du nach der Sperrzeit? Hast du dich getraut?«, fragte Tim und schob den Tisch dabei ein Stück vorwärts.

Oje, dachte Emma, das ist der erste Fehler.

»Na ja …«, sagte sie schnell. »Du hast es genau geschafft, was, Jan? Ihr«, sie nickte Tim und Mart zu, »wart gerade nach oben gegangen, als er vor der Tür stand.«

Sie legte auf alle Teller drei dünne Scheiben Brot mit geriebener Mohrrübe als Aufstrich. Ihr Vater bekam vier Scheiben.

Sie schenkte Minztee in die Tassen ein und tat den Jungen einen Schuss fast durchsichtige Milch dazu. Nach kurzem Zögern gab sie Jan auch einen Schuss.

»Kannst du umgraben?«, fragte Tim.

Jan nickte mit vollem Mund. »Mein Vater hatte einen Schrebergarten. Ich hab ihm früher oft geholfen.«

»Früher?«, fragte Tim. »Jetzt also nicht mehr?«

Jan schluckte und nippte an seinem Tee.

»Als der Krieg anfing, hat mein Vater den Garten weggegeben. Es war zu weit, um jedes Mal zu Fuß dorthin zu gehen, als wir unsere Fahrräder ablief … also unsere Fahrräder einkassiert wurden.«

»Wie viele?«

»Was meinst du damit? Wie viele?«

»Wie viele Fahrräder von euch sind einkassiert worden?«

»Vier«, sagte Jan, während er ein wenig hilflos zu Emma blickte.

»Oha, sag bloß, so viele!«, meinte Tim. »Wir sind nur eins losgeworden. Weißt du noch, Em, dass dieser Moff dir einfach das Fahrrad weggenommen hat? Es war direkt beim Bäcker. Ich saß bei dir hinten drauf. Wir mussten eine ganze Stunde laufen, um wieder nach Hause zu kommen.«

Emma wusste es noch. Es war das Fahrrad ihrer Mutter gewesen.

Tim schaute wieder zu Jan. »Sind sie euch alle vier auf einmal weggenommen worden?«

Emma lachte. »Tim, nun hör mal auf zu fragen. Jan weiß gar nicht, wie ihm geschieht. Er ist keine kleinen Brüder gewohnt.«

»Und was bist du denn gewohnt?«, fragte Tim.

»Tim!« Nun mischte sich auch der Vater ein. »Halt den Mund!«

Achselzuckend fing Tim an zu essen.

Am späten Vormittag kam ihr Vater mit Jan und Mart zum Kaffeetrinken. Emma sah ihm an, dass es gut gegangen war.

»Du, der Junge kann wirklich umgraben!«, bemerkte er überflüssigerweise noch.

Emma seufzte vor Erleichterung. Sie blickte zu Jan, der sich kreidebleich zurücklehnte.

»Hast du es nicht verlernt?«, fragte sie, während sie ihm den Kaffee reichte. Sie sah, dass die Hand, mit der er die Tasse nahm, zitterte.

Er schüttelte den Kopf. »Ach nein.«

»Wir haben gewettet«, erzählte Mart, der, genau wie Jan, genüsslich über seinen Kaffee blies. »Wer zuerst am Ende ist.«

Ihr Vater nickte. »Macht es nur weiterhin gut. Ordentlich tief graben. Ich will keine halbe Arbeit.«

Mittags saß Jan zwischen den beiden Jungen und erzählte Witze. Er kannte eine ganze Menge. Die beiden Jungen lachten lauthals und sogar ihr Vater lächelte gelegentlich. Irgendwie war es geselliger bei Tisch als sonst, dachte Emma. Ihr Vater sagte nie viel und Mart war auch meist still. Manchmal war Tim der Einzige, der redete.

Nach dem Essen zog Tim wieder zur Schule und der Vater ging mit den beiden Jungen aufs Neue an die Arbeit.

Beim Abendbrot fragte Tim: »Wo schläfst du eigentlich, Jan?«

»Bei dir, Tim«, sagte Emma schnell. »Heute Nacht hat Jan hier im Schuppen auf einem Bündel Stroh geschlafen, aber das ist keine Dauerlösung. In deinem breiten Bett ist Platz für zwei Personen, dachte ich.«

»Toll!«, sagte Tim. »Dann kannst du mir abends Witze erzählen.«

»Das denkst du wohl!«, sagte Emma. »Du gehst früher ins Bett. Wenn Jan ins Bett geht, schläfst du schon!«

»Kennt ihr den von Pietersen?«, fragte Jan. »Hört zu! Pietersen arbeitet im Büro und kommt eines Tages eine Stunde zu spät. Er hat lauter blaue Flecken, er hinkt, und sein Arm ist verbunden. ›Was ist denn mit dir los?‹, fragt sein Chef. ›Entschuldigung, Meneer!‹, stottert Pietersen. ›Ich bin aus dem zweiten Stockwerk gefallen.‹ Sagt der Chef: ›Und dafür hast du eine Stunde gebraucht?‹«

Tim kicherte immer noch, als Emma ihn ins Bett steckte.

Beim flackernden Kerzenlicht strickte sie weiter an einem Pullover für Mart. Zwar konnte sie nicht viel sehen, aber stricken kann man auch nach dem Gefühl und eine falsche Masche hier und da würde Mart nicht auffallen. Ihr Vater und Jan saßen ihr gegenüber am Tisch. Ihr Vater rauchte seine Pfeife und versuchte dicht neben der qualmenden Kerze Zeitung zu lesen. »Es geht nicht. Ich sehe fast nichts.«

Jan hatte seine Ellbogen auf den Tisch gestützt, das Gesicht in den Händen.

»Müde, Jan?«, fragte Emma.

»Ein bisschen.«

Ihr Vater drückte den Tabak in der Pfeife zurecht und fragte: »War es anstrengend?«

Jan schüttelte den Kopf. »Nicht wirklich. Früher war ich auch immer müde nach der Gartenarbeit. Ich wollte eigentlich jetzt ins Bett. Geht das?«

»Ja, natürlich«, sagte Emma. »Komm, ich zeig es dir.«

Sie nahm die Taschenlampe und ging Jan nach oben voran. Die Tür zu Tims Zimmer war angelehnt. Im Halbdunkel blickte sie in seine weit geöffneten Augen. »Kommt Jan schon?«, flüsterte er.

»Ja, er ist hier. Aber er ist todmüde. Ich will nicht, dass du ihn wach hältst. Hörst du, was ich sage, Tim?«

»Nein, wirklich nicht, Em, wirklich nicht!«

Sie glaubte ihm nur halb. Tim war kein allzu guter Schläfer. Manchmal war er noch wach, wenn sie selbst ins Bett ging.

»Kommst du zurecht, Jan?«

»Ja, natürlich«, sagte Jan. »Ich zieh mich schon im Dunkeln aus.«

Emma wartete noch einen Augenblick auf dem Flur. Das Bett knarrte, als Jan sich hinlegte.

Emma wartete noch eben auf der Treppe, aber als es still blieb, ging sie zu ihrem Vater in die Küche zurück. Der starrte vor sich hin und sagte: »Das ist nichts mit diesem kümmerlichen Kerzenlicht. Ich muss mich so schnell wie möglich um Karbid kümmern.«

»Bekommt man das noch?«, fragte Emma.

»Ich will es bei van Dijk versuchen. Morgen kann ich wohl kurz weg. Die Arbeit geht flott voran. Der Junge gräbt recht ordentlich, und das Schöne ist, dass Mart nicht hinter ihm zurückstehen will. Er strengt sich viel mehr an als gestern.«

Emma lachte. »Er schaut zu ihm auf, was? Ich hab es auch gemerkt.«

»Der Junge wirkt älter als sechzehn, findest du nicht auch?«

Emma nickte. »Ja, er ist zwar nur zwei Jahre älter als Mart. Aber im Vergleich zu ihm ist Mart noch ein Kind.«

»Glaubst du, dass er wirklich sechzehn ist?«

Emma zog das Wollknäuel zu sich und begann mit einer neuen Nadel. »Doch, ja, er ist in die dritte Klasse der höheren Schule gegangen. Das war 1942.«

»Und wo ist er seit der Zeit gewesen?«

Emma erzählte, was sie von ihm wusste.

»Also ist der Junge die ganze Zeit allein gewesen?« Langsam schüttelte ihr Vater den Kopf. »Dafür ist er recht fröhlich geblieben.«

Emma nickte, war aber nicht seiner Meinung. Sie fand, dass die Fröhlichkeit von Jan etwas Unechtes hatte, konnte aber nicht recht erklären, weshalb.

»Hast du de Graaf heute noch gesprochen?«

»Ja, er kam, um schnell einmal zu gucken.«

»Hat er Jan etwas angemerkt?«

»Ich weiß es nicht. Ich habe ihm das erzählt, was wir auch zu den Jungen gesagt haben. Er schien es zu glauben. Jedenfalls fragte er nicht weiter.«

Er gähnte laut und nahm die Taschenlampe. »Ich werd auch mal ins Bett gehen. Es hat keinen Sinn, hier im Dunkeln sitzen zu bleiben. Und diese Kerze sollten wir auch lieber sparen.«

Emma strickte noch die Nadel zu Ende und rollte ihr Strickzeug zusammen. Ihr Vater hatte Recht. Sie hatte nur noch vier Kerzen und ein paar Stummel. Wer weiß, wie lange sie damit noch auskommen mussten.

Sie stellte die Kaffeetassen auf die Anrichte und nahm den Leuchter mit der Kerze, um nach oben zu gehen.

An der Tür stieß sie mit Jan zusammen.

»Ich konnte nicht schlafen«, sagte Jan.

Emma hob den Leuchter etwas und blickte ihn an. »Warum nicht?«

Jan setzte sich an den Herd und breitete die Hände darüber aus, um die letzte Wärme aufzufangen. Seine Stimme klang rau. »Ich hab an früher gedacht.«

»Das hilft nicht«, sagte Emma vorsichtig. Sie stellte den Leuchter auf den Kaminsims zurück.

Jan zuckte mit den Schultern. »Nein, du hast Recht. Das hilft nicht. Aber manchmal kann ich es nicht lassen.«

»Ich weiß, was du meinst«, sagte Emma. Sie zog die Herdklappe auf und schürte das Feuer noch einmal. Schweigend setzte sie sich.

Es war sehr still in der Küche. Die Kerze flackerte und erlosch dann knisternd. Bei dem Duft, der so plötzlich entstand, musste Emma an Weihnachten denken, an all die Weihnachtsfeste mit ihrer Mutter.

»Du, Emma?«, fragte Jan. »Kannst du dir das vorstellen, manchmal denke ich so stark an früher, an zu Hause, dass es wie Wirklichkeit ist. Dann sehe ich alles vor mir bis in die kleinsten Details. Ich sehe die Farbe des Tischtuchs, die Form der Teekanne, ja, sogar den Mauerriss in der Decke meines Schlafzimmers. Ich sehe es vor mir, wie meine Mutter in einem Topf rührt, wie Hanneke ihre Puppe anzieht und wie mein Vater sich rasiert. Er sang immer dabei. Lieder von Robert Gilbert etwa, der hat viel für die Comedian Harmonists geschrieben. Kennst du die?«

Sanft und rein klang auf einmal seine Stimme im Dunkeln: »Am Sonntag will mein Süßer mir mit segeln gehn …«

Emma lauschte atemlos; als es zu Ende war, sagte sie: »Du hast eine wunderbare Stimme.«

»Ich hab früher in einem Chor gesungen«, erzählte Jan. »Kennst du dies? ›Ein Freund, ein guter Freund, ist doch das Beste, was es gibt auf der Welt, ein Freund, ein guter Freund, und wenn die ganze Welt zusammenfällt …«

Emma zog die Beine an und schlug ihre Arme darum. Den Kopf auf die Knie gelegt, lauschte sie den Liedern, die Jan sang, der, nachdem er einmal angefangen hatte, nicht wieder aufhören konnte. Er sang ein Lied nach dem andern.

Emma vergaß die Kälte, die Dunkelheit und den Krieg. Jans Stimme war die einzige Wirklichkeit. Er spann sie darin ein, bis sie vom Scheitel bis zur Sohle in Wärme, Musik und Freude gehüllt war. Das letzte Lied kam noch einmal besonders vergnügt: »Was kann der Sigismund dafür, dass er so schön ist …« Jan kannte sämtliche Couplets, und Emma lachte, bis ihr die Tränen in den Augen standen: »Das musst du einmal für Tim singen!«

Jan stand auf und ganz leicht fühlte sie seine Hand auf ihrem Haar. »Ist gut, aber jetzt habe ich es für dich gesungen.«

Verwirrt blieb Emma zurück.

Mitten in der Nacht fuhr sie von einem Schrei auf. Emma war schon aus dem Bett, bevor sie richtig wach war. Natürlich wieder Tim. Das war nun schon das fünfte Mal in kurzer Zeit, dass er schreiend aus einem schrecklichen Traum aufwachte. Sie unterdrückte eine Anwandlung von Ärger. Nun musste sie bei ihm bleiben, bis er wieder einschlief. Zitternd tastete sie sich zu seinem Zimmer. Es war stockdunkel. Erst als sie am Lichtschalter drehte, machte sie sich klar, dass sie keinen Strom mehr hatten. Sie schob die Gardine und das Verdunkelungspapier etwas beiseite. Glücklicherweise hatten sie fast Vollmond. Tim saß aufrecht im Bett. Jan rieb sich die Augen und kam langsam hoch.

Tim weinte. »Da waren Wölfe und Tiger und sie wollten mich packen und dich auch.«

»Schsch … sei still«, sagte Emma. »Komm mal eben her. Ja, kriech über Jan rüber. Still jetzt. Es war nur ein Traum.«

»Aber es war ganz echt«, weinte Timn. »Ich hab sie ganz genau gesehen. Sie hatten …«

»Da ist nichts, wovor du Angst haben musst, wirklich nicht. Du hast geträumt, Tim!«

Sogar im schwachen Mondlicht sah Emma, dass Tim seine

Augen fest zudrückte und sie nicht zu hören schien. Sie seufzte. Wenn Tim einen solchen Traum hatte, dauerte es manchmal sogar eine halbe Stunde, bis er sich beruhigte.

»Und Löwen waren auch da. Hier im Zimmer. Direkt hier …«

Emma versuchte es noch einmal. »Das geht gar nicht, Tim. Wölfe und Tiger sind im Tiergarten hinter festen Zäunen. Die können gar nicht hierher kommen.«

»Aber sie haben mich wirklich gepackt, Emma, und sie brüllten, und sie hatten große, ekelhafte Zähne, und die waren …«

»Still, Tim, du weckst alle auf. Es war ein Traum. Glaub es doch.«

Schluchzend kroch Tim zu ihr. »Nein, nein, es war wirklich!«

Emma legte ihn hin und deckte ihn zu. »Nun schlaf mal wieder, du!«

Aber Tim schlug weinend die Decke zurück und klammerte sich an sie.

»Tim?« Leise klang Jans Stimme aus dem Dunkel.

»Ja?«, schluchzte Tim.

»Erzähl mal genau: Was passierte da?«

»Ich war im dunklen Wald und auf einmal war da ein Wolf, der kam auf mich zu. Und ich war ganz allein und dann kam von der andern Seite ein Tiger und der …«

»Es war nur ein Traum«, sagte Emma. »Denk nicht mehr daran!«

»Nein, erzähl mal weiter, Tim«, sagte Jan. »Und was war dann?«

Emma wurde böse. So machte er es nur schlimmer.

»Schlaf jetzt, Tim, los!«, sagte sie beinahe scharf.

»Emma? Lass mich mal! Weißt du, es hilft wirklich, wenn er es erzählt. Mein Vater tröstete mich auch immer so.«

Erstaunt schwieg Emma und hörte zu, wie Tim erzählte.

»Und dann?«, fragte Jan immer. »Wie viele Wölfe waren es und hatten die Tiger auch scharfe Zähne?«

Tim erzählte und legte sich ein paar Minuten später hin. Immer undeutlicher klang seine Stimme. »Und da war auch ein ...«, murmelte er noch.

Jan winkte ihr, dass sie gehen sollte. Er deckte Tim zu und legte sich auch hin.

Erstaunt und erleichtert ging Emma in ihr Zimmer zurück. Jan konnte zaubern.

16

Drei Wochen dauerte das Graben auf dem Acker. In den ersten Tagen wurde Jan davon todmüde, aber dann ging es etwas besser, obwohl die Arbeit schwer blieb. Die Erde war feucht, jeder Spatenstich bleischwer.

Das Wetter war rau und meistens nass. Trotz Pullover und Regenjacke, die Emma ihm gegeben hatte, hatte es Jan oft eiskalt. Seine Schuhe, die ihm zu klein waren, wurden in dem feuchten Boden durchnässt, und jeden Abend musste er sich die Socken vorsichtig von seinen Blasen losziehen.

Die Blasen an seinen Händen hatten gar keine Zeit, richtig zu heilen. Sie blieben rot und schmerzhaft.

Aber das alles war nicht so schlimm. Das wirklich Schlimme war, dass er sich nicht mehr sicher fühlte. Er grub hier mitten im Freien den Acker um und er hatte immer das Gefühl, als würde er beobachtet. Überall spürte er die Augen von Moffen oder von Verrätern. Jeden Augenblick konnte einer auf ihn zukommen und sagen: »Du bist ganz bestimmt ein Jude!«

Jan zog sich seine Mütze bis tief über die Ohren und versuchte sich hinter dem breiten Rücken von Emmas Vater oder hinter dem schmalen Rücken von Mart zu verstecken, aber es half nichts.

Auf dem Dachboden bei Jansen und im Schuppen bei Emma hatte er sich ziemlich sicher gefühlt. Dort beschützten ihn die Mauern, und wenn er dann noch im Bett die Decke ganz über sich gezogen hatte, war er sich noch sicherer vorgekommen. Niemand sah ihn, niemand konnte ihn verraten.

Jetzt hatte er immer das Gefühl, er stünde nackt und ungeschützt auf einer offenen Fläche.

Die Arbeit war eintönig. Spaten in den Boden, hochheben, umwenden. Spaten in den Boden, hochheben, umwenden. Stunde um Stunde, Stunde um Stunde. Acht bis neun Stunden am Tag. Sechs Tage in der Woche.

Mart und sein Vater waren sehr schweigsam. Sie sagten kaum mehr als: »Kalt ist es heute«, oder: »Ob es wohl noch mehr Regen gibt?«

Wenn Jan etwas sagte, hatte er das Gefühl, als fielen seine Worte in einen tiefen Brunnen. Nie kam eine Reaktion darauf. Es schien, als spielte sich gar nichts in ihnen ab. Mart lachte über seine Witze, aber erzählte selbst nie etwas. Sein Vater schien an nichts anderes zu denken als an das Wetter, an das Umgraben und natürlich an die Moffen. Aber Jan merkte schon bald, dass die Bloklands eigentlich nicht so sehr zu leiden hatten. Sie hatten noch genug zu essen, genug Brennmaterial, und wenn sie sich an das hielten, was die Moffen ihnen vorschrieben, konnte ihnen nicht viel passieren. Die Festnahme ihres Knechts war wohl das Schlimmste, was ihnen in diesem Krieg geschehen war. Und dass ein Fahrrad beschlagnahmt wurde. Emmas Vater hatte ihm schon dreimal erzählt, dass es ein sehr gutes Fahrrad gewesen war, sogar richtig mit Schlauch und Mantel.

Und nun hatte der Krieg ihnen einen untergetauchten Juden beschert, aber auch eine Arbeitskraft.

Jan sah sich nach dem Stück Land um, dass sie noch umgraben mussten. Sie hatten etwas mehr als die Hälfte hinter sich, schätzte er. Er trat kräftig auf den Spaten, um ihn so tief wie möglich in den Boden zu bekommen. Er fragte sich, was wohl für Blokland am schwersten wog, die Angst, sich strafbar zu machen, weil er jemanden bei sich untertauchen ließ, oder die Zufriedenheit darüber, dass die Arbeit weitergehen konnte. Vermutlich das Letztere, sonst wäre er schon längst weggeschickt worden. Was würde mit ihm geschehen, wenn sie mit Umgraben fertig waren? Die Frage stellte er sich immer wieder.

Für einen Moment stellte er sich gerade hin. Schmerzen im Rücken bekam man vom Umgraben.

Da kam jemand den Weg herauf und schaute in ihre Richtung. Schnell beugte Jan sich wieder über seinen Spaten. Ab und zu kamen schon mal Leute vorbei. Meist war es Besuch für de Graaf, seltener für die Bloklands. Sie hatten nicht viel Verwandtschaft.

Manchmal wurde auch gefragt, ob sie Kartoffeln oder etwas anderes zu verkaufen hätten. Sehr häufig kam das nicht vor, denn es war in der Gegend allgemein bekannt, dass Blokland in dieser Zeit des Jahres nichts zu verkaufen hatte. Sie hatten nur Kartoffeln und Gemüse für sich selbst, erst im Frühjahr würde es wieder etwas für andere Menschen zu verkaufen geben.

Jans Herz schlug schneller, als er sah, dass der Mann nicht zu de Graaf ging und auch nicht ins Haus der Bloklands. Er kam quer über das Feld, direkt auf sie zu. Jan bückte sich noch tiefer über seinen Spaten. Aus den Augenwinkeln sah er einen dicken Wintermantel, wahrhaftig aus echtem Düffel, und Schuhe mit richtigen Ledersohlen, an denen jetzt Erde klebte.

»Morgen, Blokland.«

»Tach, Vermeulen.«

»Trübes Wetter, was?«

»Hast Recht.«

»Ich wollte mal sehen, ob du Kartoffeln zu verkaufen hast.«

»Na ja … wir haben es auch nicht so reichlich. Wie viel dachtest du?«

Verwirrt grub Jan weiter. Wo hatte er die Stimme schon einmal gehört? Und warum schien Blokland auf einmal bereit dazu, Kartoffeln zu verkaufen? Er hatte gerade erst gesagt, dass er sich Sorgen machte, ob sie mit ihrem Vorrat durch den Winter kämen.

»So zwanzig Kilo?«

»Das ist mir zu viel. Du kannst zehn Kilo haben. Zwölf Gulden das Kilo.«

Das war ein anständiger Preis, wusste Jan. Auf dem schwarzen Markt verlangten sie dreißig Gulden für ein Kilo Kartoffeln.

»Ist gut.«

Jan hörte, wie Blokland seinen Spaten in die Erde stieß und seine Holzschuhe mit einem kratzenden Geräusch daran abstreifte.

»Neuer Knecht, Blokland?«

Sein Herz blieb stehen.

»Sie haben Klaas aufgegriffen. Dies ist der Sohn eines Großneffen von mir.«

»So ...«, sagte Vermeulen gedehnt.

Jan fühlte, wie sich zwei Augen in seinen Rücken brannten. Seine Hände zitterten am Spaten.

Blokland und Vermeulen gingen dicht an ihm vorbei. Die Falte in Vermeulens Hose war messerscharf.

Als sie ihn nicht mehr hören konnten, fragte Jan: »Wer ist das, Mart?«

»Vermeulen. Er wohnt da drüben auf der andern Straßenseite, in einem der großen Häuser.«

Nun wusste Jan, wo er die Stimme schon einmal gehört hatte. Auf dem Dachboden der Scheune, wo er die erste Nacht zugebracht hatte. Dies war einer der Männer, die dort gesägt hatten. Und Emma hatte gesagt, dass man den Menschen dort nicht trauen konnte!

Er versuchte seine Stimme so normal wie möglich klingen zu lassen: »Und wie ist der so?«

Mart zuckte mit den Schultern. »Ach, ganz normal … ich weiß es nicht.«

Jan grub weiter. Mart durfte nicht merken, dass er Angst hatte.

Er sah sich vorsichtig um; Blokland und Vermeulen gingen in die Scheune. Kurz danach kamen sie wieder heraus. Vermeulen trug einen Jutesack. Er schüttelte Blokland die Hand, blickte kurz in die Richtung zu Jan und Mart und lief dann mit schnellen Schritten den Weg wieder herunter.

Jan unterdrückte das Bedürfnis, ganz schnell wegzulaufen und sich irgendwo zu verstecken. Mit zitternden Knien arbeitete er weiter.

Blokland kam zu ihnen zurück und zog mit einem Ruck seinen Spaten aus der Erde. Er sagte nichts.

»Der sah aber piekfein aus!«, sagte Mart.

Blokland nickte.

Von meinem Schmuck, dachte Jan. Er hat ihn natürlich gefunden und verkauft. Die Ketten meiner Oma, die Ringe und Armbänder meiner Mutter, den Siegelring meines Vaters. Er wunderte sich etwas darüber, dass es ihm kaum etwas ausmachte. Es war so lange her, dass er sie gesehen hatte. Wenn er daran zurückdachte, schien es ein anderes Leben zu sein. Als wäre der Jan, der Eltern und ein Schwesterchen gehabt hatte, ein anderer Junge gewesen, ein Junge, den er vage kannte und der nichts mit dem zu Tode verängstigten Jungen zu tun hatte, der er jetzt war.

Die Angst lag ihm wie ein Stein im Magen und breitete sich allmählich über den ganzen Körper aus. Seine Arme und Beine zitterten und sein Kopf fühlte sich ganz leicht an. Jeden Moment konnte jetzt ein deutscher Lastwagen erscheinen, um ihn abzuholen. Geistesabwesend grub er weiter. Spaten um Spaten, Spaten um Spaten.

Es passierte nichts, aber die Angst blieb. Erst als er mittags bei Emma am Tisch saß, wurde er etwas ruhiger. Emma strahlte eine solche Sicherheit aus. Ruhig füllte sie die Teller mit Kartoffeln, Rosenkohl und ein klein wenig Soße, die ganz entfernt nach echter Soße schmeckte.

Während des Essens sprach niemand. Jan hatte es sich abgewöhnt, etwas zu sagen. Hier wurde erst geredet, wenn jeder seinen Teller leer gegessen hatte.

»Was wollte Vermeulen?«, fragte Emma, als ihr Vater seinen Teller ein Stück wegschob und sich mit einem Seufzer zurücklehnte.

»Kartoffeln«, sagte Blokland mit einem Blick auf Mart und Tim.

Emma fragte nicht weiter.

Abends, Mart und Tim waren schon im Bett, fing Emma noch einmal an. »Ich sah Vermeulen mit einem Sack in der Hand weggehen.«

Ihr Vater nickte. »Ich hab ihm zehn Kilo verkauft.«

Nach kurzem Schweigen fuhr er fort: »Das schien mir das Beste.«

Auch Emma nickte. »Ja, es ist besser, wenn wir ihn uns nicht zum Feind machen.«

Sie fädelte einen Faden ein und beugte sich über eine Socke, in der ein großes Loch war. Es war still in der Küche. Die Karbidlampe zischte leise. Jan konnte sich nicht länger zusammennehmen.

»Meneer Blokland?«

Emmas Vater blickte ihn fragend an.

»Ist der Mann ›verkehrt‹?«

»Ich weiß es nicht. Ich trau ihm nicht ganz. Sein Sohn war

bei der NSB. Der trug eine schwarze Uniform und verkaufte ›Volk und Vaterland‹. Letzten September, am ›Dollen Dinsdag‹, ist er verschwunden.«

Jan wusste: Am »Dollen Dinsdag«, als jeder dachte, die Befreiung stünde unmittelbar bevor, waren viele NSBer geflüchtet.

»War Vermeulen selbst nicht in der NSB?«

»Das glaube ich nicht. Vor Jahren hat er mir einmal gesagt: ›Was deine erwachsenen Kinder tun, hast du nicht in der Hand.‹ Das ist mir immer so im Gedächtnis geblieben.«

»Und doch trauen Sie ihm nicht!«

»Nein, obwohl ich sagen muss, dass ich nicht genau weiß, warum nicht.«

»Hat er nach mir gefragt?«

»Nur, wo mein Großneffe denn wohne.«

»Glaubte er's?«

»Wenn man das wüsste!«

Blokland betrachtete Jan: »Dein Haar wird zu lang.«

Scheinbar wechselte er das Thema, aber Jan verstand, was er meinte. Mit langem Haar sah er viel jüdischer aus. Das fand er selbst auch. Bei Meneer Jansen hatte er selbst gelegentlich etwas abgeschnitten, aber hier war er noch nicht dazu gekommen.

Emma sprang auf. »Pa hat Recht! Komm, ich schneid dir die Haare!«

Sie holte ein Tuch und legte es ihm um die Schultern. »Schneiden und rasieren, Meneer?«

Jan zog eine Grimasse und rieb sich übers Kinn. Er wollte, es gäbe etwas zu rasieren. »Nur schneiden. Ich lass mir einen Bart stehen.«

Ihr Vater drehte am Regler der Karbidlampe. Das hellgelbe Flämmchen wurde jetzt fast weiß und warf tanzende Schatten gegen die Wand.

Emma gab Jan einen Spiegel und hielt die Schere fragend über seinen Kopf. »Wie hätten Sie's denn gern, Meneer?«

Jan zeigte: »Hier kurz und da etwas länger.«

»Mach es mal schön kurz«, sagte Emmas Vater.

Emma nickte und machte sich an die Arbeit. Lange schwarze Locken fielen ihm auf die Schultern und in den Schoß. Emmas Hände bewegten sich schnell und sicher. Sie schnitt auch immer die Haare ihrer Brüder.

Das Gesicht im Spiegel war ihm beinahe fremd. So kurz war sein Haar seit Jahren nicht mehr gewesen. Von Ferne hörte er die Stimme seiner Mutter: »Hat Meyer wieder den Blumentopf benutzt?« Es war ein Scherz. Meyer war ihr Friseur.

Jan schluckte. Immer noch überfielen ihn diese Augenblicke, in denen er dachte, er wäre zu Hause. Meist kamen sie ganz unerwartet, wenn er eigentlich mit anderen Dingen beschäftigt war.

Mit einem Ruck stand er auf, zog sich das Tuch von den Schultern und bückte sich nach seinen abgeschnittenen Haaren. Er sah gerade noch Emmas hochgezogene Augenbrauen und die Gebärde, mit der sie die Schultern hob.

Es passierte nichts. Vermeulen kam nicht wieder und es kam auch kein Moffenauto. Alles ging wie gewohnt weiter: das Graben, die Mahlzeiten, die Nächte bei Tim in seinem breiten Bett.

Jan bekam immer mehr das Gefühl, jemand anders zu sein. Nicht der Junge, der er bis jetzt gewesen war, Jan Diek Vreeburg, sondern ein anderer Junge, ohne Vergangenheit, aber auch ohne Zukunft.

Oft war ihm, als ginge alles an ihm vorbei, als wäre jegliches Gefühl völlig verschwunden. Dann gab es nichts anderes als den rauen Stiel des Spatens, die sumpfige, schwarze Erde, den grauen Himmel, aus dem fast unaufhaltsam grauer Regen strömte, und die vollen Teller von Emma, von denen man doch immer noch ein bisschen Hunger übrig behielt.

Auch seine Angst war verschwunden, beinahe jedenfalls. Nur selten passierte es, dass sie plötzlich grell aufblitzte. Meist hatte er ein taubes und totes Gefühl in sich, wodurch ihm alles gleichgültig war. Manchmal hob sich der Nebel in seinem Kopf für Momente, meist durch Emmas Stimme. Dann schien er wach zu werden, aber merkwürdigerweise waren ihm dann auf einmal auch seine Eltern und Hanneke nahe, und das wollte er nicht. Er verblieb lieber weiterhin in diesem fast bewusstlosen Zustand.

Eines Tages sagte Blokland plötzlich: »Ich glaube, dass wir heute fertig werden.«

Jan hörte auf zu graben und schaute verwirrt zu Mart, der sich reckte und seufzte: »Gott sei Dank!«

»Es ist gerade noch rechtzeitig«, fuhr Blokland fort und spähte in die Luft. »Ich denke, dass wir Frost bekommen. Die Luft ist so klar.« Er schnupperte: »Man riecht es auch.«

»Dann kannst du zu Hause Weihnachten feiern, Jan«, sagte Mart.

Jan erschrak. »Ach ja, fein«, stotterte er und stieß seinen Spaten so tief in den Boden, dass er ihn fast nicht mehr herausbekam. Warum durfte er nicht bis zum Ende des Krieges weitergraben? Warum veränderte sich sein Leben immer, gerade, wenn er dachte, dass etwas für immer so bleiben würde?

»Jan bleibt noch ein bisschen«, sagte Blokland.

Mit einem Ruck sah Jan auf.

»O ja?«, fragte Mart.

Mit dem Rücken zu ihm sagte Blokland: »Du weißt doch, dass Emma gestern in Den Haag war?«

»Das war doch, um Seife zu besorgen?«, fragte Mart.

»Ja, aber sie ist auch bei Jans Eltern vorbeigegangen. Da sieht es nicht allzu gut aus. Es ist beinahe kein Essen mehr zu bekommen. Es ist ihnen nur recht, wenn Jan hier noch ein bisschen bleiben könnte.«

Jan war erleichtert und zornig zugleich. Warum erfuhr er erst jetzt, dass er bleiben durfte? Seit Wochen fragte er sich, was mit ihm geschehen würde, wenn das Umgraben fertig war.

Mart gab ihm einen Puff. »Dann kriegst du auch von de Graafs Schwein was ab!«

Als er am Weihnachtsmorgen nach unten kam, schaute Jan voll Verwunderung um sich. An den Wänden hingen Tannenzweige, behangen mit roten Weihnachtsglocken und grauweißen, haarigen Fäden darin. Verblüfft fühlte er daran. Sie waren ganz weich.

»Hast du noch nie Engelshaar gesehen?«, fragte Tim, der aufmerksam zu ihm hinsah.

»Doch, natürlich«, murmelte Jan und setzte sich an seinen Platz. Auf dem Tisch lag ein weißes Tischtuch, rote Bänder waren darüber gespannt. Sie bekamen zwei Scheiben Brot mehr, und in der Butterdose, die Emma stolz auf den Tisch stellte, war wirklich etwas, das nach Butter schmeckte.

»Wie bist du daran gekommen?«, fragte ihr Vater verblüfft.

»Geheimnis!«, sagte Emma fröhlich. Und das sagte sie auch, als sie zum Kaffee richtiges Rosinenbrot mit Korinthen und Rosinen darin auftischte und beim Mittagessen Bratkartoffeln mit Backbirnen. »Geheimnis!«

Aber die Karbonade, die sie dazu bekamen, war kein Geheimnis. Darauf hatten sie sich von dem Moment an gefreut, als de Graaf um Hilfe beim Transport seines Schweines zum Schlachter bat.

Es gab sogar einen Nachtisch, einen Pfannkuchen mit Äpfeln und etwas Zucker. Mart und Tim leckten ihre Finger und ihren Teller ab, und als Emma darüber lachte, lachte Jan wie von selbst mit ihr.

17

Jan presste seine Finger um die heiße Kaffeetasse und hielt seine Füße an den Herd. Seine Zehen prickelten. Endlich wurde er etwas warm, das heißt, seine Vorderseite. Sein Rücken war noch eiskalt, wie dicht er sich auch an den Herd setzte.

Draußen fiel der Schnee in dicken, trägen Flocken aus grauen, tief hängenden Wolken. Es schien gar nicht richtig hell zu werden, Blokland sah zum soundsovielten Mal auf das Thermometer, das draußen vorm Küchenfenster hing.

»Wie viel, Pa?«, fragte Tim.

»Minus zehn.«

Emma schauderte: »Und das mitten am Tag.«

Die Tür zum Vorraum wurde aufgemacht. Man hörte das Stampfen von Füßen und eine Stimme: »Heda! Hallo!«

Jan erschrak. Vermeulen! Äußerlich ganz ruhig, griff er nach seiner Mütze und zog sie weit über die Ohren.

»So hast du draußen nichts davon«, sagte Tim, der es sah.

Jan zuckte die Achseln und beugte sich tief über seinen Kaffee und blies darauf. Sein Herz klopfte.

Händereibend kam Vermeulen in die Küche. »Ich komm schon mal rein, ich bin so frei. Es ist kein Wetter, um draußen stehen zu bleiben.«

»Ja, es ist Winter«, sagte Blokland.

»Ich wollte nur mal fragen …« Suchend blickte Vermeulen sich um, ob er irgendwo sitzen könnte.

Emma gab Tim ein Zeichen, aufzustehen. Seufzend setzte Vermeulen sich auf den Stuhl. Seine Lederjacke knarrte.

»Was für ein Wetter, was?«, sagte er noch einmal. Er nahm seine Pelzmütze ab und rieb sich die Ohren.

»Es friert kräftig«, sagte Blokland.

»Kaffee, Meneer Vermeulen?« Emma reichte ihm eine Tasse. Die kleinste Tasse, die sie hat, dachte Jan.

»Es gibt sicher nicht viel im Garten zu tun?«, wollte Vermeulen wissen.

Blokland schüttelte den Kopf. »Auf dem Land können wir nichts anfangen. Aber wir haben Arbeit genug.«

»Du vermisst Klaas sicher sehr.«

»Ich komm zurecht«, sagte Blokland. »Tim und Mart sind den ganzen Tag zu Hause, jetzt, wo die Schulen geschlossen sind.«

»Und dann ist ja auch noch dein Neffe da.«

Vermeulen nickte zu Jan herüber, der versuchte sich ganz klein zu machen hinter Blokland. »Ist wohl anders hier als in der Stadt, was?«

»Tja …«, sagte Jan.

»Wo wohnst du in Den Haag?«

»Baumviertel«, murmelte Jan.

»Ist davon denn noch etwas übrig geblieben? Unsre Herren Besatzer haben da doch den Atlantikwall angelegt.«

»Das ist die andere Seite …«, stotterte Jan. »Nicht bei uns.«

Vermeulen nahm ein Schlückchen Kaffee. »Ich kam früher manchmal dorthin zu einem Rechtsanwalt. Ein de Jong in der Eichenstraße. Ein Judenmann war das, aber tüchtig in seinem Fach. Schon mal von ihm gehört?«

»Nein …«, murmelte Jan. Die Kehle war ihm wie zugeschnürt.

»'ne Zigarre, Vermeulen?« Blokland hielt ihm eine Schachtel hin. »Es ist Marke Eigenbau, also erwarte nicht zu viel davon.«

Es war einige Sekunden still. Nachdenklich zog Vermeulen

an der Zigarre: »Tja, de Jong in der Eichenstraße. Schon eine Zeit her, dass ich den gesehen habe … ein kleines Männchen mit einer großen Nase. Du weißt schon, so 'ne richtige Judennase.« Er blies eine dicke Rauchwolke aus und schüttelte den Kopf. »Er wohnt natürlich nicht mehr da. Es ist schon Jahre her. All die Juden sind weggeholt worden. Wie sagen die Deutschen doch noch? O ja, JUDENREIN. Den Haag ist judenrein.«

Jan hielt die Sitzfläche seines Stuhls mit beiden Händen fest. Ein Tritt, dachte er. Nur ein Tritt, mitten in das voll gefressene Gesicht.

»Als ob es Ratten wären!« Emmas Stimme war schrill vor Empörung.

Vermeulen wedelte den Rauch vor seinem Gesicht weg. »Nein, Ratten sind es nicht, aber angenehme Leute auch nicht gerade, finde ich. Und du, Blokland?«

Emmas Vater stand auf und nahm seine Mütze.

»Tut mir Leid, Vermeulen. Wir haben nie lange Zeit für den Kaffee. Ich muss wieder an die Arbeit. Was wolltest du eigentlich fragen?«

»Ob du Brennholz zu verkaufen hast. Ich bin fast am Ende mit den Vorräten. Ich hab beinahe alle Bäume in meinem Garten abgesägt und ich könnte mich natürlich an die Straßenbäume machen, wie das anscheinend jeder tut, aber das muss nachts passieren, und es ist doch schon so verdammt kalt. Außerdem bin ich lieber kein Dieb …«

Das bist du wohl, dachte Jan. Und ob du das bist!

»Ich kann nichts entbehren, Vermeulen. Ich hab schon noch was, aber man weiß nie, wie lange man damit auskommen muss. Es friert nun schon drei Wochen und das Barometer bleibt unten. Es kann gut noch ein paar Wochen so weitergehen.«

»Ich kann dich bezahlen. Sag mir deinen Preis.«

»Ach, Mann, was soll ich mit Geld? Man kann doch nichts dafür kaufen.«

»Ich kann dir auch etwas anderes dafür anbieten.«

Vermeulen fingerte in seiner Tasche. »Dieser Siegelring ist aus Gold. Er stammt von meinem Vater. LV, siehst du? Ludwig Vermeulen.«

Jan merkte, wie ihm schwindelig wurde. LV. Leo Visser! Solange er sich erinnern konnte, hatte sein Vater den Ring getragen. Erst auf dem Dachboden bei Jansen, als er so mager geworden war, dass der Ring immer herunterglitt, hatte er ihn abgenommen.

Er presste seine Hände noch fester um den Stuhl. Zwei Fußtritte, dachte er. Drei. Ich trete ihn tot.

»Was soll ich mit dem Ring eines andern?«, fragte Blokland.

»Du kannst ihn nach dem Krieg umschmelzen lassen, Pa«, sagte Emma, die Augen auf Jan geheftet.

Jan fühlte ihre Augen mehr, als dass er sie sah. Ohne Worte verstand er, was Emma meinte. Beherrsch dich. Gib dich nicht zu erkennen.

Blokland besah den Ring und gab ihn Emma. Er zuckte mit den Schultern. »Na ja, meinetwegen. Ich kann dir schon was abgeben. Hast du eine Schubkarre bei dir? Mart und Tim, kommt ihr mit? Ihr solltet die Werkbank aufräumen.«

Vermeulen setzte seine Pelzmütze auf und nickte Jan zu: »Du solltest deine Mütze drinnen lieber absetzen. Dann hast du draußen mehr davon.« Er hob grüßend die Hand. »Vielen Dank, Emma, für den Kaffee!«

Mit einem Knall schlug die Außentür zu.

Jan sprang auf und trat gegen den Stuhl, auf dem Vermeulen gesessen hatte. »Schuft!«, keuchte er. »Schuft!«

»Jan! Lass doch!« Emma packte seinen Arm.

Jan schüttelte ihre Hand ab, rannte aus der Küche, die Treppe hinauf.

Er warf sich der Länge nach aufs Bett, schlug mit den Fäusten in sein Kissen und zischte wieder: »Schuft, gottloser Schuft!«

Eine Hand strich ihm über den Kopf. »Komm, Jan, komm, Junge. Lass doch, hör auf.«

»Der Ring gehört meinem Vater!« Gellend schrie Jan es heraus.

»Still!« Emma hielt ihm ihre Hand auf den Mund.

Jan hielt die Hand fest. Seine Schultern zuckten. Tränen strömten ihm über die Wangen.

Emma strich ihm übers Haar und sagte nichts. Langsam beruhigte er sich und erst da merkte er, dass er noch immer Emmas Hand festhielt, eine warme, sanfte Hand. Er drückte sie an den Mund und fuhr mit den Lippen darüber.

»Jan?« Marts Stimme klang von unten. »Bist du oben? Pa fragt, ob du kommst. Wir sollen Zäune reparieren.«

Erschreckt sprang Jan auf. »Ich komm schon.«

Er wagte es nicht, Emma anzusehen.

Sie gab ihm einen Puff. »Geh mal schnell!«

Als er nach draußen kam, sah er noch eben den Rücken von Vermeulen, der eine schwere Schubkarre den Weg hinabschob.

Jan schlug einen Nagel in das Brett, das Mart festhielt. Sie arbeiteten hinten auf dem Land zusammen. Tim arbeitete mit seinem Vater an den Zäunen, die an der Straßenseite standen.

»Stümper!«, sagte Mart und nahm Jan den Hammer aus der Hand. »Du schlägst ihn ganz schief ein. Lass es mich mal machen.«

Jan hielt das Brett fest, während in seinem Kopf die Gedanken herumwirbelten. Judenrein. Judenrein. Seines Vaters Ring. Emmas zarte Hand.

»He, schlaf nicht ein.« Mart stieß ihn an. »Das Brett sitzt schon lange fest, du!«

Er langte nach einem anderen Brett. »Das hier wackelt auch. Halt mal fest!«

Jan versuchte zu tun, was Mart sagte. Wenn dieser Vermeulen so über Juden dachte, war er verloren. Was Emma wohl mit dem Ring machen würde? Er hatte ihre Hand geküsst. Ob sie es wohl schlimm fand? Es war passiert, ehe er es wusste. Judenrein. Die Angst, die er eine Weile nicht empfunden hatte, kam wieder herauf; sein Magen krampfte sich zusammen.

»Sag mal! Ich tu hier die ganze Arbeit und du stehst da und döst vor dich hin.« Mart war jetzt böse. »Wir wollen uns doch beeilen. Es ist so unheimlich kalt, dass ich kaum den Hammer halten kann.«

Er kam hoch und schlug sich die Hände um die Schultern, um wieder warm zu werden. »Verflixt, da ist dieser Vermeulen wieder! Der läuft uns ja die Bude ein! Ach nein, er bringt nur die Schubkarre zurück.« Mart hob grüßend zwei Finger.

»Mart, meinst du, dass der Kerl ›verkehrt‹ ist?« Jan versuchte seine Stimme zu beherrschen.

Mart griff wieder zum Hammer und zuckte die Schultern. »Keine Ahnung!«

»Ich fand, dass er so merkwürdig von … eh … Juden redete.«

»Und wieso geht dich das was an?«

»Nur so. Ich denk immer darüber nach. Wie Menschen sind und so …«

Mart gab ihm einen Klaps auf die Schulter. »Weißt du, was mit dir los ist, Jan? Du denkst zu viel!«

An diesem Abend wagte Jan es nicht, noch einmal wegen Vermeulen anzufangen. Seit kurzem blieb Mart länger auf.

Blokland war sehr dafür gewesen, weil sie dann zu viert Karten spielen konnten, am liebsten Klaberjass.

Jan fand das Spiel furchtbar. Er hatte es schnell gelernt, aber Karten erinnerten ihn immer an das letzte Kartenspiel zu Hause. »Werden die Juden nicht genug gepiesackt, Ruth?«, hörte er seinen Vater noch sagen.

Und doch tat er so, als ob es ihm Spaß machte. »Los, komm, Emma«, sagte er oft. »Die Socke hat morgen auch noch ein Loch!«

Aber heute Abend war ihm wirklich nicht danach zu Mute. Er legte immer die falschen Karten ab und Mart fuhr ihn an: »Was hast du? Du döst den ganzen Tag schon herum.«

»Entschuldige«, murmelte Jan. »Ich bin müde. Ich geh lieber ins Bett.«

Es war eisig kalt im Schlafzimmer. Jan behielt Hose und Pullover an und schob sich schnell zu Tim. Bibbernd zog er sich die Decken bis unters Kinn. Die letzten Wochen schien es, als ob man überhaupt nicht mehr ganz warm wurde. Und doch war es gut, im Bett zu liegen, vor allem, wenn man sich fürchtete. Er fühlte, wie die Angst, die ihn den ganzen Tag in ihren Klauen gehabt hatte, langsam verschwand.

Er drehte sich auf die Seite und schob eine Hand unter sein Kissen, um es zu sich heranzuziehen. Seine Finger berührten einen harten runden Gegenstand. Der Ring seines Vaters! Er lächelte und drückte ihn an seine Wange. Liebe Emma, dachte er noch.

Am nächsten Morgen war er als Erster unten. Nach einem kurzen, tiefen Schlaf war er ganz heiter aufgewacht. Obwohl sein Bett warm war und ihn festhalten wollte, schlug er fest entschlossen die Decke zurück. Er wollte Emma danken, bevor einer der andern unten war. Im Dunkeln fühlte er nach seiner Jacke und zog sie zitternd an.

Emma war noch nicht auf. Er spähte nach dem Thermometer. Minus zwölf. Beim Licht der Taschenlampe – sie mussten sehr sparsam mit dem Karbid sein – machte er den Herd an. Es dauerte lange, bis es ein bisschen warm wurde, und so ging er in den Vorraum, um seinen Schal und seinen Mantel zu holen.

Auf dem Boden vor der Hintertür war ein viereckiger weißer Fleck. Jan bückte sich. Es war ein zusammengefaltetes Stück Papier. Sicher eine illegale Zeitung. Sogar hier erschienen diese Blätter ab und zu auf wundersame Weise. Er nahm es mit in die Küche und faltete es auseinander. Auf das Papier waren ausgeschnittene gedruckte Buchstaben geklebt. *Judenfreund. Wenn du jeden Samstagabend zehn Kilo Kartoffeln und eine Schubkarre Holz draußen hinstellst, werde ich dich nicht verraten.*

Die Taschenlampe zitterte ihm in der Hand und die Buchstaben tanzten vor seinen Augen. Er las es noch einmal. *Judenfreund…*

»He, bist du schon auf?« Emma kam in die Küche. »Schön warm ist es hier schon.« Jan schaute sie an, ohne etwas zu sagen.

»Was hast du da? Wieder ein ›Pressedienst Oranien‹? Das ist lange her, sag mal. Was steht darin?«

»Nein, es ist ein Brief«, sagte Jan tonlos.

Stirnrunzelnd nahm ihn Emma. »Dieser dreckige Vermeulen«, brach es aus ihr heraus.

»Jetzt bin ich dran!«, flüsterte Jan.

»O nein«, sagte Emma. »Das bist du nicht. Wir müssen uns etwas ausdenken.«

Sie starrte auf den Brief und dachte nach. »Wir müssen mit meinem Vater darüber sprechen.«

»Dein Vater will mich weghaben«, sagte Jan. »Nun ganz und gar.«

Emma schüttelte den Kopf. »Das glaube ich nicht. Nicht mehr wenigstens.«

Die Tür quietschte. Blokland kam in die Küche und ging sofort zum Herd. »Gott im Himmel, ist es kalt!« Er rieb seine Hände über dem Herd und sah dann zur Seite. »Was habt ihr da?«

Ohne ein Wort gab Emma ihm den Brief. Jan reichte ihm die Taschenlampe.

Blokland sagte dasselbe wie Emma: »Dieser dreckige Vermeulen!«

»Muss ich weg, Meneer?«

Blokland gab keine Antwort. Jan wagte es nicht, seine Frage zu wiederholen.

Plötzlich zerknüllte Blokland den Brief und warf ihn ins Feuer. »Nein!«, sagte er kräftig. »Ich lasse mich nicht erpressen.«

Er schwieg wieder und rieb sich kratzend übers Kinn. Dann sagte er: »Ich will euch sagen, was wir tun. Auf die eine oder andere Art geben wir ihm zu verstehen, dass du wieder bei deinen Eltern bist. Du kommst jetzt nicht mehr nach draußen. Ich kann die Arbeit mit Mart und Tim schon allein fertig machen. Du bleibst drinnen und versteckst dich, wenn sie kommen und dich suchen.«

»Wo soll er sich verstecken?«, fragte Emma.

»Das weiß ich noch nicht. Darüber müssen wir nachdenken. Aber es muss möglich sein. Wir können hier schon von weitem sehen, wenn jemand ankommt. Tim und Mart können unseren Weg im Auge behalten.«

»Dann müssen wir es ihnen erzählen, Pa.«

Blokland rieb sich das Kinn. »Das ist wahr, aber ich glaube, dass es jetzt möglich ist. Mart hat sich verändert in letzter Zeit. Er arbeitet besser und ist nicht so widerspenstig. Mit Tim ist es sowieso kein Problem.«

»Vielleicht kann Jan in die Bettnische.«

Blokland nickte bedächtig. »Das ist gar keine schlechte Idee. Wir können eine Extrawand einsetzen; dann kann er dahinter sitzen.«

Die Bettnische befand sich in Bloklands Schlafzimmer, hier unten. Wahrscheinlich war sie früher wirklich als Bettstelle gebraucht worden, aber jetzt war es ein großer, sehr tiefer Schrank, in dem Kleider hingen.

Emmas Vater nickte noch einmal. »Das ist keine schlechte Idee.«

Er starrte auf seine Hände. »Aber wie lassen wir es Vermeulen wissen, dass du weg bist? Wir können wohl kaum hingehen und es ihm erzählen.«

»Was macht ihr da im Dunkeln?« Tim kam in die Küche und lief auch gleich zum Herd.

Emma legte ihm den Arm um die Schultern: »Was dachtest du denn? Du bist nicht der Einzige, der friert.«

Beim Frühstück erzählte Blokland den beiden Jungen, was los war.

»Du ein Judenjunge?«, fragte Mart verblüfft. »Also bist du gar nicht unser Cousin?« Er konnte es nicht fassen.

»Und ich wusste es die ganze Zeit«, bemerkte Tim höchst befriedigt. »Du hast überhaupt kein Vreeburggesicht!«

»Und was machen wir nun?«, wollte Mart wissen.

Blokland erzählte ihnen, was er sich überlegt hatte. »Du und ich, wir setzen sofort eine Wand in die Bettstelle. Wir haben Holz genug. Jan bleibt im Haus.«

»Und Vermeulen?«, fragte Emma.

»Sagst du ihm, dass du dich nicht erpressen lässt?«, fragte Mart.

»Nein!« Blokland schüttelte den Kopf. »Auch wenn ich dir gestehen muss, dass ich es gern täte. Aber es wäre nicht klug.«

Blokland schwankte: »Vielleicht sollte ich ein einziges Mal diese Kartoffeln und das Feuerholz draußen bereitstellen …«

»Nein, Pa!«, rief Emma.

»Aber meinst du nicht, dass es sehr auffällt, wenn Jan nun in dieser Woche schon sozusagen verschwindet?«

Emma dachte nach. »Können wir ihm nicht einen Brief schreiben, dass wir zur Polizei gehen, weil er den Schmuck von Jan an sich gebracht hat?«

»Nein, nein!« Emmas Vater hob die Hände. »Damit geben wir nur zu, dass wir einen Juden verstecken. Und außerdem: Juden sind vogelfrei. Wahrscheinlich betrachtet die Polizei einen solchen Diebstahl nicht einmal als Verbrechen.«

»Und wenn wir nun ganz einfach gar nichts tun?«, schlug Mart vor. »Einfach mal abwarten, bis Vermeulen wieder auftaucht. Uns können sie doch nichts anhaben. Jan ist fort, und wenn wir das Versteck gut genug abschirmen, finden sie ihn nie.«

»Na ja, nie?« Blokland rieb zum soundsovielten Male sein Kinn. »Die Schwierigkeit ist, den Zugang sichtbar zu machen. Jan muss doch rein- und rauskönnen.«

»Es ist stockduster in der Bettstelle«, sagte Mart wieder. »Wenn da eine Tür ist und man hängt alle Kleider wieder davor, sieht niemand was davon.«

Tim hatte bis jetzt geschwiegen. »Und wenn Jan nun einfach nur zum Schein weggeht, könnten wir dann nicht dafür sorgen, dass Vermeulen das mitkriegt?«

Sie blickten ihn alle an.

Blokland nickte. »Dann musst du später wieder zurückkommen, Jan. Heimlich.«

Jan fühlte die Angst wie Eiswasser durch seinen Körper kriechen. Musste er wirklich wieder auf die Straße?

18

Es wurde ein gutes Versteck. Emmas Vater und Mart arbeiteten den ganzen Morgen daran. Emma hörte sie durch die Küchentür reden, sägen und zimmern. Tim saß am Fenster und behielt ununterbrochen den Weg im Auge. Jan half in der Küche. Er mahlte Weizen, schälte einen Topf Kartoffeln, schnitt zwei Köpfe Rotkohl in kleine Stücke und trocknete sogar ab. Und doch hatte Emma das Gefühl, dass ihm nichts recht von der Hand ging. Er brauchte zu allem viel länger als nötig, und wenn er zwischendurch einmal nichts tat, starrte er vor sich hin und kaute an seinen Nägeln.

»Jan? Mach dir mal keine Sorgen. Es wird schon gut gehen, bestimmt!«, sagte sie ein paar Mal, doch es schien, als hörte er sie nicht. Erst als sie es zum dritten Mal sagte, schaute er auf: »Meinst du wirklich?«

»Ja«, sagte sie und sah ihn an. Sie war selbst erstaunt darüber, dass sie sich so sicher fühlte. Die ganze Zeit über, während Jan bei ihnen im Haus war, hatte sie Angst gehabt, einen Tag mehr, den andern weniger. Aber nun, wo jemand sie zu verraten drohte, war ihre Angst verschwunden. Es konnte einfach nicht schief gehen, ihr Plan war so gut überlegt. Sie würden Jan durchbringen, wie auch immer. Sie ließ für einen Augenblick den Teig in ihren Händen ruhen und dachte an den vorigen Tag. Die Stelle an ihrer Hand, an der Jans Lippen sie berührt hatten, schien zu glühen.

»Die Nägel frieren mir an den Fingern fest«, sagte Mart, der kam, um seine Hände überm Herd zu wärmen. Er blieb nur kurz. Sogar Mart tut, was er kann, dachte Emma. Es ist, als hätte Jan uns alle verändert.

»Jan, komm mal her und schau dir's an«, rief ihr Vater am Ende des Vormittags. Emma ging mit. Es war eisig kalt im Schlafzimmer. Ihr Atem kam in weißen Wölkchen aus dem Mund.

Die Bettnische war leer geräumt. Die Kleider lagen auf dem großen Bett ihres Vaters. In der Rückseite der Bettstelle war eine Öffnung, etwa einen halben Meter im Quadrat.

»Kriech einmal da durch.« Auf Händen und Füßen verschwand Jan in dem Loch.

Ihr Vater blickte ihm nach. »Geht es?«

»Prima!«, rief Jan.

Ihr Vater stellte eine kleine Holzplatte vor das Loch. »Siehst du die beiden Klötzchen an der Seite?«

»Ich sehe gar nichts!« Die Stimme klang hohl und wie von weit her.

Emma holte die Taschenlampe und reichte sie ihm durch das Loch. Ein enger Raum, muffig und übel riechend.

Ihr Vater stellte die Platte noch einmal davor. »Siehst du sie jetzt? Dreh sie einmal um!«

Man hörte, wie es scheuerte, das Geräusch, wenn Holz sich auf Holz dreht.

Ihr Vater stieß gegen die Platte. Sie saß fest. Prüfend betrachtete er die Ritzen daneben. »Wir müssen etwas davor stellen.«

»Die Heukiste«, schlug Emma vor.

Ihr Vater schüttelte den Kopf. »Zu schwer.«

Emma ließ ihren Blick herumwandern, bis er an den Hutschachteln oben auf dem Wäscheschrank hängen blieb. Ihre Mutter hatte ihre Hüte immer ordentlich aufbewahrt in altmodischen Pappschachteln. Auf Zehenspitzen stehend, griff sie danach. Eine dicke Staubschicht lag darauf.

»Die?«

Sein Gesicht verzog sich schmerzlich bei der Erinnerung. Er nahm ihr die Schachteln ab. Zwei Stapel Hutschachteln deckten die Platte genau ab.

»Wenn wir jetzt noch die Kleider davor hängen, scheint es mir in Ordnung zu sein«, murmelte er. Emma und Mart nickten.

Emma rief Tim hinzu. »Siehst du was?«

Tim kroch auf den Knien in die Bettstelle hinein. »Es riecht nach Sägespänen«, sagte er. »Aber ich sehe nichts. Wo ist der Eingang?«

»Gut so«, sagte ihr Vater. Er holte die Schachteln weg und klopfte an die Luke. »Du kannst wieder raus!«

Bleich und mit wirren Haaren kroch Jan aus dem Loch.

»Darf ich auch mal hinein?«, fragte Tim und wartete die Antwort gar nicht erst ab.

»Der Boden ist sehr hart«, meldete er. »Aber sonst liegt man hier gemütlich.«

Nach dem Essen ging Emma auf den Dachboden. Sie kam mit einer Matratze aus dem Kinderbettchen, zwei kleinen Decken und der grünen Samtgardine, die Jan auch im Schuppen benutzt hatte, herunter.

Sie zeigte es ihm. »Damit musst du zurechtkommen. Ich hab keine große Matratze übrig.«

Jan stopfte die Matratze durch das Loch. »Prima!«, sagte er. »Sie passt genau.«

In der Küche füllte Emma eine Flasche mit Wasser und tat zwei Scheiben Brot in eine Blechdose.

»Ich leg das da auch mit hinein«, sagte Jan und zeigte ihr ein dickes Buch. »Das kenn ich noch nicht.«

»Du findest jedes Mal ein neues, was?« Emma lächelte. Tims Bücherkiste war eine wahre Schatzkiste für Jan. Die

Kiste gehörte Tim eigentlich gar nicht, aber solange sie sich erinnern konnte, stand sie schon in Tims Zimmer. Eine große, blau bemalte Kiste, bis an den Rand mit Büchern gefüllt. Einige davon hatten noch ihrem Opa gehört. Die meisten stammten aus der Erbschaft einer alten Tante. Sie selbst kauften nie Bücher. Nur Tim las gern, und als er gemerkt hatte, dass auch Jan gern las, hatte er ihn mit zu sich nach oben geschleift. Erst nach Stunden waren sie wiedergekommen. Seitdem schnüffelte Jan dauernd in der Kiste. Und wenn sie einmal abends keine Karten spielten, saß er mit einem Buch dicht an die weiße Flamme der Karbidlampe gerückt. Das fand Emma manchmal direkt ungemütlich.

Einige Tage später sagte ihr Vater beim Frühstück: »Ich denk, dass du heute wegsolltest, Jan. Es ist Samstag und …« Er sagte den Satz nicht zu Ende, aber jeder wusste, was er meinte.

»Wie machen wir es?«, fragte Emma.

»Ich hatte es so gedacht«, sagte ihr Vater. »Jan packt ein paar Sachen ein und geht dann zu Fuß weg. Fünf Minuten vorher gehe ich zu Vermeulen und frage ihn, ob er eine Adresse weiß für äh …«

»Pelzmützen«, sagte Tim.

»Schmuck«, sagte Jan. Er lachte nicht dabei.

»Nein, für, sagen wir mal … Tabak. Ich kann sagen, dass ich den Eigenbau nicht mehr ausstehen kann. Das ist außerdem auch wahr. Ich halt ihn auf, indem ich mit ihm plaudere, so an der Tür, und wenn Jan vorbeikommt, winke ich ihm zu und erzähle Vermeulen dabei, dass Jan wieder zu seinen Eltern geht, weil ich keine Arbeit mehr für ihn habe.«

»Das war meine Idee, nicht, Pa?«, sagte Tim stolz.

Jan kaute an einem Fingernagel. »Und wie komm ich dann wieder her?«

»An der nächsten Ecke wartest du, bis ich fertig bin bei Ver-

meulen. Ich winke dir zu, zum Zeichen, dass Vermeulen reingegangen ist und dich nicht mehr sehen kann. Dann gehst du dort nach links und läufst ein Stück geradeaus bis zu einem Wäldchen, eine Art Park eigentlich, auf der linken Seite. Quer hindurch läuft ein Pfad, und wo dieser Pfad aufhört, stehst du vor unserem Graben, hinten auf dem Land. Du überquerst das Eis und läufst zu den Schuppen. Du wartest in der Mattenscheune, bis es dunkel wird. Dann hole ich dich.«
Emma nickte ihrem Vater zu: »Ja, das müsste eigentlich prima klappen.«

»Also gut, dann machen wir es so. Jan, tu ein paar Kartoffeln und Rosenkohl in eine Tasche und zieh dich so dick wie möglich an. Wir machen es besser sofort. Es ist glaubwürdiger, wenn du frühmorgens losgehst. Es ist ein ganzes Stück zu laufen bis nach Den Haag.«

Emma stand auf: »Ich geb dir Butterbrote für unterwegs mit.«

Ihr Vater ging mit großen Schritten den Weg hinunter und trat den frischen Schnee glatt. Emma sah ihm nach. Die Jungen standen neben ihr.

Als ihr Vater am Ende des Weges war, sah er sich kurz um. Das war das Zeichen für Jan. Emma gab ihm einen kleinen Stoß. »So, und jetzt du!«

Sie sah, dass seine Hände zitterten und dass ihm trotz der Kälte Schweißtropfen auf der Stirn standen. Hatte er wirklich solche Angst?

Jan zog die Mütze noch tiefer und den Schal noch höher. Emma sah nur noch seine Augen, hohl und schwarz. Auf einmal schien er wieder der Junge zu sein, der vor zwei Monaten bei ihr im Schuppen gelandet war. Bevor sie es richtig merkte, gab sie ihm einen Kuss, irgendwohin auf seinen Schal: »Bis heute Abend!« Ihre Wangen glühten. Mart grinste.

»Grüß schön zu Hause!«, brüllte Tim.

Jan lief den Weg hinunter, den Rücken gekrümmt und ein bisschen schief durch die schwere Tasche. Er schien immer langsamer zu gehen. An der Straße bog er nach links ab und verschwand aus ihren Augen.

Sie blieben vor dem Fenster stehen und warteten auf ihren Vater. Emma musste Tim am Kragen festhalten, damit er ihm nicht entgegenrannte.

»Und, hat er es geglaubt?«, fragte er atemlos, als sein Vater den Schnee von seinen Holzschuhen stampfte.

»Ich glaube, es hat geklappt«, sagte ihr Vater. »Vermeulen kam sogar ein paar Schritte nach draußen, um nachzusehen, wem ich zuwinke. Der Kerl ist so neugierig wie die Pest. Ich hatte den Eindruck, dass er ganz schön blöd aus der Wäsche guckte; dies hatte er wohl nicht erwartet. Jan nickte ihm ganz normal zu und mir rief er zu: »Vielen Dank, Onkel!«

Emma seufzte vor Erleichterung. So weit war es also gut gegangen, aber ganz beruhigt würde sie erst sein, wenn Jan wieder in Sicherheit war.

»Und? Hatte er noch eine Adresse für Tabak?«, fragte Mart.

»Für Tabak nicht. Er könnte wohl an Zigaretten kommen, sagte er. Sechzig Gulden für ein Päckchen!« Ihr Vater zuckte die Achseln. »Ich hab gesagt, dass ich darüber noch mal nachdenken müsste.«

19

Es wehte ein scharfer Wind und nun fing es auch noch an zu schneien. Die Flocken drangen ihm durch den Schal hindurch in den Nacken und liefen als Eisbäche seinen Rücken herunter. Jan fror bis auf die Knochen, obwohl er erst zehn Minuten gelaufen war.

Es war nicht viel los auf der Straße. Die wenigen Menschen, denen er begegnete, stemmten sich gegen den schneidenden Wind und achteten nicht auf ihn. Allmählich zitterten die Hände nicht mehr so und langsam beruhigte sich auch das Herz. Niemand beachtete ihn. Niemand konnte wissen, dass er ein untergetauchter Jude war.

Er nahm die bleischwere Tasche in die andere Hand. Was für eine dumme Idee von Blokland, ihn die schwere Tasche mitschleppen zu lassen. Aber vielleicht hatte er Recht. Es hätte für Vermeulen merkwürdig ausgesehen, wenn er gar nichts bei sich gehabt hätte.

Scharf achtete er auf den linken Straßenrand. So allmählich musste er doch bei dem Wäldchen oder Park sein. Er legte die Hand über die Augen und spähte, aber der herumwirbelnde Wind nahm ihm die Sicht. Nur eine Gruppe von Menschen sah er vor sich, etwa zwanzig Meter entfernt. Erschrocken blieb er stehen. Es sah aus, als wenn sie Mützen mit großen Schirmen trügen. Moffen? Er spähte schärfer, konnte aber die Farbe ihrer Kleidung nicht erkennen. Gegen den weißen Schnee hob sich alles dunkel ab.

Jemand prallte gegen ihn. »Geh doch weiter! Wer bleibt denn auch mitten auf der Straße stehen?«, schrie ein alter

Mann, der ein schweres Holzbündel an einem Seil hinter sich herzog.

Erschreckt kam Jan zu sich. Er überquerte die Straße und bog rechts ab. Wenn er jetzt zweimal nach links ging, würde er an der Menschenansammlung vorbei sein.

Er marschierte kräftig weiter, während die Tasche in seinen Händen immer schwerer wurde und die Kälte immer tiefer in ihn eindrang. Es kam keine Gelegenheit, links abzubiegen.

Er verlangsamte seinen Schritt. Sollte er zurückgehen? Aber dann musste er an den Moffen vorbei!

Er ruhte sich einen Augenblick auf einem Mäuerchen aus, wurde davon aber so kalt, dass er aufstand und weiterging. Wenn ich nach dreihundert Schritten noch nicht links abbiegen kann, gehe ich zurück, nahm er sich vor. Vor sich hinmurmelnd zählte er seine Schritte. Bei dreihundert war links noch immer kein Weg gekommen.

Mit einem Ruck drehte er sich um. Nun hatte er Gegenwind. Peitschend schlug der ihm ins Gesicht und nahm ihm fast den Atem. Er beugte den Kopf tiefer und biss die Zähne zusammen.

Erst am Ende der Straße schaute er sich um. Von da war er gekommen und dorthin musste er. Die Gruppe von Männern war verschwunden. Erleichterung durchströmte ihn. Er schluckte. Der Weg zu Emma war frei.

Nun sah er auch das Wäldchen oder was dafür gelten konnte. Es war ein Feld voller Baumstümpfe. Alle Bäume waren abgesägt. Nur hier und da stand noch ein einzelner dicker Stamm.

Ein Pfad war nicht zu erkennen. Alles war mit einer dicken Schneeschicht bedeckt. Ohne zu zögern lief er quer durch die Baumstümpfe hindurch. Dahinter musste irgendwo der Graben sein.

Es war weiter, als er gedacht hatte, und der Schnee war an

einigen Stellen hoch aufgeweht. Ein paar Mal sackte er fast bis an die Knie ein. Es war unheimlich anstrengend, die Füße immer wieder herauszuziehen. Einen Augenblick ruhte er auf einem Baumstumpf aus und aß in drei Bissen eins der Butterbrote, die Emma ihm mitgegeben hatte.

Steif vor Kälte stand er dann schnell wieder auf. Sein ganzer Körper schmerzte. Er spähte durch die Schneeböen, konnte aber nichts erkennen, was nach einem Graben aussah. Und doch musste er in diese Richtung. Er lief weiter, beinahe durch den Schnee watend. Hier waren noch nicht alle Bäume abgesägt. Dunkel und steil standen sie kahl um ihn herum. Der Wind sauste um seine Ohren. Zweige krachten. Und darüber das gellende Gekreisch einer Elster. Jan schauderte. Wie einsam war es hier! Er stolperte weiter. Seine Hose war klatschnass und klebte ihm an den Beinen. Der Schnee drang durch die Löcher in seinen Schuhsohlen und durchweichte seine Socken. Seine Zehen brannten. Schmerz durchfuhr seine Schenkel. In der Brust saß ein Eisklumpen. Mit steif gewordenen Fingern wischte er sich ein paar Tränen fort. Fast ohne nachzudenken ging er weiter, immer wieder in den Schnee einsinkend.

Plötzlich waren Stimmen da und das Geräusch einer Säge.

»Ist dir auch so verdammt kalt?«

»Mann, hör auf. Ich hab schon gar keine Füße mehr!«

Unmittelbar vor ihm standen zwei Männer bei einem umgefallenen Baum.

Jan wollte zurücklaufen, aber sie sahen ihn, bevor er sich umdrehen konnte. Sie erschraken sichtlich, bis einer der beiden feststellte: »Es ist nur ein Kind!«

Sie sägten weiter, behielten ihn aber scharf im Blick. Jan spürte ihre Augen, als er an ihnen vorbeiging.

Plötzlich bekam er einen Schlag in den Rücken und fiel vornüber in den Schnee. Jemand zog an seinem Arm. Er wollte schreien, aber sein Mund war voller Schnee. Spuckend und prustend kam er hoch und sah gerade noch, wie die Männer mit seiner Tasche davonrannten. Nach wenigen Sekunden war nichts mehr von ihnen zu sehen.

Bebend stellte er sich hin. Ein stechender Schmerz fuhr ihm durchs Ohr. Er zog einen Handschuh aus und fühlte vorsichtig. Wie betäubt sah er auf das Blut an seinen Fingern und den roten Fleck im Schnee. Er drückte sein Taschentuch ans Ohr und sah sich um. Mindestens fünf Kilo Kartoffeln weg. Was würde Blokland sagen?

Er holte ein paar Mal tief Luft und lief weiter. Es konnte jetzt nicht mehr weit sein.

Ohne Tasche kam er leichter vorwärts. Die Schneedecke war hier auch weniger tief. Nach einiger Zeit lehnte er sich kurz gegen einen dicken Baum und holte die letzten beiden Butterbrote von Emma aus der Tasche.

Plötzlich waren die Männer wieder da. Sie standen zu beiden Seiten von ihm und sagten: »Her mit dem Brot!«

Jan kroch in sich zusammen und beschützte sein Butterbrot, aber einer der Männer packte seinen Arm und drehte ihn um. Jan schrie vor Schmerzen.

»Loslassen!«, zischte der Mann.

Das Brot fiel aus seinen steifen Fingern. Beide Männer bückten sich danach und rollten kämpfend über die Erde.

Jan rannte weg und wagte erst ein ganzes Stück weiter, stehen zu bleiben und sich umzublicken. Die Männer kämpften noch immer um das Brot.

Keuchend stolperte er weiter. Plötzlich stand er vor einem breiten Graben. Er hatte es geschafft!

Vor ihm lag Bloklands Land. Dort war das Wohnhaus, schwarz und viereckig. Grauer Rauch stieg aus dem Schornstein. Und dort lagen die Scheunen, niedrig und dunkel unter einer dicken Schneedecke.

Noch einmal sah Jan sich um. Die Männer waren nicht mehr zu sehen. Es war sehr still um ihn herum.

Er ließ sich von der hohen Grabenkante herabgleiten und setzte vorsichtig einen Fuß auf den Schnee. Ein kleines Stück sackte er ein. Das Eis darunter fühlte sich glatt und fest an.

Mit vorsichtigen Schritten tastete er sich weiter. Es hielt. Nun stand er ganz darauf. Behutsam lief er zur andern Seite hinüber. Als er in der Mitte war, knackte das Eis. In der eisigen Stille klang es wie ein Gewehrschuss. Er hielt den Atem an und stand einen Augenblick totenstill. Auf Zehenspitzen ging er weiter.

Erschöpft ließ er sich an der andern Seite ans Ufer fallen. Es schneite nicht mehr und hier unten war der Wind auch nicht so stark. Nur ganz kurz ruhte er sich aus. Dann kroch er die Uferböschung hinauf und sah vorsichtig über den Rand. Still und weiß lag das Land unter einem bleigrauen Himmel. Es waren nur noch hundert Meter bis zu den Scheunen.

Auf einmal bekam er Angst davor, einfach dorthin zu laufen. Mitten in diesem leeren, weißen Land würde jeder ihn sehen können. Er sah zum Graben herunter. Wenn er hier unten auf dem vereisten Graben lief, war er fast unsichtbar.

Er ließ sich wieder nach unten fallen und schlich gebückt über das Eis. Ab und zu knackte es, aber er erschrak nicht mehr, weil er dicht am Ufer blieb.

Unerwartet sackte er mit einem Bein ein. Eiskaltes Wasser drang in seine Hosen und Schuhe. Als er versuchte, sich am Ufer hochzuziehen, sackte auch sein anderes Bein ein. Er schrie vor Schreck auf und griff nach den Schilfhalmen am Ufer. Sie brachen unter seinen Händen ab. Bis zur Taille sank er ein. Noch einmal griff er verzweifelt ins Gesträuch. Dieses Mal gaben die Halme nicht nach und langsam zog er sich ans Ufer. Schauder durchzogen seinen ganzen Körper. Seine

Zähne schlugen aufeinander. Die Kälte in seinem Leib war unerträglich.

Weinend kroch er hoch. Er musste ganz einfach weiter. Wenn er hier liegen blieb, würde er erfrieren.

Strauchelnd, mehr fallend als laufend, kam er zur Scheune. Die letzten Meter legte er kriechend zurück. Mit äußerster Anspannung aller Kräfte stieß er die Tür auf und ließ sich der Länge nach fallen.

Jemand zerrte an seiner Schulter: »Jan! Jan! Was ist denn passiert?«

Er versuchte den Kopf zu heben. Er hatte das Gefühl, als wäre seine Zunge aus Fensterkitt: »Tim … ich …«

Davoneilende Schritte.

Jemand hob ihn hoch, legte ihn irgendwo hin und breitete etwas über ihn, was ihn stach. Er stöhnte und nieste zugleich. Holpernd wurde er weggefahren. Wie von fern hörte er die Stimme von Tim: »… drinnen … Herd … Emma …«

»Ja«, murmelte Jan. »Warm … Emma …«

Und dann war da auf einmal ihre Stimme: »Er blutet! Was ist denn passiert?«

Jemand zog ihm Schuhe und Hose aus und rollte ihn in eine Decke. Die raue Wolle kitzelte ihn an der Nase. Irgendjemand tat etwas mit seinem Ohr. Der Schmerz machte ihn wacher. Eine Hand hielt ihm eine Tasse vor. Er schluckte und die warme Flüssigkeit zog glühend in seinen Magen.

Jan machte seine Augen auf und entdeckte, dass er beim Herd in der Küche saß. Sie standen alle um ihn herum: Emma, ihr Vater, Mart und Tim.

»Was ist passiert?!« Zwei, drei Stimmen zugleich.

»Ich bin im Eis eingebrochen.« Seine Zunge machte immer noch nicht richtig mit. Er konnte nur flüstern.

Emma begann seine Füße warm zu reiben. Er hatte das

Gefühl, als wenn er mit tausend Nadeln gestochen würde. Er stöhnte.

»Und dein Ohr?! Wie kommt das?«

Er versuchte nachzudenken. Wie kam das denn noch gleich? Da war irgendwas mit Männern und einer Tasche.

»Beraubt«, sagte er mühsam. »Hingefallen ... ich weiß nicht mehr.«

»Aber wie denn? Und wo? Du bist nicht einmal eine Stunde weg gewesen!«

»Lasst ihn nun erst mal«, sagte Emma. »Seht ihr nicht, dass er nicht mehr kann?«

Jan nickte. Er konnte wirklich nicht mehr. Er zitterte, klapperte mit den Zähnen und alles tat ihm weh.

»Tim«, sagte Emma. »Leg dich ins Bett!«

»He, was?«, machte Tim verblüfft.

»Tu, was ich dir sage. Du musst das Bett anwärmen. Ich mach inzwischen eine Wärmflasche fertig und dann legt Jan sich zu dir. So in der Decke vorm Herd wird er nie warm.«

Tim stob aus der Küche und wirbelte die Treppe hoch.

Emma stellte einen Kessel Wasser auf den Herd.

»Kannst du allein nach oben gehen?«

»Ich weiß es nicht«, sagte Jan und versuchte aufzustehen. Blokland stützte ihn und half ihm oben, sich ganz auszuziehen. Nackt stieg er ins Bett. Tim lag schon darin. Jan schob sich zu ihm und spürte die Wärme seines Körpers.

Blokland und Mart legten so viele Decken über ihn, dass Jan unter dem Gewicht stöhnte. Allmählich hörte das Zähneklappern und das Zittern auf.

Emma schob vom Fußende her eine Wärmflasche unter die Decke. Mit seinen Füßen spürte Jan die raue Wolle, die darum gewickelt war. Langsam durchzog ihn die Wärme. Er schloss die Augen und dachte: Dies ist der Himmel.

Als er wach wurde, war er allein. Es dauerte ein bisschen, bevor es zu ihm durchdrang, wo er war. Allmählich kehrte die Erinnerung an die Ereignisse zurück. Die Kälte, der Wind, der lange, gerade Weg, der Schnee, der Wald, die Männer und schließlich das Eis.

Er seufzte tief und befühlte vorsichtig sein Ohr. Er hatte einen Verband um den Kopf, aber es tat kaum noch weh. Er rutschte wieder unter die Decken. Hier draußen war es eisig kalt. Am Dachfenster sah man Eisblumen.

Die Tür quietschte und Emmas Gesicht schaute um die Ecke. Als sie sah, dass er wach war, kam sie herein.

Ihre dicke blaue Jacke hat genau die Farbe ihrer Augen, dachte Jan.

»Bist du endlich wach?«, begrüßte sie ihn. »Ich hab schon dreimal nach dir gesehen.«

Jan nickte, ohne etwas zu sagen. Sein Hals war noch immer wie zugeschnürt. Wie lieb Emma doch aussah! Durch das Dachfenster fiel ein Lichtstrahl genau auf ihr blondes Haar. Ihr Mund leuchtete rot, die weißen Zähne blitzten.

»Bist du warm geworden?«

»Völlig!«

Es stimmte. Vom Scheitel bis zur Sohle war er jetzt warm. Schnaufend schob er etwas von der schweren Deckenlast weg.

»Emma? Komm mal her!«

Zögernd kam sie näher. Er nahm ihr Handgelenk und zog sie zu sich heran. Ganz unvermittelt. Sie fiel auf ihn. Jan schlang seine Arme um sie. Unter der dicken Schicht Decken fühlte er seinen Körper glühen. Er keuchte. Seine Lippen suchten ihren Mund.

Einen Augenblick blieb Emma still liegen. Er fühlte, wie ihr Herz klopfte. Dann machte sie sich mit einem Ruck los. »Nein, Jan, lass, bitte!«

Sie stand auf und zog ihre Kleider glatt. Sie blickte ihn nicht an, als sie sagte: »Ich hab hier Kleider für dich zurechtgelegt. Kommst du dann gleich nach unten?«

»Ja, ist gut«, sagte er träge. »Ich komm sofort.«

Als sie gegangen war, fühlte er sich schuldig und verwirrt. Warum hatte er das getan? Er wusste es nicht. Es kam von selbst. Er hatte es nicht vorgehabt.

20

Emma griff zum Korb neben dem Herd und nahm ein paar Zwiebeln heraus. Langsam schälte sie eine davon und schnitt sie in Stücke.

Ihre Wangen glühten und ihr Hals war trocken. Eben hatte Jan sie zu sich aufs Bett gezogen, ganz plötzlich.

Es hatte sie erschreckt und doch auch wieder nicht. Schon seit einiger Zeit hatte sie gespürt, dass Jan sie auf eine Art ansah, die sie unruhig machte. Sie war sich nicht sicher, ob sie seine Blicke als angenehm empfand oder nicht. Als er ihre Hand geküsst hatte, neulich, als er so wütend auf Vermeulen gewesen war, war sie innerlich ganz warm geworden und hatte sich ungewohnt froh gefühlt. Aber das eben war anders. Jan war so heftig gewesen, fast unheimlich ... Das wollte sie nicht. Er sollte so bleiben, wie sie ihn am liebsten sah, ein fröhlicher, warmherziger Junge, mit dem sie lachen und reden konnte, und von dem sie manchmal dachte: Vielleicht später, wenn wir älter sind ..., wenn der Krieg vorbei ist.

Sie seufzte: Wenn der Krieg vorbei ist. Wie oft schon hatte sie sich danach gesehnt! Und nicht allein um Jans willen. Überhaupt, wieder frei atmen zu können, wieder Licht und Wärme zu haben. Wieder alles kaufen zu können, sich einmal wieder richtig satt zu essen, nicht überall etwas abknapsen zu müssen.

Noch einmal seufzte sie. Es war für sie alle schwierig. Und vor allem natürlich für Jan. Es musste entsetzlich sein, sich ohne die eigene Familie versteckt halten zu müssen. Sie verstand daher sehr wohl die trüben Stimmungen, in die er in letzter Zeit so häufig verfiel. Aber das da eben, das hätte er nicht tun dürfen. Sie fühlte sich dadurch so sonderbar, alles in ihr bebte. Genauso hatte sie sich neulich gefühlt, als ihr Vater plötzlich meinte: »Aber du setzt dir bitte keine verrückten Sachen in den Kopf wegen des Jungen, verstanden?« Das hatte sie auch erschreckt. Sie war rot angelaufen und hatte gemurmelt: »Natürlich nicht.« Aber es war dasselbe Gefühl gewesen wie jetzt. Als ob jemand etwas in ihr angestoßen hätte, woran keiner rühren durfte. Sie schämte sich deshalb und wusste eigentlich nicht so recht, warum.

Die Küchentür quietschte und ging langsam auf. An der Stille hinter sich merkte sie, dass es Jan war, der hereinkam. Emma beugte sich tiefer über ihre Zwiebel und schnitt sie in immer kleinere Stücke.

»Weinst du?«

Erstaunt sah sie sich um. Jan stand hinter ihr mit den Händen in den Hosentaschen.

»Wie kommst du denn darauf?«

»Es hörte sich so an.«

Emma lachte laut, vielleicht ein bisschen lauter als nötig. »Ich bin beim Zwiebelschneiden!«

Jan lachte mit, auch ein bisschen lauter als nötig.

Sie hörten beide zugleich auf. Die Stille wurde plötzlich hörbar. Ein Holzscheit knisterte, draußen krächzte eine Krähe.

Jan ging einen Schritt auf sie zu. »Emma?«

Emma nahm sich eine neue Zwiebel und schälte sie, ohne richtig hinzusehen.

»Das eben … das tut mir Leid, ich wollte nicht … äh … ich meine …«

Sie nickte leicht, hielt den Kopf zur Seite gewendet und hatte keine Ahnung, was sie sagen sollte. Erleichtert hörte sie, wie draußen jemand seine Holzschuhe abklopfte und durch die Hintertür hereinkam.

Es war Tim. »Hallo, Jan, bist du wieder wach? Kannst du aber schlafen, Mensch! Emma hat, glaub ich, dreimal nach dir gesehen. Geht es dir wieder gut? Erzähl mal, was ist denn nun genau passiert? Bist du ausgeraubt worden? Und wo? Und von wem? Und wo bist du ins Eis eingebrochen? Es ist überall ganz dick!«

»Nun mal nicht so aufgeregt, Tim!«, sagte Emma. »Du lässt Jan ja gar keine Zeit, etwas zu erzählen. Du quasselst in einem fort. Setzt euch jetzt mal ganz ruhig hin, alle beide! Tim, schieb den Stuhl nicht so nahe an den Herd. Er ist schon einmal angesengt. Gleich fängt er noch Feuer. Ich werd mal nachsehen, ob noch etwas Suppe übrig ist. Du wirst sicher Hunger haben, Jan!«

Ich quassel selbst auch, dachte sie.

»Mhm, Suppe!«, sagte Tim und stieß Jan zum Spaß in die Seite.

Jan reagierte nicht. Er saß vornübergebeugt auf seinem Stuhl und hielt die Hände an den Herd. Emma konnte sein Gesicht nicht erkennen.

»Nun erzähl mal«, drängte Tim noch einmal.

»Da gibt's nicht viel zu erzählen«, sagte Jan langsam. »Da waren zwei Männer im Wald, die mir einen Stoß gaben und sich mit meiner Tasche davonmachten. Und dann war eine dünne Stelle im Eis, wo ich eingebrochen bin. Das war alles.«

»Gut, dass ich dich fand, was? Ich hab die ganze Zeit oben aus dem Dachfenster geguckt, und es dauerte eine Ewigkeit, bis ich etwas sehen konnte. Ich entdeckte dich erst, als du kurz vor der Mattenscheune warst. Du bist mehr gekrochen als gelaufen. Pa wollte erst nicht, dass ich ging, um nachzusehen. Er wollte warten, bis es dunkel war. Aber endlich hat er mir's doch erlaubt. Gott sei Dank, was?« Tim gab Jan noch einmal einen Puff.

Jan nickte ein paar Mal gleichgültig, sagte aber nichts.

Emma füllte zwei Schüsseln halb voll Wurzelsuppe. Mit ein paar Kartoffeln, Zwiebeln und ein wenig Ersatzbouillonpulver sah es doch nach etwas aus. Auch ihre letzten Rosenkohlköpfchen schwammen darin. Die Kiste war nun endgültig leer.

Sie schaute, wie viel noch im Topf war. Mart und ihr Vater würden auch gleich hereinkommen.

Sie seufzte. Manchmal wurde sie so müde davon, immer so sparsam zu sein und ehrlich aufzuteilen, dass sie hätte schreien mögen. Tim zeigte ihr flehend seine leere Schüssel.

Plötzlich herrschte sie ihn an: »Jammer doch nicht herum, Tim. Du siehst doch, dass ich nicht mehr habe!«

Sie versuchte es wieder gutzumachen, als sie alle zusammen um den Herd saßen. Sie gab Tim das letzte Restchen Suppe und strich ihm leicht übers Haar.

Mart kratzte seine Schüssel leer und blickte dann nach draußen.

»Guckt mal!«, sagte er. »Die Sonne kommt durch.«

Emma lief zum Fenster. Eine fast rote Wintersonne schien funkelnd über die weiße Winterlandschaft. Die langen Eiszapfen am Rand des Daches glänzten, ein paar Tropfen perlten herab. Auf einmal lebte sie auf. Wochenlang hatte die Sonne sich nicht sehen lassen.

»Können wir nachher nicht Schlittschuh laufen, Pa?«, fragte Tim.

Mart sprang auf: »Dürfen wir, Pa?«

Der Vater stellte sich jetzt auch ans Fenster; er nickte: »Ihr werdet erst fegen müssen, aber dann geht es schon, glaube ich. Es ist gerade das richtige Wetter dafür. Der Wind hat sich auch gelegt, seht ihr?«

Die Apfelbäume am Graben zeichneten sich unbeweglich und schwarz gegen den blauen Himmel ab. Der Schnee auf den Ästen glänzte in der Sonne.

»Kannst du auch Schlittschuh laufen, Jan?«, fragte Tim.

Jetzt sah Jan zum ersten Mal auf. Er schien kaum gehört zu haben, worüber sie sprachen.

»Äh … was sagst du?… Schlittschuh laufen? Ich muss doch im Haus bleiben!«

Tim wurde rot und murmelte: »Ach ja, ich hatte es ganz vergessen.«

»Ich hab heute schon genug Eis gesehen«, murmelte Jan.

Tim schnappte sich seine Mütze und seinen Mantel. »Aber du musst wenigstens zugucken, wie gut ich Schlittschuh laufen kann. Ich kann es unheimlich schnell!«

Mart und Tim waren den ganzen Nachmittag auf dem Eis; und dann auch noch den nächsten Tag. Emma sah ihnen zwischendurch immer wieder durchs Fenster zu. Der Graben lag direkt hinter dem Haus und sie konnte ihn in seiner ganzen Länge übersehen. Eine weiß zerkratzte Fläche, an der einen Seite die unbewegliche Stille des Baumgartens, an der andern Seite die alte Gartenmauer, die ihr Grundstück von dem Land dahinter schied.

Jan hatte kaum hingeschaut. Er tat, als wäre er in ein Buch vertieft, doch schlug er nur sehr selten eine Seite um. Emmas Vater saß am Küchentisch und schnitt seinen Eigenbau in feinste Streifen.

Je mehr Emma nach draußen sah, desto größere Lust bekam sie, sich auch die Schlittschuhe unterzuschnüren. Als es dämmerig wurde, war ihr Plan fertig.

»Wie ist das, Jan, kannst du nun eigentlich Schlittschuh laufen?«, fragte sie fröhlich.

Jan nickte, ohne aufzusehen. Er kniff die Lippen zusammen.

»Dann gehen wir auch aufs Eis!«, beschloss Emma.

Der Vater sah auf. »Was hast du dir nun schon wieder in den Kopf gesetzt?«

»Es ist fast dunkel, Pa. Es ist niemand da, der uns sehen könnte. Jan kann deine Schlittschuhe nehmen und deinen Mantel anziehen. Wenn doch jemand kommen sollte, sieht es aus, als stündest du auf dem Eis. Aber es kommt niemand. Hierhin kommt nie jemand, wenn es dunkel ist.«

»Unter einer Voraussetzung«, sagte ihr Vater streng. »Jan muss unter allen Umständen seinen Mund halten. Bei diesem klaren Wetter werden alle Geräusche weit getragen, und wenn jemand eine fremde Stimme hört, ist vielleicht alles umsonst gewesen.«

Emma sah Jan an. »Einverstanden?« Jan nickte und Emmas Herz machte einen Freudensprung.

Nun, wo die Sonne verschwunden war, wurde es plötzlich sehr viel kälter. Mit steifen Fingern schnürte sich Emma ihre guten, alten hölzernen »Friesischen Doorloper« unter und ließ sich vom Ufer gleiten. Jan stand schon auf dem Eis und schlug sich die Hände warm. Zögernd setzte Emma an, bekam dann aber schnell Fahrt.

»Ich kann es noch«, rief sie über die Schulter und fuhr in kräftigen Schwüngen zu Tim und Mart, die gerade am Ende des Grabens von einer Wettfahrt keuchend wieder zu Atem kamen.

Sie legte den beiden ihre Arme um die Schultern, und zu dritt schauten sie, wie Jan zuerst etwas ungeschickt, aber dann auf einmal in rasender Geschwindigkeit auf sie zukam. Tim pfiff bewundernd. Mit einem schwungvollen Bogen hielt Jan genau vor ihnen. »Ich kann es auch noch!«, flüsterte er.

Emma legte den Finger auf die Lippen und fuhr in großen Schleifen rückwärts. Tim und Mart stoben an ihr vorbei, Jan fuhr langsam auf sie zu. So, als wäre es ganz normal, legte er ihr den Arm um die Taille, und gemeinsam glitten sie die ganze Strecke zurück. Es ging so gut, dass sie noch einmal und dann noch einmal hin- und herliefen. Emma fühlte, wie ihr ganzer Körper bebte, und ihr war, als würde sie so bis ans Ende der Welt übers Eis gleiten können.

Mart und Tim hatten jetzt genug. Sie banden ihre Schlittschuhe ab und Tim weinte plötzlich vor Kälte und Müdigkeit.

»Kommst du auch, Em?«, rief er mit ganz dünnem Stimmchen.

»Geh schon zu, Tim«, rief sie zurück. »Ich komm sofort.«

Sie durfte nicht zu laut rufen, merkte sie. Wenn man tief einatmete, schnitt die Luft wie mit Messern in die Lungen.

»Noch einmal?«, flüsterte Jan und streckte ihr seine Hand entgegen.

Es wurde jetzt schnell dunkel, aber weil Mond und Sterne hell am Himmel standen, konnten sie gerade genug erkennen, um noch auf dem Eis bleiben zu können.

Am Ende des Grabens standen sie still. Jan hielt sie noch immer fest und mit einem Seufzer lehnte Emma sich an ihn.

Es war totenstill. Der Schnee an den Uferrändern und auf dem Land glitzerte fast gespenstisch im Licht des Mondes. Ganz hinten lag das Haus wie eine schwarze, viereckige Masse. Kein Lichtstrahl fiel nach draußen. Die große Eiche neben dem Haus schien die Sterne zu berühren.

»Siehst du den Polarstern?« Jan zeigte zum Himmel.

Emma nickte und drückte ihm ihre Hand auf den Mund. Er durfte nicht sprechen. Sie fühlte durch ihren Handschuh hindurch, wie er lächelte. Sein Griff um ihre Schultern wurde fester, als er sie an sich zog. Ein paar Sekunden standen sie ganz still aneinander gelehnt. Emmas Herz klopfte heftig und ihr Hals war trocken. Jan legte den Kopf auf ihre Schulter und seufzte tief auf. Er drückte sie so fest an sich, dass Emma fast keine Luft mehr bekam. Vorsichtig versuchte sie sich etwas zu lösen.

Plötzlich ließ Jan seine Arme schlaff herabsinken. Einen kurzen Augenblick stand er still, dann glitt er schnell fort.

Bevor Emma merkte, was geschah, war er verschwunden. Tränen sprangen ihr in die Augen und sie fror bis ins Mark.

Beinahe strauchelnd suchte sie ihren Weg zurück. Jan saß schon am Ufer und zog mit gesenktem Kopf seine Schlittschuhe aus. Emma setzte sich neben ihn und stieß ihre Schlittschuhe ab. Sie war zu müde, um die Knoten aufzunesteln.

Jan stand auf und Emma fühlte mehr, als dass sie es sah, wie er neben ihr stehen blieb. Als sie aufblickte, zog er sie schweigend hoch.

»Jan?«

Mit den Fingerspitzen strich er ihr schnell über die Wange. »Du bist so lieb …«, flüsterte er. »Aber ich bin ein komischer …«

Im Dunkeln sah sie, wie er den Kopf abwandte. Emma versuchte seinen Blick festzuhalten. »Ein komischer was?«

Er zuckte mit den Schultern. »Ein komischer Kauz.«

Sie lächelte. »Ach, das kann man noch aushalten!«

Er lächelte nicht zurück. Mit einem Schwung warf er sich die Schlittschuhe über die Schulter und lief ihr schnell voraus zum Haus hin. Emma folgte ihm langsam. Warum benahm er sich so? Sie verstand es nicht. Da eben auf dem Eis war noch alles gut gewesen.

Ihr Vater stand an der Tür, den Mantel von Mart um die Schultern geschlagen. »Seid ihr endlich da?!«, sagte er böse. »Ich wollte euch gerade holen!«

Er knallte die Tür hinter ihnen zu: »Einmal und nie wieder! Verstanden?«

»Ja, Meneer«, stotterte Jan.

Emma antwortete nicht. Ihre Gedanken waren bei Jan. Würde sie je etwas von ihm verstehen?

21

Mit den Händen in den Taschen stand Jan vor dem Dachfensterchen und betrachtete die Regentropfen, die träge am Glas herunterliefen. Er folgte ihnen mit den Augen über die Dachziegel bis in die Regenrinne, wo sie von einem Bächlein aufgenommen wurden und verschwanden.

Große dunkle Wolken überzogen den grauen Himmel.

Unten hörte er Emma. Sie lief in der Küche hin und her, klapperte mit dem Geschirr und schlug manchmal mit einem Knall die Herdklappe zu.

Die beiden Jungen waren mit Blokland in einer der Scheunen. Jetzt schlug die Kaminuhr im Wohnzimmer: elf dumpfe Schläfe. Wie oft würde er das hier noch hören? Wie lange dauerte der Krieg noch? Würde überhaupt jemand, der dies nicht selbst mitgemacht hatte, je begreifen, wie lange es dauerte? Jede Minute eine Stunde, jede Stunde ein Tag. Warten, warten – aber worauf eigentlich? Auf die Befreiung? Und dann?

Seitdem er nicht mehr nach draußen durfte, war alles schwieriger geworden. Er blieb in seinem Zimmer und kam nur zu den Mahlzeiten herunter. Mart und Tim behielten dann den Weg im Auge, sodass er verschwinden konnte, wenn jemand kam.

Jan wusste kaum, wie er die Tage herumkriegen sollte. Wenn er Emma half, war es nicht mehr so wie anfangs, obwohl sie noch immer freundlich zu ihm war. In Gedanken schüttelte er den Kopf. Freundlich war nicht das rechte Wort. Liebevoll war sie. Könnte er doch ebenso liebevoll zu ihr sein.

Aber das war gerade die Schwierigkeit. Er konnte nicht lieb zu ihr sein und eigentlich kümmerte es ihn auch kaum, dass sie lieb zu ihm war.

Vor ein paar Wochen noch hatte er gedacht, dass Emma und er später … oder sogar jetzt noch …

Er betrachtete die letzten Schneereste auf dem Land. Schmutzigweiß stachen sie gegen die dunkle, aufgeweichte Erde ab. Morgen würden die letzten Spuren des Winters verschwunden sein. Dieses langen Winters, in dem er doch einige Male glücklich gewesen war. Wie an dem Abend, als er mit Emma Schlittschuh gelaufen war.

Ganz kurz spürte er wieder, wie sie zusammen liefen und wie ihre Hand in seiner lag. Sogar durch ihre Handschuhe hindurch hatte er ihre Wärme und Kraft gefühlt. Ihm war gewesen, als strömte etwas von dieser Kraft zu ihm herüber. Plötzlich hatte er das übermächtige Gefühl gehabt, dass alles gut werden würde. Ganz bald würde es Frieden geben, er würde seine Eltern und Hanneke wieder finden und Emma mit zu ihnen nehmen. Alles würde wieder genau wie früher werden. Nein – besser! Emma würde auch dazugehören.

Als er Emma an sich gezogen hatte, da auf dem Eis, war es wie mit Händen zu greifen gewesen: der Friede … das Glück …

Aber genauso plötzlich, wie es gekommen war, verschwand es wieder. Hinter den geschlossenen Lidern hatte er seine Eltern und Hanneke gesehen. Wo waren sie jetzt? In einem Lager, von den Moffen misshandelt? Zu Schanden gearbeitet? Ausgehungert?

Wie konnte, nein, wie durfte er glücklich sein, wenn seine Eltern und seine kleine Schwester vielleicht unglücklich waren?

Er hatte Emma losgelassen und war übers Eis davongeglitten, damit Emma nicht sah, dass er heulte. Sie hatte natürlich gar nichts verstanden und er hatte auch nicht gewusst, wie er es hätte erklären sollen. Er verstand es selbst kaum.

Manchmal blickte sie ihn fragend an und dann schaute er so schnell wie möglich in eine andere Richtung. Er geriet dadurch in Verwirrung und darum tat er ihr gegenüber, in diesem Umschwung seiner Gefühle, als wäre es ihm gleichgültig. Und das war nicht einmal so schwierig, denn allmählich wurde ihm alles wirklich gleichgültig. Emma, ihr Vater, ihre beiden kleinen Brüder. Er sah, wie sie sich bewegten, wie sie redeten; doch was sie sagten, drang kaum bis zu ihm durch. Es schien, als stünden sie hinter einer Glaswand. Wenn sie ihn etwas fragten, gab er manchmal nicht einmal eine Antwort. Er lief dann achselzuckend nach oben, starrte aus dem Fenster oder legte sich ins Bett.

Er wusste, dass er unhöflich war und dass sie alle das nicht verdient hatten, aber er konnte sich in solchen Momenten nicht anders verhalten. Seine Gleichgültigkeit war stärker als sein Gewissen. Immer wieder sagte er sich, er müsste froh und dankbar darüber sein, dass sie ihn versteckt hielten.

Manchmal versuchte er eine solche Stimmung zu vertreiben, indem er zu einem Buch griff; aber auch das interessierte ihn immer weniger. Die Wörter blieben ohne Bedeutung. Er konnte sich kaum noch vorstellen, wie er bei Jansen auf dem Dachboden nach Büchern gelechzt hatte. Was hatte man eigentlich von ausgedachten Abenteuern und Erlebnissen?

Eigentlich war ihm alles gleich. Die Bücher, die Kreuzworträtsel, das Damespiel oder die Karten; ja, selbst der Kriegsverlauf kümmerte ihn kaum noch. Es passierte ja doch nichts. Die Alliierten standen nun schon seit Monaten im Süden und kamen keinen Schritt weiter. So ließ die Befreiung noch Jahre auf sich warten. Und dann würden sie alle vor

Hunger gestorben sein. Er merkte sehr wohl, wie es Emma immer mehr Mühe kostete, ihnen drei Mahlzeiten täglich vorzusetzen. Aber wenn er fragte, ob auch genug da sei, antwortete sie: »Mach du dir darüber nur keine Sorgen. Ich krieg es schon hin!«

Am liebsten würde er den ganzen Tag im Bett bleiben und schlafen, die Decke über den Kopf gezogen, bis alles vorbei wäre. Und wenn er gar nicht wieder aufwachte, wär's auch gut. Er seufzte. Könnte er nur schlafen! Aber das war es gerade. Sogar nachts bekam er kein Auge zu. Stundenlang drehte und wälzte er sich herum und lauschte auf die leisen Atemzüge von Tim.

Und wenn er morgens aufstand, hatte er Kopfschmerzen und das Gefühl, als trüge er die ganze Welt auf seinen Schultern.

Wie lange war es nun her, dass er fröhlich gewesen war, Lieder von Robert Gilbert und den Comedian Harmonists gesungen und für Tim, wenn sie im Bett lagen, Schattenbilder an die Wand gezaubert hatte? Fünf, sechs, sieben Wochen? Er verstand jetzt gar nicht mehr, wieso er das gekonnt hatte. Jetzt vermochte er gar nichts mehr. Es war ihm schon zu viel, einfach drinnen zu sitzen. Und doch ging es nicht anders. Vermeulen brauchte nur eine Ahnung davon zu bekommen, dass er noch da war, und schon würde er ihnen die Moffen auf den Hals jagen.

Aber es verlangte ihn manchmal so entsetzlich nach frischer Luft, danach, ganz schnell zu rennen, sich den Wind um die Ohren blasen zu lassen, ja, sogar nach Schnee und Kälte. Sehr selten durfte er, wenn es dunkel war, noch mal eben an die frische Luft, bevor sie ins Bett gingen. Ganz tief atmete er dann die scharfe Nachtluft ein und schaute, befreit für einen Augenblick, zu den Sternen und dem Mond hinauf. Es war immer nur ganz kurz, denn Blokland ließ die Tür offen stehen und rief nach ein paar Minuten leise: »Nun ist es genug!« Nie wagte Jan zu protestieren.

Unten schlug die Haustür zu. Sicher ging Emma zum Schuppen. Es war Zeit, die Wäsche herauszuholen, die dort eingeweicht war. Er wusste beinahe auf die Minute genau, was sie den Tag über zu tun hatte. In wenigen Minuten würde sie wieder hereinkommen. Da war sie schon. Nun zog sie ihre Holzschuhe aus. Nein, doch nicht, die Holzschuhe klapperten weiter, in den Flur, die Treppe herauf …?

»Jan! Schnell! Moffen!«

Moffen? Es dauerte eine ganze Sekunde, bevor es zu ihm durchdrang. Dann schoss er aus dem Zimmer und die Treppe herunter. Emma drückte sich an die Wand, um ihn vorbeizulassen. Schnell, schnell, ins Schlafzimmer, in die Bettstelle. Er schob die Kleider beiseite und schoss mit dem Kopf voran in die Öffnung. Mit zitternden Händen tastete er nach den Klötzchen, um sie zu schließen. Dahinter stapelte Emma die Hutschachteln auf und schloss rasch die Tür der Bettstelle.

Ein paar Sekunden lang war es still. Jan hörte nur sein eigenes Keuchen.

Dann ging die Türglocke, lange und laut. Zur selben Zeit wurde geschrien und gegen die Tür gehämmert.

Krachend flog die Vordertür auf. »Wo ist der Jud?«

Emmas Antwort war nicht zu verstehen.

Jan konnte nicht mehr atmen. Stiefel stampften durchs Haus. Sie waren überall zugleich, vor ihm, neben ihm, über ihm. Türen wurden geöffnet und geschlossen, ein Stuhl wurde quietschend über den Fußboden geschoben, irgendwas fiel um. Geschrei: »Wo ist er? Gib Antwort!«

Nun konnte er Emma verstehen. »Was meinen Sie?«

Eine niederländische Stimme antwortete. »Ihr versteckt einen Judenjungen. Wo ist er?«

»Wir?« Emmas Stimme klang erstaunt. »Wie kommen Sie darauf? Wir haben nichts zu verbergen. Sehen Sie selbst!«

Stiefel liefen herum. Jan hörte Schläge an der Wand. Er hielt sich die Hände vor den Mund, um nicht zu schreien. Sein Herz klopfte so heftig, dass er Angst hatte, es wäre durch die Wand hindurch zu hören.

Die Tür des Schlafzimmers sprang auf, dann die Tür der Bettstelle. Kleider wurden an ihren Bügeln auf der Stange hin und her geschoben. Eine Hutschachtel fiel um. Etwas Schweres polterte gegen die Bretter der Bettstelle.

Quietschend wurde die Tür der Bettstelle wieder geschlossen.

Stiefel polterten die Treppe hinauf und stampften herum. Jan konnte ihren Weg verfolgen, Emmas Zimmer, Marts Zimmer, Tims Zimmer. Der Dachboden.

Sein Herz hämmerte, es sauste ihm in den Ohren.

Dann donnerten sie die Treppe herunter und blieben noch einmal bei der Schlafzimmertür stehen. Ich will nicht, dachte Jan. Ich will nicht.

Die Vordertür knallte zu, der Lärm dröhnte durchs Haus. Geschrei, eine zuschlagende Autotür, das Anlassen eines Motors.

War es vorbei?

Jan ließ seinen Atem entweichen, der Kopf sank ihm auf die zitternden Knie. Seine Zähne klapperten.

»Jan?«, flüsterte Emma vor der Luke. »Sie sind weg, das heißt, sie sind jetzt bei den Scheunen.«

Er machte seinen Mund auf, aber es kam kein Ton heraus.

»Jan? Hörst du mich?«

»Ja.«

»Du musst da drin bleiben, bis sie ganz weg sind!«

Sehr langsam entspannte Jan seine Muskeln. Vorsichtig lehnte er sich mit dem Rücken an die Wand. Er holte tief

Atem. Sie hatten ihn nicht gefunden. Sie hatten ihn nicht gefunden.

Die Stille dröhnte in seinen Ohren. Alles an ihm war schwach und zittrig. Er legte sich auf die Seite und zog die Knie an. Überall um ihn herum waren Mauern, links, rechts, an den Füßen, an seinem Kopf. Er hob eine Hand und hielt sie sich vor die Augen. Er sah nichts.

Ich liege in einem Sarg, dachte er. Unter der Erde. Über mir ist schwarze Erde, unter mir, an der Seite, überall. Schwarze Erde mit Würmern, die an mir nagen und in mich eindringen. Luft, Luft, ich will Luft haben! Die Finger stießen an seinen Teller. Da fiel etwas um. Er fühlte ein Fläschchen. Wasser. In einem Sarg ist kein Wasser. Er nahm ein paar Schluck, ein ganzer Schwall ergoss sich über ihn. Plötzlich wusste er wieder, wo er war. Ein Lichtstreifen fiel durch die Ritzen der Luke.

Er drehte sich auf den Bauch und verbarg seinen Kopf in den Händen. Ich will nicht mehr, dachte er. Ich will nicht mehr. Sollen sie mich doch finden und mich mitnehmen. Dann ist alles vorbei. Bilder zogen ihm durch den Kopf. Mit seinem Vater im Hallenbad, bei seiner Mutter auf dem Schoß, mit Hanneke auf der Schaukel, ein herabstürzendes Flugzeug, Jungen mit einem Stern, Meneer van Praag vor der Klasse, voor Joden verboden, VOOR JODEN VERBODEN. Deutlich sah er die schwarzen Buchstaben auf dem weißen Schild. VOOR JODEN VERBODEN. Alles ist verboten für Juden. In einem Sarg nur dürfen sie auf das Ende warten. Wieder schnappte er nach Luft. Luft. Hilfe. Ich sterbe.

Getrommel an der Luke: »Sie sind weg, Jan! Komm raus!«

Er schoss hoch und stieß sich am Rand der Öffnung.

Ins helle Licht blinzelnd, kroch er heraus und fiel gegen Emma, die in der Bettstelle kniete.

Mart und Tim hielten die Tür auf. Zitternd stieg Jan heraus.

Tim gab ihm einen Puff. Er jauchzte beinahe. »Sie haben dich nicht gefunden, was?«

»Hab ich doch gesagt!«, schrie Mart. »Es ist ein tolles Versteck!«

Noch ganz verwirrt ging Jan in die Küche. Blokland gab ihm einen freundschaftlichen Klaps auf die Schulter: »Eins zu null für uns!«

Er schüttelte den Kopf. »Mir wurde für einen Augenblick ganz anders, als ich sie klingeln sah. Gott sei Dank blieben sie nicht lange.«

»Wie viele waren es?«, fragte Jan.

»Zwei.«

»Ich dachte, es wären mindestens fünf oder sechs«, sagte Jan langsam.

»Nein, zwei. Einer von den Moffen und ein Holländer.«

»Sie haben nicht mal sehr gründlich gesucht, was, Pa?«

»Nein, es machte den Eindruck, als dächten sie: Ach, hiermit fangen wir gar nicht erst an. Sie liefen ein wenig in den Scheunen herum, stocherten hier und da irgendwo hinein und verschwanden dann wieder.«

»Wie lange hab ich da drinnen gesessen?«, fragte Jan.

Emma sah auf die Uhr. »Eine Viertelstunde, nicht länger.« Eine Viertelstunde, dachte er. Mir kam es wie eine Woche vor.

Nach dem Essen stand er wieder vor dem Dachfenster. Es regnete nun stärker. Ein scharfer Wind schlug die Tropfen gegen die Scheibe, das Regenrohr gurgelte, und strudelnd lief das Wasser durch die Regenrinne ab. Die hohen Pappeln hinter den Scheunen wurden hin und her gepeitscht. Ein Dachziegel segelte vom Tischlerschuppen durch die Luft und zerbrach auf dem Weg.

Blokland und die Jungen liefen zwischen den Schuppen hin und her. Die Köpfe in ihre Kragen eingezogen, schleppten sie Pfähle und Bretter.

Auf dem Weg nach hinten sah Jan Emma unter einem großen Regenschirm laufen. Sie brachte ihrem Vater und den Jungen eine Kanne Tee, denn die nahmen sich über Mittag nicht die Zeit, ins Haus zu kommen. Ihr Mantel legte sich im Wind eng um sie, als sie in einen der Schuppen hineinging.

Ein Regenschauer machte die Scheibe plötzlich undurchsichtig. Als er wieder sehen konnte, stand der Lastwagen da. Einfach so, auf einmal.

Ungläubig riss Jan die Augen auf. Wo war der so schnell hergekommen? Von der Ladefläche sprangen vier ... sechs ... nein, zehn, zwölf Männer. Erst als Jan ihre Gewehre sah, wurde ihm klar, dass es Moffen waren. Schon wieder!

Er wollte sich umdrehen, um zu seinem Versteck zu rennen, aber etwas in ihm war stärker: die Angst, die Angst vor dem Sarg. Er blieb stehen, ohne sich zu rühren.

Die Moffen verteilten sich sofort. Vier in den Tischlerschuppen, vier in die Mattenscheune, vier in den Holzschuppen. Mit vorgehaltenem Gewehr stürmten sie hinein. Es dauerte lange, bevor sie wieder herauskamen. Sehr lange. Zweimal hörte Jan halb bewusst die Uhr schlagen. Er dachte nur eines: Dies ist das Ende. Nach den Scheunen würden sie das Haus durchsuchen und ihn finden. Er brauchte sich gar nicht zu verstecken, es hatte keinen Sinn mehr. Wie von fern drang die Erkenntnis zu ihm durch, dass er es gar nicht schlimm fände. Das hier war doch auch kein Leben.

Als die zwölf Männer wieder herauskamen und sich versammelten, war er fast erleichtert. Nur noch einen Augenblick.

Die Männer schwangen sich in den Lastwagen. Der Chauffeur sah prüfend zum Himmel und stieg dann auch ein. Langsam fuhr der Lastwagen rückwärts wieder aus dem Weg heraus und langsam drehte Jan sich um. Er ging die Treppe herunter und öffnete ohne Zögern die Haustür.

Jetzt war es genug.

Aufheulend stob der Lastwagen an ihm vorbei. Der Chauffeur hing mit dem Kopf aus dem Seitenfenster. In Bächen lief der Regen von seinem Helm. Verblüfft schaute Jan dem Auto nach.

Auf der Türschwelle sank er zusammen und barg seinen Kopf in den Händen.

Wieder nicht.

22

Jan war verändert. Emma grübelte darüber nach, während sie sich ein ums andere Mal zum Waschkorb bückte und mit trägen Bewegungen ihre Wäsche an die Leine hing. Für einen Apriltag war es sehr warm und die Sonne schien ihr auf die bloßen Arme. Als Jan zu ihnen gekommen war, war er ein kranker, ängstlicher Junge gewesen. Als er wieder gesund wurde, war er fröhlich und herzlich gewesen und voller Interesse für alles um ihn herum, besonders für sie. Sie hatte es herrlich gefunden, seine Geschichten und vor allem seine Späße anzuhören.

Später, als er auf dem Land arbeitete, wurde er stiller. Das fand Emma nicht weiter verwunderlich. Graben war eine schwere Arbeit und bei der eisigen Kälte war jeder düsterer Stimmung oder sogar schlecht gelaunt gewesen. Schon deshalb, weil es immer weniger zu essen gab. Sie waren noch gut durchgekommen, aber die Menschen im Dorf waren abgemagert, und die Menschen, die bei ihnen wegen Gemüse anklopften, sahen manchmal aus, als wären sie dem Hungertod nahe.

Nach dem Bombardement auf Bezuidenhout, das schließlich nicht so weit von ihnen entfernt lag, hatte es angefangen. Immer mehr Flüchtlinge zogen von Tür zu Tür, und jetzt, wo es das Frühjahrsgemüse gab, rannten sie ihnen die Tür ein. Salat, Spinat, Endivien, Radieschen – alles war wieder da und Privatleute wie Gemüsehändler kauften es ihnen unter den Händen weg.

Das bedeutete natürlich, dass Jan sich immer wieder verstecken musste, manchmal sogar zehnmal am Tag. Ihr Vater wollte kein Risiko eingehen. Und es kam schon merkwürdiges Volk an die Tür. Man wusste nie, was sie sehen und weitergeben konnten, selbst jetzt, wo die Befreiung vor der Tür stand.

Die Gerüchte und Geschichten, welche die Runde machten, liefen alle auf dasselbe hinaus: Die Alliierten rückten näher, der Osten des Landes war befreit und die Kanadier standen nun am Ijsselmeer. Auch wurde hoch und heilig behauptet, dass die Königin wieder da sei.

Jeden Tag sprachen sie darüber, wann die Alliierten im Westen ankommen würden. Wenigstens Emma, ihr Vater und ihre beiden Brüder sprachen darüber. Jan machte nicht mit. Er ließ ihre Erwartungen und Vorhersagen an sich abgleiten und sagte zu allem nur: »Es wird so viel geredet.«

Es sah aus, als interessierte es ihn gar nicht.

Natürlich war die letzte Zeit nicht leicht für ihn gewesen, überlegte Emma. Sie seufzte. Aber für wen war sie das schon?

Für ihren Vater und für sie selbst war es auch nicht so einfach gewesen, so plötzlich jemanden bei sich untertauchen zu lassen, auch wenn die Moffen nach dem einen Tag nicht wieder gekommen waren.

Wie war sie erschrocken gewesen, als die Soldaten plötzlich in die Scheunen hineingestürmt kamen. Zwei von ihnen trieben sie selbst, Vater und die Jungen in eine Ecke und hielten sie unter Bewachung, während die andern die Scheunen bis in jede kleinste Ecke durchsuchten.

Als sie sich von dem ersten Schreck erholt hatte, wurde sie ganz ruhig, weil sie wusste, dass die Soldaten niemanden finden würden. Aber sie würden sehr wohl einen finden, wenn sie mit dieser Menge Soldaten das Haus durchkämmten. Am ganzen Leibe zitternd sah sie, wie die »Grünen« wieder in den

Lastwagen kletterten und rückwärts ihren kleinen Weg herausfuhren. Als der Lastwagen nicht an ihrem Haus Halt machte, sondern in voller Fahrt verschwand, weinte sie vor Erleichterung.

Sie zwang sich dazu, ruhig nach Hause zu gehen. Und da traf sie Jan an, zitternd saß er auf der Schwelle der offenen Haustür!

Danach war er nur noch stiller und düsterer geworden, und jetzt, wo er so oft in sein Versteck musste, wurde es nur schlimmer. Wenn irgendwer auf ihrem Weg zum Haus ankam, musste er verschwinden. Es war schon ganz selbstverständlich. Er verschwand in dem Loch, einer von ihnen schob die Kartons und die Kleider davor und schloss die Tür.

Emma sorgte dafür, dass immer frisches Wasser und etwas zu essen im Versteck stand. Radieschen, ein paar Butterbrote, ein Stückchen Gurke oder ein paar gekochte Kartoffeln. Auch die Taschenlampe lag darin. Die brauchten sie sonst nicht mehr, jetzt, wo die Tage wieder länger wurden. Meistens saß Jan gar nicht so lange darin, zehn Minuten, eine Viertelstunde, ganz selten eine halbe Stunde, wenn viele Menschen zugleich kamen.

Aber er schien es immer unangenehmer zu finden. Es war natürlich nicht gerade ein Vergnügen, das musste sie zugeben, aber so schlimm war es doch auch wieder nicht. Er konnte da ungestört eine Viertelstunde lang lesen. Für jemanden, der gern las, war das doch keine Strafe? Tim würde es nicht schlimm finden, das wusste sie mit Sicherheit. Aber Jan hatte einen immer größeren Widerwillen dagegen. Vorige Woche hatte er sich sogar geweigert hineinzugehen. Das war noch nie vorgekommen. Er war sonst immer sehr willig gewesen und hatte sofort getan, um was ihr Vater oder sie ihn baten.

»Nein, ich geh nicht mehr!«, hatte er plötzlich gesagt und war stocksteif auf seinem Stuhl sitzen geblieben.

Ihr Vater griff ihn am Arm: »Los! Es kommen Menschen!«

Aber er blieb einfach sitzen, die Arme übereinander geschlagen, die Augen gesenkt. Ihr Vater versuchte es noch einmal, aber Jan riss sich los und sagte: »Nein!«

Ihr Vater wurde wütend. Noch nie hatte Emma ihn so böse gesehen: »Gehst du nun oder nicht?«

»Nein!«

Es war keine Zeit mehr. Die Hintertür wurde aufgemacht und eine Stimme rief: »Hallo, ist jemand da?«

Als die Menschen fort waren, glücklicherweise ohne dass sie einen Blick in die Küche geworfen hatten, sagte ihr Vater ganz ruhig: »Wenn dies noch einmal vorkommt, gehst du weg. Endgültig!«

Jan nickte und ging eine Stunde später, als wieder Menschen ankamen, ganz ruhig zur Bettstelle.

Emma hatte ihren Vater sehr streng gefunden, aber sie meinte auch, dass er Recht hatte. Der Krieg war noch immer nicht vorbei und immer noch hörte man von Festnahmen und Erschießungen.

Sie ruhte sich einen Augenblick aus und schaute die Wäscheleine entlang. Wie sahen ihre Kleider aus! Jedes Mal kam alles noch zerrissener aus der Wäsche, als es hineingekommen war. Man wusste gar nicht mehr, wie man die Risse und Löcher stopfen sollte. Das Zeug, das als Garn oder Wolle galt, war innerhalb eines Tages durchgewetzt. Wie würde es herrlich sein, wenn bald, nach dem Krieg, alles wieder normal zu bekommen war. Nicht nur Garn und Wolle, sondern auch Fleisch, Butter, Käse, Seife, Schuhe, Holzschuhe und Fahrradschläuche.

Wie herrlich würde es auch sein, keinen Moffen mehr zu begegnen, die einem das Fahrrad wegnahmen oder stampfend auf der Straße marschierten und »Wir fahren gegen Engelland!« sangen.

Obwohl – singen taten sie schon lange nicht mehr. Sie wussten nun auch selbst, dass das Ende nahe war. Es wurde darüber geredet, dass sie zu Fuß oder auf gestohlenen Fahrrädern gen Osten flüchteten.

Wie herrlich würde es vor allem sein, wenn sie keine Angst mehr zu haben brauchte, wenn sie nicht jedes Mal, wenn es an der Tür klopfte oder wenn es klingelte, vor Angst aufspringen musste. Und doch gewöhnte man sich sogar an die Gefahr. Sie hatte lange nicht mehr so viel Angst wie zu Beginn.

Jan gewöhnte sich nicht daran. Er hatte noch immer furchtbare Angst. Vielleicht war das überhaupt das Allerschlimmste für ihn: die Angst, dass es doch noch schief gehen könnte. Wenn er diese Angst loswürde, dann ginge es besser, glaubte Emma. Dann würde er wieder der Alte sein und dann würde es zwischen ihnen wieder so werden können, wie es einmal ganz kurz gewesen war, an jenem Abend auf dem Eis.

Er hatte nie mehr davon gesprochen, ihr nie wieder das Gefühl gegeben, dass sie für ihn mehr bedeutete als jemand, der ihm zu essen gab, seine Kleider wusch und ihm sagte, wann er sich verstecken musste.

Jeden Tag wieder hoffte sie auf einen Blick oder ein Wort von ihm, wodurch sie wissen könnte, dass er auch auf andere Art an sie dachte, aber er ließ sich nichts anmerken. Er war nur düster und kurz angebunden und drückte damit auf die ganze Stimmung im Haus. Er starrte vor sich hin und stand dann ganz plötzlich auf und irrte durchs Haus, von vorn nach hinten, von oben nach unten. Emma wurde ganz kribbelig davon. Er war auch kaum noch höflich. Wenn sie ihn etwas fragte, bekam sie nur notgedrungen eine Antwort und manchmal herrschte er sie sogar an: »Lass mich doch!«

Ab und zu dachte sie, er könnte gern etwas dankbarer sein.

Was würde er machen, wenn der Friede erst da war? Würde er zu seiner Tante nach Leiden gehen oder würde er bei ihnen bleiben, bis er etwas von seinen Eltern hörte? Sie würde es schön finden, wenn er bliebe, zumindest wenn er wieder der Alte würde.

Ihr Vater würde ihn sicher noch eine Zeit lang im Garten brauchen können. Im Frühjahr war immer viel zu tun, und wer weiß, wie lange es dauerte, ehe Klaas zurückkam.

Oder würde er fortgehen und seine Eltern suchen? Aber wo sollte er sie suchen und würden sie überhaupt noch leben?

Immer häufiger kamen Gerüchte auf, dass viele Juden von den Moffen ermordet worden waren, weit weg, in Polen. Diese Geschichten erzählte sie Jan nicht. Wahrscheinlich war nichts daran wahr. Es wurde so viel getratscht und geklatscht in diesem Krieg und die Menschen machten jede Geschichte dadurch immer schlimmer.

Mit einem Seufzer holte sie das letzte Hemd aus dem Korb und hängte es auf. An den Wäschepfahl gelehnt, ruhte sie sich einen Augenblick aus und hob ihr Gesicht zur Sonne. Bei diesem Wetter war ihre Wäsche in ein paar Stunden trocken und sie hatte sie heute Abend sauber im Schrank. Na ja, sauber? Mit dieser Kriegsseife war sie am Ende nur etwas weniger schmutzig, aber niemals sauber.

Sie nahm ihren leeren Wäschekorb und ging hinein, aber zuerst lief sie schnell zum Hühnerstall, um zu sehen, ob endlich Eier da waren. Die Hühner hatten seit Monaten keine mehr gelegt. Ihr Vater hatte sie den ganzen Winter über nicht schlachten wollen. »Bald haben wir wieder Küken und Eier«, hatte er gesagt. »Davon haben wir mehr als von einem Huhn, an dem kaum Fleisch dran ist.«

Sie bückte sich, um den Legekasten in Augenschein zu

nehmen. Sieh einer an, dachte sie, endlich wieder Eier, drei, vier, nein, sechs. Vorsichtig sammelte sie alle in ihre Schürze.

Jan saß mit einem Buch auf dem Schoß in der Küche, aber er las nicht. Mit leerem Blick starrte er vor sich hin.

»Sieh mal, was ich gefunden habe!«

Er blickte kaum auf und murmelte: »Aha, schön.«

»He, du, sei nicht so ungesellig. Das ist doch phantastisch. Seit Monaten zum ersten Mal wieder Eier. Ich hab zwar keine Butter, um sie zu braten, aber ich kann sie kochen.«

»Tu, was du nicht lassen kannst.«

»Also, sag mal!«

»Ja! Es ist mir völlig egal, was du mit den Eiern machst!«

Emma wurde böse. »Wenn du so bist, kriegst du gar keins ab!«

Jan zuckte mit den Schultern und beugte sich tiefer über sein Buch. Emma sah, wie eine Träne darauf fiel.

Sie zögerte und legte ihm dann die Hand auf den Arm. Es war kein Wunder, dass es ihm zu viel wurde.

Jan schlug die Hände vors Gesicht, aber die Tränen liefen weiter. Sie tropften durch seine Finger.

Emma blieb neben ihm stehen, bis das Zucken seiner Schultern aufhörte.

»Ich hab solche Angst«, flüsterte er.

»Aber wovor denn? Es kann nicht mehr schief gehen. Der Krieg dauert jetzt wirklich nicht mehr lange.«

»Deshalb doch gerade! Ich wage nicht an den Frieden zu denken.«

Emma verstand nicht so recht, was er meinte. »Aber warum denn nicht? Dann sind wir frei!«

»Ja, ihr!« Seine Stimme klang bitter. So hatte sie ihn noch niemals gehört. »Aber unser Haus ist abgerissen. Und meine Eltern … meine kleine Schwester …«

»Jan, hör mir gut zu. Sie kommen zurück. Wirklich, du wirst es sehen!«

Plötzlich sah er auf und starrte sie wütend an: »Woher willst du das wissen? Du redest nur so daher!«

Emma senkte den Kopf. Er hatte Recht. Sie redete nur so daher, aber was sollte sie sonst sagen: Vielleicht sind sie sogar tot? Vielleicht findest du sie nie wieder? – So half sie ihm doch nicht. Im Gegenteil, sie musste ihm aus seinem Tiefpunkt heraushelfen.

Sie versuchte ihre Stimme überzeugend klingen zu lassen. »Nein, sicher weiß ich natürlich nichts. Aber warum sollten sie nicht zurückkommen? Du hast mir erzählt, dass deine Mutter so stark ist und dass dein Vater auch nicht so schnell kleinzukriegen ist. Sicher machst du dir unnötige Sorgen. Vielleicht hast du in ein paar Wochen schon Nachricht von ihnen.«

»Sie wissen nicht einmal, wo ich bin!«

»Sie werden dich doch auch suchen! Wenn die Post wieder funktioniert, schreibst du deiner Tante in Leiden. Oder du gehst selbst zu ihr. Mit der blauen Tram bist du in einer Stunde da.«

»Ich darf gar nicht in eine Tram!«

Emma schüttelte ihn an der Schulter. »Dann doch wieder, du! Dann darfst du alles wieder!«

»Und wenn sie nicht wiederkommen?«

Sie musste sich zu ihm herabbeugen, um ihn zu verstehen. Ganz leicht legte sie ihre Wange auf sein Haar. »Aber natürlich kommen sie wieder«, flüsterte sie.

Bewegungslos blieb Jan sitzen. An keiner Regung war ihm anzumerken, ob er sie gehört hatte.

23

Es war ein stiller Dienstagmorgen, ganz früh. Kräftig bewegte Emma den Pumpenschwengel auf und nieder, und als ihr Eimer voll war, ruhte sie ein bisschen aus und schaute sich um.

Der Himmel färbte sich im Osten rot. Die Luft war ganz frisch und doch sanft. Heute würde es wieder warm werden. Die Amseln in der Dachrinne flöteten durchdringend. Der Obstgarten war eine einzige Wolke aus Rosa und Weiß.

Unwillkürlich summte sie eine Melodie vor sich hin. Woher kannte sie die doch? Ach ja, es war eines der Lieder, die Jan für sie gesungen hatte. Sie lächelte. Jetzt fielen ihr auch die Worte dazu wieder ein: »Veronika, der Lenz ist da / die Mädchen singen trallala / die ganze Welt ist wie verhext / Veronika, der Spargel wächst …« Wahrhaftig, der Lenz war da, und vor allem die Zeit, nach der man sich so sehr gesehnt hatte, man konnte wieder laut und fröhlich singen.

Es war Frieden.

Vor zwei Wochen hatte sie gemeinsam mit tausenden von Menschen die Befreier willkommen geheißen. Auf Panzern, Jeeps und Motorrädern kamen sie ins Dorf hineingefahren. Jungen und Männer in unbekannten Uniformen, die erschöpft unter ihren grünen Baretten lachten.

Alles jauchzte, sang und warf Blumen. Jungen und Mädchen kletterten auf die Wagen und umarmten die Soldaten. Einer von ihnen, ein magerer Junge mit roten Haaren und Sommersprossen, winkte Emma zu sich aufs Motorrad. Er legte einen Arm um sie und so fuhr sie ein Stückchen mit durch die singende, feiernde Menge. Als sie sich von ihm losmachte, stopfte er ihre Hände voll mit Tafeln Schokolade und anderen kleinen Päckchen. Eindringlich fragte er sie etwas. Sie verstand ihn nicht, schüttelte aber den Kopf und rannte zurück. Sie wollte ihren Vater und die beiden Jungen nicht aus dem Blick verlieren.

Befreit!

Jan hatte nicht mitkommen wollen. Als sie nach Hause kamen, hörte er lustlos ihre aufgeregten Geschichten an und aß mit unbewegtem Gesicht ein wenig von der Schokolade und den Keksen, die Emma geschenkt bekommen hatte. Danach ging er ohne ein Wort nach oben. Mit einem Knall fiel die Tür hinter ihm zu.

Auf einmal schmeckte Emma alles weniger gut, und Tim, der auf etwas Gummiartigem kaute, das er nicht herunterbekam, sagte enttäuscht: »Er verdirbt uns alles!«

Ihr Vater schnupperte an einer echten Zigarette, aber murmelte ärgerlich: »Na! Wär das nicht auch anders möglich?«

Nur Mart kümmerte sich nicht darum. Er rauchte die erste Zigarette seines Lebens und tat, als schmeckte sie ihm.

Emma hatte Verständnis für Jan – und auch wieder nicht. Natürlich machte er sich Sorgen um seine Eltern, aber fühlte er denn nicht ein Fünkchen Freude darüber, dass fünf Jahre Elend zu Ende gegangen waren? Er war frei! Er durfte jetzt gehen, wohin er wollte, und sogar von den Dächern schreien: Ich bin ein Jude! Niemand würde ihm etwas tun.

Aber es schien nicht bis zu ihm durchzudringen. Er blieb still, düster und verdrießlich.

»Freust du dich denn nicht?«, fragte Tim ein paar Tage später.

»Nein!«, sagte Jan und schob seinen Teller weg.

»Aber jetzt kannst du zurück nach Hause.«

Abrupt stand Jan auf und ging vom Tisch.

»Lass ihn nur«, sagte Emma zu Tim, der ihm nachlaufen wollte. »Er kommt schon wieder zu sich.«

Aber Jan kam nicht wieder zu sich. Er versank immer tiefer in seinen Trübsinn und es gab anscheinend nichts, was ihn da herausholen konnte.

Emma fand es schwierig. Nichts war mehr geblieben von ihren Träumen, wie es einst zwischen ihnen sein könnte. Im Gegenteil. Dieser trübsinnige Junge stand ihr sehr fern. Sie wusste nicht mehr, was sie mit ihm anfangen sollte. Ihre aufmunternden Worte schienen ihn nicht zu erreichen und die leckeren Essenshappen, die sie ihm zusteckte, auch nicht. Er aß alles auf, aber seine Augen blickten weiterhin abwesend in die Ferne.

Ein merkwürdiges Gefühl war es, dass sie ihn nun nicht mehr zu beschützen und zu verstecken brauchte. Er konnte nun stehen und gehen, wo und wohin er wollte. Und das tat er auch. Zu den verrücktesten Zeiten ging er plötzlich ins Freie: Spätabends, mitten in der Nacht, oder auch einfach, wenn sie gerade beim Essen waren. Manchmal ging sie hinterher und sah, was er dann tat. Aber er tat nie etwas anderes als tief ein- und ausatmen und um sich herumblicken.

Emma verstand, dass er das Bedürfnis hatte, viel Raum und Freiheit zu fühlen, nachdem er so lange drinnen gesessen hatte. Aber sie verstand nicht, warum er davon nicht auflebte. Manchmal kam er niedergeschlagener wieder herein, als er hinausgegangen war.

Natürlich vermisste er seine Eltern, aber warum unternahm er dann nichts, um sie wieder zu finden?

Sie hatte ihm geraten, sich an das Rote Kreuz zu wenden, das sich darum bemühte, Familien, die sich aus den Augen verloren hatten, wieder zusammenzubringen. Aber bis jetzt hatte Jan noch keine Anstrengungen deswegen unternommen.

Sie seufzte und hob ihren Wassereimer hoch. Sie musste an die Arbeit. Die Wäsche einer ganzen Woche wartete auf sie.

Sie lief ums Haus herum zum Hintereingang und sah verdutzt, wie Jan auf Zehenspitzen über den Kies schlich. Was machte er so früh am Morgen schon draußen? In der letzten Zeit musste sie ihn oft dreimal rufen, bevor er zum Frühstück kam.

»Jan?«

Er schien zu erschrecken. Er machte eine Bewegung, als wollte er davonrennen. Dann drehte er sich langsam um.

»Wohin gehst du?«

»Weg.«

Sie starrte ihn an: »Wie meinst du das: weg?«

»Einfach: weg.« Etwas vage wies er mit dem Arm zum Ende ihres kleinen Weges.

»Aber wohin denn?«

»Nach Leiden.«

»Aber du hast nichts davon gesagt! Wolltest du einfach so gehen?«

Er zuckte die Schultern und blickte zur Seite.

Emma stellte ihren Eimer hin, dass es knallte. Mit einem Male wurde sie böse.

»Na, dann geh eben. Alles Gute!«

Abrupt drehte sie sich um und ließ ihn auf dem Kies stehen. »Emma?«

Sie sah sich nicht um.

»Emma?«

Unwillig blickte sie über die Schulter.

»Drinnen liegt ein Brief an dich.«

Flehend streckte er seine Hand aus. Emma ergriff sie zögernd. Seine Hand war warm und trocken. Als Emma sie losließ, fiel sie kraftlos herunter.

Einen Augenblick blieb er noch stehen. Dann drehte er sich um und ging langsam fort.

Emma sah ihm nach und ihr Blick blieb an seinem zu kleinen Mantel haften, an der zu kurzen Hose und an seinen schwarzen Locken. Ich sollte doch sein Haar noch schneiden, dachte sie. Das hab ich gestern versprochen.

Auf dem Küchentisch fand sie seinen Brief.

Emma,
wenn du dies findest, bin ich weg. Ich weiß noch nicht, wohin ich gehe. Wahrscheinlich zuerst nach Leiden zu meiner Tante und danach nach Den Haag, zum Roten Kreuz. Ich hätte es schon viel eher tun müssen, aber ich wagte es nicht. Und eigentlich immer noch nicht. Ich habe solche Angst vor dem, was ich zu hören bekomme. Wenn ich nicht ginge, könnte ich denken, dass sie noch leben. Wenn sie nicht mehr leben, weiß ich nicht, wie …

Sie besah sich den Brief genauer. Da war etwas durchgestrichen.

… wie ich weitersoll … Darüber stand:
… was ich dann machen soll …
Vielleicht gehe ich dann nach Amsterdam. Da hatten (auch das war durchgestrichen) *haben wir auch Verwandte.*
Du erwartest natürlich, dass ich mich bei dir und bei deinem Vater bedanken werde, aber ich weiß nicht, wofür. Dass ihr mich gerettet habt? Dass ich am Leben geblieben bin? Aber ich weiß nicht, ob ich dafür dankbar bin. Das weiß ich erst, wenn ich etwas über meine Eltern und über Hanneke erfahre.

Jan

PS. Und doch wirst du mir fehlen (durchgestrichen, aber noch lesbar).

Sie merkte erst, dass sie weinte, als das Papier in ihrer Hand feucht wurde. Dann rannte sie nach draußen.

Er war erst auf der Hälfte des Weges.

»Jan! Jan?«

Keuchend blieb sie bei ihm stehen: »Ich … du … wirst mir auch fehlen.«

Ein zögerndes Lächeln brach bei ihm durch. Eigentlich leuchteten nur seine Augen ein wenig auf.

»Wirklich?«

Sie nickte und schluckte ihre Tränen herunter.

»Wirklich!«

»Schön!« Er drehte sich um und wollte weitergehen.

Sie hielt ihn am Ärmel fest: »Jan?«

»Ja?«

»Kommst du wieder, wenn du in Leiden gewesen bist?«

»Möchtest du das?«

Emma nickte noch einmal und sah ihm gerade in die Augen.

Ganz kurz sah Jan sie auch an. »Warum?«

»Warum?« Sie war auf einmal verlegen und fühlte, wie sie rot wurde. Dann sagte sie das Erste, was ihr einfiel: »Ich muss dein Haar noch schneiden.«

Nun brach ein richtiges Lächeln durch, ganz kurz nur, aber sie hatte es doch gesehen.

»Emma, ich weiß es noch nicht … es hängt von so vielem ab …«

Sie nickte zum dritten Mal und ließ seinen Ärmel los. Ihre Stimme war heiser: »Ist gut. Geh jetzt und sei vorsichtig!«

Er lief aus ihrem Leben fort, ohne sich umzusehen. Er geht, wie er gekommen ist, dachte sie. Völlig unerwartet, ganz früh am Morgen.

Am Ende des kleinen Weges drehte er sich noch einmal um. Sie erwartete, dass er winken würde, aber das tat er nicht. Er legte die Hände wie eine Trompete an den Mund und schrie: »Schneiden und rasieren bitte!«

NACHWORT

In der Nacht zum 10. Mai 1940 fielen deutsche Truppen in die Niederlande ein. Für die niederländische Regierung, die gehofft hatte, wie im Ersten Weltkrieg (1914–1918) neutral bleiben zu können, kam der Angriff überraschend. Die niederländische Armee war schwach, nicht auf den Krieg vorbereitet und kapitulierte schon nach wenigen Tagen. Die niederländische Königin Wilhelmina, ihre Familie und die niederländische Regierung flüchteten nach England.

Auch die Niederlande hatten eine nationalsozialistische Partei, die NSB. Bei den letzten Wahlen vor dem Krieg, 1939, bekam die Partei lediglich 3,9 Prozent der Stimmen. Nach der deutschen Besatzung traten viele Niederländer der Partei bei, weil sie sich Vorteile davon versprachen. 1941 zählte die Partei um die 90 000 Mitglieder, vor allem Bauern und Kleinunternehmer. Der Parteiführer Anton Mussert arbeitete zwar im Dienst der deutschen Besatzer, aber seine Partei wurde bei der neuen Regierungsbildung übergangen. Der Österreicher Arthur Seyss-Inquart wurde Reichskommissar.

Jan Diek Visser, die Hauptfigur dieses Buches, lebt zusammen mit seinen Eltern und seiner Schwester Hanneke in Den Haag, als die deutschen Truppen die Niederlande besetzen. Obwohl das Gerücht umgeht, dass die »Moffen«, wie die Deutschen genannt werden, alle Juden verhaften und deportieren wollen, glaubt Jans Familie, dass es nicht so schlimm kommen wird; außerdem ist man der Meinung, dass der Krieg nicht lange dauern wird.

Die meisten niederländischen Juden vertrauten darauf,

dass die Bevölkerung nicht tatenlos zusehen würde, wenn die Deutschen sie in Konzentrationslager bringen würden, wie das in Deutschland geschah. Schließlich waren die Juden immer gut in dic niederländische Gesellschaft integriert gewesen.

Die deutschen Besatzer wussten, dass der Antisemitismus in den Niederlanden nie besonders stark gewesen war, deshalb versuchten sie zunächst die Juden zu isolieren. Schon bald nach dem Einfall der Deutschen in die Niederlande wurden alle Juden aus dem Staatsdienst entlassen. Auch Jans Vater darf nicht mehr in der Schule unterrichten.

Immer stärker schränkten die Deutschen die Bewegungsfreiheit der Juden ein. Das Café, der Park, die Bibliothek, das Schwimmbad: Alle öffentlichen Einrichtungen waren für Juden verboten. Ab August 1941 durften jüdische Kinder nur noch Schulen besuchen, die ausschließlich für Juden bestimmt waren. Für Jans Vater bedeutet diese Maßnahme Glück im Unglück, weil er wieder arbeiten darf und nicht mehr untätig zu Hause sitzen muss. Anfangs fahren Jan und sein Vater mit dem Fahrrad zur Schule, bis das Fahrrad beschlagnahmt wird. Dann nehmen sie die Straßenbahn, bis Juden keine öffentlichen Verkehrsmittel mehr benutzen dürfen. Außerdem dürfen sie sich nicht mehr bei Nichtjuden aufhalten und müssen einen Judenstern auf ihrem Mantel tragen, was die Ausgrenzung der Juden aus der Gesellschaft noch verschärft.

Kurz darauf begannen die Razzien: Juden wurden aus ihren Wohnungen geholt oder auf der Straße festgenommen und in niederländische Lager, vor allem das Durchgangslager Westerbork, deportiert.

Vor dem Zweiten Weltkrieg war das Lager Westerbork von den Niederländern als Lager für deutsch-jüdische Flüchtlinge eingerichtet worden. Die Juden, die nach 1940 dorthin geschickt wurden, kamen von da aus in deutsche Konzentrationslager. Die meisten kehrten nicht zurück.

Aus Jans Klasse verschwinden immer mehr Klassenkameraden. Man hat auch sie »abgeholt«. Jans Eltern wollen nicht abwarten, bis sie eines Tages an der Reihe sind, und beschließen unterzutauchen. Aber das ist gar nicht so einfach. Erst einmal muss man jemanden finden, dem man vertrauen kann. Jans Familie versteckt sich bei fremden Leuten, denen es vor allem ums Geld geht. Man muss den Helfern also viel Geld geben, damit sie einen überhaupt versorgen können. Man weiß auch nicht, wie lange man sich wird verstecken müssen. Ende 1942 glauben die meisten, wie Jans Vater, dass die Befreiung kurz bevorsteht. Die Alliierten waren schon in Afrika gelandet und die deutschen Truppen hatten die Schlacht um Stalingrad in der Sowjetunion verloren. Die Untergetauchten hatten also allen Grund, optimistisch zu sein. Wohl keiner rechnete damit, dass man sich noch fast drei Jahre lang würde versteckt halten müssen.

Auch für die Helfer war es nicht ungefährlich, jemanden bei sich aufzunehmen. Das Ehepaar Jansen, bei dem sich Jans Familie versteckt, weiß, dass es strafbar ist, was sie tun. Aber die Gier nach Geld ist größer als die Angst vor der Strafe.

Am Anfang tauchten viele Juden bei Kommunisten und Sozialisten unter, die allerdings selbst Ziel der Verfolgung waren. Später fanden viele Unterschlupf bei religiös gesinnten Familien. Oft mussten die Untergetauchten das Versteck wechseln, weil sich die Situation in der Familie, wie auch in Jans Fall, dramatisch änderte. Jans Mutter muss mit Hanneke wegen einer Blinddarmoperation ins Krankenhaus und Jans Vater kehrt von einem Besuch im Krankenhaus nicht zurück. Jan bleibt als Einziger auf dem Speicher zurück. Außerdem verlässt Frau Jansen ihren Ehemann, der wiederum eines

Tages unerwartet stirbt. So muss auch Jan weg und nach mehr als zwei Jahren sein Versteck verlassen und sich auf die Straße wagen.

Das war für Juden äußerst gefährlich. Im Westen der Niederlande, wo die meisten Juden lebten und sich versteckt hielten, wimmelte es von Soldaten und Polizisten. Deshalb war man nachts unterwegs.

Vor 1940 lebten in den Niederlanden um die 140 000 Juden (bei einer Gesamtbevölkerung von circa 10 Millionen). Unter diesen 140 000 waren fast 15 000 Juden, die aus Deutschland geflüchtet waren. Ungefähr 104 000 wurden ermordet, das sind fast 75 Prozent. Zum Vergleich: In Belgien wurden 40 Prozent der jüdischen Bevölkerung deportiert und in Konzentrationslagern getötet. Um die 18 000 niederländische Juden tauchten in Belgien unter, ein Drittel davon fand man.

Wie ist es möglich, fragen sich heute Niederländer, dass ausgerechnet in den Niederlanden so viele Juden festgenommen und umgebracht wurden – prozentual so viel mehr als in allen anderen damals besetzten westeuropäischen Ländern? Eine Antwort auf diese Frage zu finden ist nicht einfach. Lange Zeit ging man dieser Frage aus dem Weg, weil die Antwort dem Selbstbild der Niederländer hätte schaden können. Es zeigte sich, dass der öffentliche Widerstand gegen den Naziterror in den Niederlanden nicht so stark gewesen war, wie man bis vor einigen Jahren glauben wollte. Auch die Vertreter der Religionen riefen erst viel zu spät zum Widerstand auf.

Besonders fatal aber dürfte sich das Verhalten der niederländischen Beamten (z. B. der Verwaltungsangestellten und Polizisten) ausgewirkt haben, das von einem hierarchischen Denken geprägt war. Sie trauten sich nicht – obwohl sie mehr als alle anderen die Möglichkeit dazu hatten –, eigene Entscheidungen zu treffen. Fast alle haben ihre Arbeit anstandslos weitergeführt. Von der Möglichkeit, Daten zu vernichten, die Juden schaden konnten, oder passiven Widerstand zu leisten, hat kaum einer Gebrauch gemacht.

Tineke Hendriks erwähnt in ihrem Buch kurz den Februarstreik von 1941. Dieser Streik war von den Kommunisten vorbereitet worden und als Protest dagegen gedacht, wie die Deutschen die Juden behandelten. Ein Großteil der Arbeitnehmer in Amsterdam, aber auch in anderen Städten legte die Arbeit nieder. Das wiederholte sich zwei Jahre später. Auslöser war die Ankündigung, dass sich die ehemaligen Soldaten der niederländischen Armee in deutsche Kriegsgefangenschaft begeben sollten. Die deutschen Besatzer fürchteten, dass sich die eigenen Soldaten auf die Seite ihrer Feinde schlagen könnten. Außerdem herrschte in Deutschland ein drastischer Mangel an Arbeitskräften, sodass man die niederländischen Soldaten gut brauchen konnte. Der Streik wurde mit harter Hand unterdrückt, wobei fast 200 Niederländer umgebracht wurden.

Der letzte Streik, den die Eisenbahner im September 1944 unternahmen, dauerte bis zum Kriegsende und schadete vor allem den Niederländern selbst. Denn die Deutschen hatten eigenes Zugpersonal und blockierten als Vergeltungsmaßnahme die Binnenschifffahrt und sperrten Gas und Elektrizität.

Der Nahrungsmangel im so genannten Hungerwinter 1944/45 wurde durch den Streik noch verstärkt und kostete tausende von Niederländern das Leben.

Die einfachste und wahrscheinlich schlüssigste Erklärung für das passive Verhalten der meisten Niederländer im Zweiten Weltkrieg aber liefert Emmas Vater. Seiner Meinung nach gilt für fast alle der Grundsatz: »Jeder für sich, Gott für uns alle.« Das heißt, wer sich nicht einmischt, hat die größte Chance, den Krieg heil zu überleben.

Vom September 1944 bis zum April 1945 drangen die alliierten Streitkräfte vom Süden her in die Niederlande vor. Am 5. Mai 1945 kapitulierte die deutsche Armee. Der Krieg war vorbei.

Jan verlässt Emma, bei der er schließlich Unterschlupf gefunden hat. Die Chance, seine Familie wieder zu finden, ist gleich null.

Jaap Grave

Spannende Bücher bei Urachhaus

Tineke Hendriks: „Das Haus mit dem blauen Dach"

Die 15jährige Jinta ist eigentlich Koreanerin, wurde aber als Baby adoptiert und lebt in Europa. Jetzt möchte sie wissen, wer ihre echte Mutter ist, ob sie noch lebt und warum sie Jinta damals weggegeben hat. Ob die Mutter wohl auf Jintas Brief antworten wird?

Aus dem Niederl. v. Julia Cremer, 200 S., geb., DM 28,– / öS 204,– / sFr 28,–

Nicole Boumaâza: „Fremd zwischen zwei Welten"

Nadjas Mutter ist Belgierin, ihr Vater kommt aus Marokko. Als die Mutter die Scheidung einreicht, bricht für den Vater eine Welt zusammen – und er entführt seine eigenen Kinder. Nadja wächst immer stärker in die marokkanische Kultur hinein. Und schließlich stellt sich für sie die Frage: Wo gehört sie eigentlich hin?

Aus dem Niederl. v. Jeanne Oidtmann-van Beek und Peter Oidtmann, 140 S., geb., DM 26,– / öS 190,– / sFr 26,–

Roger Schoemans: „Dealerjagd"

Der 14jährige Jan stürzt tödlich von einer Treppe. Eine Gruppe von Schülern wollen Selim die Schuld in die Schuhe schieben, und zwar weil Selim ein Türke ist. Doch Selim ahnt, wo die wahren Schuldigen zu suchen sind ...

Aus dem Niederl. v. Griet Hellinckx, 144 S., geb., DM 26,– / öS 190,– / sFr 26,–

Ellen Tijsinger: „Feindliches Feuer"

Django, ein rumänischer Zigeunerjunge, und seine Familie werden von den Bauern verachtet und verfolgt, weil sie so anders sind. Hilflos müssen sie mitansehen, wie ihre Wagenburg angezündet wird, und nur Mariska und Tom aus Hamburg stehen ihren Freunden zur Seite.

Aus dem Niederl. v. Jeanne Oidtmann-van Beek und Peter Oidtmann, 140 S., geb., DM 28,– / öS 204,– / sFr 28,–

Verlag Urachhaus, Postfach 131053, 70068 Stuttgart

Urachhaus

Bücher mit Themen, die unter die Haut gehen – für Leser ab 14

Jean Ferris
Wir werden das Kind schon schaukeln
OMNIBUS Nr. 20214
Als die 17jährige Daphne schwanger wird, will sie zunächst abtreiben, beschließt aber dann, das Kind auszutragen und danach zur Adoption freizugeben. Neue Freunde helfen ihr, ihr Leben in die eigene Hand zu nehmen – auch mit Kind.

Robert Griesbeck
Nur keine Panik, Kutti
OMNIBUS Nr. 20213
Kutti ist verliebt. Aber nicht in die blonde Marion, sondern in Steffi, an die er aber nicht herankommt. Aber seine Unschuld raubt ihm ganz unerwartet die freche Annabell ... Ein mit Sprachwitz, Tempo und Augenzwinkern geschriebener Roman über »das erste Mal«.

Robert Lipsyte
k.o. Das Leben ist härter als die Faust
OMNIBUS Nr. 20210
Sonny Bear, 17, halb Indianer, halb Weißer, wurde zum Boxer ausgebildet. Aber er will lieber zur Armee, wo er sich rassische Chancengleichheit erhofft. Auf der Suche nach seiner Mutter, deren Unterschrift er braucht, gerät er in die Fänge einer Drogendealer-Bande und verliebt sich in die süchtige Doll ...

Heiko Neumann
Schweigemund
OMNIBUS Nr. 20139
Jahrelang hat Nadine ein Geheimnis mit sich herumgetragen. Ihr Stiefvater hatte ihr einen Schweigemund auferlegt, ihr mit Strafen gedroht. Doch als sie 13 war, hat Nadine das Geheimnis preisgegeben: daß sie sexuell von ihm mißbraucht worden ist ... Ein kompetentes Buch, das Hilfe und Aufklärung leistet und ein Adressenverzeichnis von Beratungsstellen enthält.

Harald Tondern
Der Einsatz. Stell Dir vor, es ist Krieg, und Du mußt hin!
OMNIBUS Nr. 20140
Ein aktuelles Thema: Deutsche Soldaten nehmen an einem bewaffneten UNO-Einsatz teil. – Die Bundeswehreinheit von Max wird zum UNO-Einsatz in Tibet ausgewählt und gerät dort in einen wirklichen Waffengang. Verluste und Geiselnahmen sind die Folgen. Schließlich ergreifen drei Frauen die Initiative zur Befreiung, während die Militärführung nur hinhaltend taktiert ...

OMNIBUS

Der Taschenbuchverlag für Kinder und Jugendliche von C. Bertelsmann

Jugendbücher ab 12

Abby Lynn

von Rainer M. Schröder

ABBY LYNN - die fesselnde Geschichte eines jungen Mädchens, das trotz widrigster Umstände sich selbst und ihren Idealen treu bleibt.

Abby Lynn

Verbannt ans Ende der Welt

Abby Lynn ist gerade vierzehn Jahre alt, als sie an einem kalten Februarmorgen des Jahres 1804 in den Straßen Londons einem Taschendieb begegnet. Angeblich der Komplizenschaft überführt, verschwindet sie hinter den Mauern des berüchtigten Gefängnisses von Newgate. »Verbannung« lautet nach qualvollen Wochen des Wartens das Urteil. Verbannung zu sieben Jahren Sträflingsarbeit in der neuen Kolonie Australien.

Abby Lynn

Verschollen in der Wildnis

Abby ist glücklich auf Yulara, der Farm der Chandlers. Seit kurzer Zeit ist das ehemalige Sträflingsmädchen Andrew Chandlers Frau. Eines Tages macht sie sich mit einem Nachbarn auf zu dessen Farm. Doch dort kommt der Planwagen nie an. Obwohl die tagelange Suche einer vielköpfigen Patrouille ohne Ergebnis bleibt, will Andrew nicht an den Tod seiner jungen Frau glauben. Gemeinsam mit dem Fährtenleser Baralong versucht er sich Gewißheit über Abbys Schicksal zu verschaffen. Andrew lernt, auch unsichtbare Zeichen zu verstehen und wird mit den geheimnisvollen Traumpfaden und Mythen der Aborigines vertraut. Und er begreift, welchen Schaden die Arroganz der Siedler in dieser Welt anrichten wird.

Erschienen bei C. Bertelsmann

Als Taschenbuch bei OMNIBUS

OMNIBUS

Der Taschenbuchverlag für Kinder und Jugendliche
von C. Bertelsmann

Abenteuer aus aller Welt und aus allen Zeiten – für Leser ab 12

Barbara Bartos-Höppner
Sturm über dem Kaukasus
OMNIBUS Nr. 20215
Die dramatische Geschichte des Aufstands der Kaukasus-Völker unter dem Imam Schamil gegen Rußland um die Mitte des 19. Jahrhunderts.

Werner J. Egli
Das Geheimnis der Krötenechse
OMNIBUS Nr. 20038
Mark Hill und sein Sohn Brian geraten mit ihrer Cessna in einen Blizzard und stürzen ab. Rätselhafte Spuren in der einsamen Gegend deuten auf einen geheimnisvollen Indianerstamm hin ...

Frederik Hetmann
Dermot – eine Saga aus Irland
Die Suche nach Deirdre
Band 1 der Dermot-Saga
OMNIBUS Nr. 20075
Dermot, der ein fahrender Sänger werden will, wird bei der Suche nach Deirdre, der schönsten Frau, die Irland je gesehen hat, von den Wesen der Anderswelt auserwählt ...

James Houston
Elfenbeinjäger im ewigen Eis
OMNIBUS Nr. 20043
Eines Tages erfahren Matt und Kayak von einem Binnensee in der Arktis, dessen Eisdecke geschmolzen ist. Verbergen sich in seiner Tiefe tatsächlich Tiere aus der Urzeit?

Allan Campbell McLean
Am Berg des Roten Fuchses
Abenteuer im schottischen Hochmoor
OMNIBUS Nr. 20051
Was als Erholungsreise in das schottische Hochmoor beginnt, wird für den 12jährigen Alasdair zu einem atemberaubenden Abenteuer ...

Doris Orgel
Der Teufel in Wien
Freundschaft im Schatten der Diktatur
OMNIBUS Nr. 20024
Da Lieselottes Vater zu den Nazi-Aktivisten gehört, gerät ihre Freundschaft zu der Jüdin Inge unter Druck. Das bewegende Schicksal einer Familie im »Dritten Reich«.

Günter Sachse
Hinter den Bergen die Freiheit
OMNIBUS Nr. 20042
1744 beschließt Familie Lindner aus der Pfalz, die ärmliche Heimat zu verlassen. In Amerika angekommen, fragen sie bald: Wann beginnt die erträumte Freiheit?

Günter Sachse
Die Meuterei auf der Bounty
Mit Landkarten und historischen Abbildungen
OMNIBUS Nr. 20008
Am 20. April 1789 kommt es zur Meuterei auf der »Bounty«. Kapitän Bligh, der ein unerbittliches Regiment geführt hat, wird mit 18 Getreuen ausgesetzt ...

Rainer M. Schröder
Im Zeichen des Falken
Band 1 der »Falken-Saga«
OMNIBUS Nr. 20212
Tobias Heller, Sohn eines Ägypten-Forschers, besitzt einen geheimnisvollen Ebenholzstock mit einem Silberknauf in Form eines Falkenkopfes. Und hinter dem ist Graf von Zeppenfeld her ...

Rainer M. Schröder
Auf der Spur des Falken
Band 2 der »Falken-Saga«
OMNIBUS Nr. 20230
Noch immer ist es Graf von Zeppenfeld nicht gelungen, in den Besitz des geheimnisvollen Stockes zu kommen. Tobias und sein Freund Sadik entkommen ihrem Verfolger nach Paris und nach England ...

Robert Swindells
Hydra. Zellkulturen aus dem All bedrohen die Welt
OMNIBUS Nr. 20142
Wanda, eine ehrgeizige ehemalige NASA-Mitarbeiterin, züchtet Zellen aus dem All. Eines Tages entdeckt Ben auf Kornfeldern seltsame Muster, deren Ursprung niemand kennt ...

OMNIBUS

Der Taschenbuchverlag für Kinder und Jugendliche von C. Bertelsmann